Die Nervenprobe

Stefan Brauburger, geboren im Jahr der Kuba-Krise (1962), ist stellvertretender Leiter der ZDF-Redaktion Zeitgeschichte und seit 1990 Autor und Redakteur für zeitgeschichtliche Dokumentarreihen und Magazine. Zusammen mit Guido Knopp entstanden zahlreiche preisgekrönte Sendungen, u.a. *Kanzler – Die Mächtigen der Republik, Vatikan – Die Macht der Päpste, 100 Jahre, Für Freiheit und Einheit, Die große Flucht, Der Jahrhundertkrieg.* Außerdem ist er Lehrbeauftragter für Internationale Politik und Journalistik und Autor zahlreicher Buch- und Zeitschriftenbeiträge zu politischen und historischen Themen.

Stefan Brauburger

Die Nervenprobe

Schauplatz Kuba:
Als die Welt am Abgrund stand

Mit einem Vorwort von Guido Knopp

Campus Verlag
Frankfurt/New York

Die Deutsche Bibliothek – CIP-Einheitsaufnahme

Ein Titeldatensatz für diese Publikation ist bei
Der Deutschen Bibliothek erhältlich.

ISBN 3-593-37096-4

Copyright © 2002 Campus Verlag GmbH, Frankfurt/Main
Umschlaggestaltung: RGB, Hamburg
Umschlagmotiv: © AKG, Berlin
Satz: Fotosatz L. Huhn, Maintal-Bischofsheim
Druck und Bindung: Druckhaus Beltz, Hemsbach
Gedruckt auf säurefreiem und chlorfrei gebleichtem Papier.
Printed in Germany

Besuchen Sie uns im Internet: www.campus.de

Inhalt

Der Atomkrieg fand nicht statt

Vorwort von Guido Knopp

»Wir standen so nah am nuklearen Abgrund. Und verhinderten den atomaren Schlagabtausch nicht etwa durch ein gekonntes Management, sondern schieres Glück. Keiner von uns begriff damals wirklich, wie nah wir am Rand der Katastrophe standen« – dies sagt uns kein Geringerer als Kennedys Verteidigungsminister Robert McNamara im Rückblick auf die Kuba-Krise vor vierzig Jahren. Es ist die Intention dieses Buches, zu zeigen, wie knapp die Welt dem atomaren Holocaust entging. Nie zuvor in der Geschichte bündelte sich so viel Gefahr wider die Menschheit wie in jenen 13 Tagen im Oktober 1962. Mein Kollege Stefan Brauburger schrieb den Text als Grundlage und zur Vertiefung eines großen Dokumentarfilms, der international ausgestrahlt wird. *Die Nervenprobe* ist ein deutsches Projekt – in Koproduktion mit dem US-Sender History Channel und dem russischen Fernsehen RTR. Wir haben dieses Projekt initiiert, weil schon der erste Schlagabtausch im nuklearen Krieg Deutschland, das geteilte Land an der Nahtstelle der Blöcke, verwüstet hätte. Heute, am Ende des Kalten Krieges, blicken wir gemeinsam zurück, denken mit Blick auf jene Krise damals auch mit einigem Erschrecken an eine Zeit, in der man glaubte, dass allein die Angst vor einem atomaren Overkill den Atomkrieg selbst verhindert.

Neueste Forschungsergebnisse und exklusive Zugänge zu russischen Geheimarchiven ermöglichen es heute, das Geschehen nicht – wie in den meisten Publikationen und Filmen – nur auf US-amerikanischer, sondern auch auf sowjetischer und kubanischer

Seite darzustellen – mit verblüffenden Erkenntnissen. Manche Zeitzeugen äußern sich zum ersten Mal, andere offener als je zuvor über Motive, Pläne und Vorgänge damals, aber auch zu den Gefahren, Fehleinschätzungen und Pannen. Dieses Buch belegt, dass in entscheidenden Momenten beide Seiten erschreckend wenig voneinander wussten. Nur ein Beispiel: Dass es auf Kuba vor der Stationierung der Mittel- und Langstreckenraketen im Oktober 1962 schon atomare Gefechtsfeldwaffen gab, die gegen eine Invasionsarmee der USA hätte eingesetzt werden können, fehlte im Kalkül Washingtons. Es hätte damals viel schneller zum Atomkrieg kommen können als Kennedy und seine Berater ahnten.

Begonnen hatte der »Countdown zum Dritten Weltkrieg« am 14. Oktober 1962. Fotos eines US-Aufklärungsflugzeugs belegten, dass die UdSSR auf Kuba Mittelstreckenraketen stationierte, die binnen weniger Minuten die USA erreichen konnten. Der junge US-Präsident stand vor einer schweren Entscheidung. John F. Kennedy berief einen hochkarätigen Krisenstab ein, bestehend aus durchaus kontroversen Lagern: Sollte er die Stationierung zähneknirschend akzeptieren oder Härte zeigen – auf die Gefahr einer Eskalation bis hin zum nuklearen Schlagabtausch? Die Berater waren uneins: Während die »Falken« für Luftangriffe oder gar für eine Invasion plädierten, rieten die »Tauben« zu Verhandlungen mit den Sowjets, oder zu einer Seeblockade.

Währenddessen konferierte der sowjetische Parteichef Chruschtschow in Moskau mit dem ZK-Präsidium. Zunächst gab er sich der Illusion hin, Kennedy könne das Fait accompli vielleicht akzeptieren. Der Mann im Kreml dachte an die amerikanischen Atom-Raketen vor den eigenen Grenzen. Galt nicht gleiches »Recht« für beide Seiten? Winkte nicht zudem die Chance, der Welt zu zeigen, ›auch wir sind eine Supermacht‹? Doch das wollte er den Vereinigten Staaten erst später erklären – die Kuba-Stationierung war das größte Geheimunternehmen des Kalten Krieges.

Fidel Castro, der Máximo Líder, hatte den Raketen auf der Zuckerinsel mit gemischten Gefühlen zugestimmt. Nicht etwa zum eigenen Schutz, wie er sagt, sondern »um der größeren Sache willen, der Weltrevolution«. Dafür war er bereit Opfer zu bringen. Aber eigentlich nicht bis hin zur Selbstzerstörung. Die Welt sollte erst am 7. Tag nach der Entdeckung der Raketen, am 22. Oktober, von der drohenden Eskalation erfahren. Bis dahin hatte Kennedy zu entscheiden. Jeder falsche Schritt konnte eine Kettenreaktion hervorrufen. Der US-Präsident wusste, dass es um das Leben ganzer Zivilisationen ging. Schließlich beschloss er den stufenweisen Schlagabtausch mit seinem Gegenspieler – wenn nötig, bis zum Äußersten. Blockade, Luftangriffe, Invasion..., wo aber lag die nukleare Schwelle? Sie war niedriger als man im Pentagon dachte!

Inzwischen lief die umfassendste militärische Mobilmachung der USA seit 1945. Aus Eisenbahndepots im ganzen Land rollten Züge, um Mannschaften und Material nach Florida zu transportieren. Das strategische Luftkommando befand sich in hoher Alarmbereitschaft, die Interkontinentalraketen waren startbereit. Ein großer Teil der Bomberflotte bewegte sich ständig in der Luft. U-Boote kreuzten in Reichweite wichtiger Ziele der Sowjetunion. Sie trugen 128 Polaris-Raketen mit sich.

Am 22. Oktober um 19 Uhr informierte Kennedy die Öffentlichkeit: »Guten Abend, meine Mitbürger. Zur Abwehr der Gefahr für unser Land habe ich angeordnet, dass sofort folgende Schritte unternommen werden«: Erstens, um die Aufrüstung Kubas zu stoppen, werde eine strikte ›Quarantäne‹ über alle Angriffswaffen verhängt, die nach Kuba unterwegs sind. Zweitens: die verstärkte Überwachung Kubas und seiner Aufrüstung werde angeordnet. Sollten die offensiven militärischen Vorbereitungen weitergehen und damit die Bedrohung für diesen Erdteil verstärken, seien weitere Maßnahmen gerechtfertigt.

Die Seeblockade war den führenden Militärs zu wenig. Hinter dem Rücken des Präsidenten machten sie aus ihrem Groll keinen Hehl. Zwar wurde die Blockade von Kremlchef Chruschtschow trotz gegenteiliger Bekundungen respektiert, doch konnte er es sich auch leisten, denn das Material für den Bau von Mittelstreckenwaffen befand sich längst auf der Insel.

Was tun, Mr. President? Wie sollte der nächste Schritt im Pokerspiel um Krieg und Frieden aussehen? Im Petersdom zu Rom hatte das II. Vatikanische Konzil gerade begonnen. Während die Bischöfe aus aller Welt um die Zukunft der Kirche rangen, ergriff Papst Johannes XXIII. zur Erbauung beider Kontrahenten das Wort für den Frieden. Doch ging die Nervenprobe zunächst weiter: Die gesamten Streitkräfte des Warschauer Paktes wurden in Alarmbereitschaft versetzt. Von Lappland bis zum Schwarzen Meer standen sich zwei hochgerüstete Armeen gegenüber – und warteten auf den Ernstfall. Die US-Regierung gab via Fernsehen gute Ratschläge zum Thema »Wie verhält man sich im Atomkrieg richtig?« und präsentierte einen Lehrfilm, dessen Fazit lautete: Duck and cover! – »Duck dich, und bedeck dich!« Das diente allenfalls der Selbstberuhigung.

Das offizielle Informationssystem in der Sowjetunion hingegen »funktionierte«: Die Sowjetbürger blieben zunächst von beunruhigenden Nachrichten verschont. Doch hinter den Mauern des Kreml tagte das ZK-Präsidium in Permanenz. Chruschtschow war bewusst, dass er mit einem hohem Einsatz spielte – nicht nur weltpolitisch. Jede Schwäche seinerseits würde in den eigenen Reihen seine Widersacher stärken. Würde er die »Quarantäne« Kubas im Atlantik mit einer Blockade Westberlins kontern? Der Kremlchef wollte das Pokerspiel nicht überreizen. Bezeichnenderweise nachdem irrige Geheimdienstmeldungen aus fragwürdigen Kanälen ihm eine Invasion Kubas voraussagten, suchte er per Brief die Deeskalation – ohne sein »Gesicht zu verlieren«.

Im Sicherheitsrat der Vereinten Nationen erreichte die Konfrontation am 25. Oktober mit dem Schlagabtausch zwischen dem US-Botschafter Stevenson und seinem sowjetischen Kollegen Sorin einen spektakulären Höhepunkt. Stevenson fragte Sorin im Stil eines Staatsanwalts: »Sir, lassen Sie mich Ihnen eine einfache Frage stellen! Leugnen Sie, Botschafter Sorin, dass die UdSSR Mittelstreckenraketen und Interkontinentalraketen auf Kuba aufgestellt hat und noch immer aufstellt? Ja oder nein?« Sorin erwiderte: »Ich bin hier nicht in einem amerikanischen Gerichtssaal, Sir«. Heute wissen wir: Sorin war tatsächlich ahnungslos. Der Geheimhaltung Moskaus fielen auch die eigenen Botschafter zum Opfer. Manchmal aber war es besser, in jenen Tagen nicht alles zu wissen. Dass zur gleichen Zeit ein hungriger Bär in Wisconsin versehentlich einen Atomalarm auslöste, der in letzter Minute ausgebremst wurde, blieb der Weltversammlung verborgen.

Am Morgen des darauf folgenden 26. Oktober drohte gegen sieben Uhr 300 Kilometer nordöstlich von Nassau, Bahamas, eine Konfrontation auf See: Der amerikanische Zerstörer »Joseph Kennedy jr.« hisste das internationale Flaggenzeichen für »Beidrehen«. Das Signal galt dem von den Sowjets gecharterten Schiff »Marukla«. Die ganze Nacht über hatte der US-Zerstörer den Frachter beschattet. Nun gab der Präsident persönlich den Befehl: »Entern und durchsuchen!« Doch das war Show, die unverfängliche Ladung bekannt. Was dem Pentagon dagegen entging – die Sowjets hatten atomar bestückte U-Boote in die Karibik geschickt, und US-Zerstörer trieben sie in die Enge. Das war, zu Wasser, Spiel mit dem Feuer.

Die Lage spitzte sich zu. Neue Fotos von Erkundungsflügen über Kuba lagen am 26. nachmittags vor. Kein Zweifel: In zwei Tagen wären die Mittelstreckenraketen feuerbereit – und dazu in der Lage, in nur sechs Minuten alle amerikanischen Städte im Umkreis von 2 000 Kilometern zu erreichen. Die Falken im Pentagon wollten gegen Kuba losschlagen. Von DefCon 2 zu DefCon 1, dem Kriegszustand mit der Sowjetunion, war es nur noch ein kleiner Schritt. Zum Glück entging der sowjetischen Aufklärung an diesem Tag ein routinemäßiger US-Raketen-Test-Abschuss, der missverständlich hätte interpretiert werden können.

Am Abend des 26. Oktober traf unerwartet der beschwichtigende Brief Chruschtschows im Weißen Haus ein. In dem langen, gewundenen Schreiben verlangte der Kremlchef von Kennedy, die Situation nicht weiter anzuheizen. »Wird der Knoten jetzt zu fest, dann hilft nur noch das Schwert, ihn aufzulösen.« Das waren in dieser gefährlichen Situation nur schöne Worte. Denn am Samstag, dem 27. Oktober, schockierte eine Nachricht den Krisenstab in Washington: Ein amerikanisches U-2-Spionageflugzeug war über Kuba abgeschossen worden! Der Pilot Rudolf Anderson kam dabei ums Leben. »Das war ein extrem gefährlicher Augenblick«, erinnert sich Robert McNamara. Am gleichen Tag drang ein US-Flugzeug unbeabsichtigt in den sowjetischen Luftraum ein. In diese nervöse Krisenatmosphäre platzte ein zweiter Brief des Kremlchefs. Er war härter formuliert als der erste. Er verlangte als Vorbedingung die Beseitigung der amerikanischen Jupiter-Raketen in der Türkei. »Dieser zweite Brief«, erinnert sich Ted Sorensen, »hat im Aktionsausschuss wie eine Bombe eingeschlagen! Der erste Brief hat uns noch hoffen lassen, nun aber waren wir überzeugt: Jetzt kommt das Schlimmste.«

Wusste der Kreml, was er tat – Sowjetbotschafter Dobrynin: »Auf unserer Seite fehlte jegliche Planung! Man darf schließlich nicht nur den ersten, sondern muss auch den zweiten und dritten Schritt vorausberechnen. Aber Moskau hatte damals kein Konzept. Man entschied spontan je nach Lage der Dinge.«

Die US-Militärs setzten Kennedy unter Druck. Würde er sich den Forderungen nach einem Militärschlag, gar einer Invasion entziehen können? Fidel Castro wiederum drängte Chruschtschow zum Handeln, versuchte ihm klar zu machen, dass eine US-Invasion drohe. Der Kremlchef verstand das alarmierende Telegramm wie eine Aufforderung zum atomaren Erstschlag. Ihn überkam das Gefühl, dass ihm die Situation entglitt, er wusste, dass jetzt nicht mehr die Stunden, sondern Minuten zählten.

Die Entscheidung über Frieden oder Krieg fiel in dieser Nacht in Washington. In einer fast schon hoffnungslosen Lage traf sich Präsidentenbruder Bobby Kennedy mit Sowjetbotschafter Anatolij Dobrynin. Der erinnert sich an das inoffizielle Gespräch: »Er begann mit der Forderung, dass die Raketen – so oder so – weg müssten. Und er machte ein Angebot: Wenn Chruschtschow bereit wäre, auf die Raketen zu verzichten, dann würde Amerika nicht nur die Seeblockade beenden, sondern auch eine Garantie abgeben, Kuba nicht zu überfallen«. Damit wies Kennedy einen Weg für Chruschtschow, bei einem Rückzug das Gesicht zu wahren.»Mehr noch: Indem Kennedy zustimmte, Jupiter-Raketen aus der Türkei abzuziehen, war ganz plötzlich eine echte Chance zur Krisenlösung da.«

Was Kennedy vor den Falken in den eigenen Reihen und vor der Öffentlichkeit nicht eingestehen wollte, fand hinter den Kulissen statt. Der Raketen-Deal war eine verschmerzbare Konzession der USA an Chruschtschow. Dieser Deal war klassische »back-channel-diplomacy«. Die Kuba-Krise entpuppt sich als spannendes Beispiel, wie hinter einer konstruierten Fassade von »starken Männern« die Hauptakteure Nerven zeigten und zuletzt über die Hintertreppe Lösungen herbeiführten.

Während der US-Generalstab den amerikanischen Luftangriff auf Kuba schon für unvermeidlich hielt, reagierte der sowjetische Parteichef unerwartet rasch und unkonventionell. Weil die Zeit drängte – und Texte über Telex oft erst nach Stunden oder bruchstückhaft über den Atlantik gelangten – meldete sich die Stimme des Kreml via Rundfunk: »This is radio Moscow ...« – »Hier spricht Radio Moskau. Der Vorsitzende Chruschtschow hat eine Nachricht an Präsident Kennedy geschickt. Die sowjetische Regierung hat den Abbau der Waffen auf Kuba sowie deren Verladung und Verschiffung in die Sowjetunion angeordnet.«

Die Welt durfte aufatmen. Kennedy war sichtlich erleichtert. Nachdem sein Pressesprecher das offizielle Ende der Raketenkrise verkündet hatte, ging der US-Präsident in die Kirche. Der Kreml-Chef nahm Vorlieb mit einer Theatervorstellung. Ein höllisches Theater hatte die Besatzung des Raketenfrühwarnradars in New Jersey hinter sich, wo durch ein Missverständnis am 28. morgens der Einschlag einer Rakete in Tampa Florida für 9.02 Uhr prognostiziert wurde, was sich erst nach telefonischer Rückversicherung vor Ort als Irrtum herausstellte.

Der Dritte Weltkrieg fand nicht statt – auf 13 Tage zwischen Angst und Hoffnung folgte erst einmal Entwarnung. Es schien weder Sieger noch Besiegte zu geben – auch wenn die Medien es anders sahen. Die Menschheit hatte gewonnen, weil sie überlebte. Der Kalte Krieg der Supermächte hatte seinen Gipfelpunkt erreicht. Er war zugleich ein Wendepunkt der Auseinandersetzung. Denn die beiden Großen sagten sich, dass sie nie wieder so nahe an den Rand der atomaren Katastrophe rücken durften.

Dieses Buch vertieft vor allem die Geschichte hinter der Geschichte, zeigt verschlungene Wege politischer Entscheidungen, deren Schein sich immer mehr entfernte von der Wirklichkeit. Es zeigt, wie sich die angebliche Politik der Stärke zuletzt als Schwäche offenbarte, wie Öffentlichkeit schon damals Politik bestimmte und diese sich ihrer bediente. Es handelt von Irrtümern, Fehleinschätzungen und Anmaßungen, die sich verheerend hätten auswirken können. Es zeigt, wo die Kuba-Krise im Kalten Krieg stand, und wie sich die Welt durch sie veränderte, führt vor Augen, wie zwei einsame Männer sich zuletzt auch gegen Kräfte entschieden, die sie bedrängten. Der eine sollte ein Jahr später einem Attentat zum Opfer fallen, der andere zwei Jahre später gestürzt werden. Dieses Buch stützt sich nicht nur auf brisante Dokumente, die erst jüngst deklassifiziert wurden, wie Protokolle aus dem schwer zugänglichen ZK-Archiv der ehemaligen KPdSU – es gibt überdies hervorragenden Zeitzeugen ein größeres Forum als im Film, in aktuellen Interviews ihre Sicht der Dinge im Rückblick auf die Krise vor vierzig Jahren zu schildern: Der damalige US-Verteidigungsminister McNamara, Kennedys Redenschreiber Theodor Sorensen, die Berater Arthur Schlesinger jr. und Raymond Garthoff, Pressesprecher Pierre Salinger, der Pilot, der die Bilder schoss, Richard Heyser, der Mann, der sie für die CIA auswertete, Dino Brugioni, dann Militärs, die seinerzeit an der potentiellen Front standen wie die Generäle Schuler, Lyle, Smith. Zudem kommen renommierte Journalisten zu Wort wie Charles Bartlett und Warren Rogers, die vor vierzig Jahren öffentliche Meinung mit bestimmten und im

Sog der Krise – mitunter ungewollt – als geheime Boten fungierten.

Auf russischer Seite führte Buchautor Stefan Brauburger stundenlange Gespräche mit Sergej Chruschtschow und seiner Schwester Rada über die Politik und das Psychogramm ihres Vaters, sprach mit seinem außenpolitischen Referenten Oleg Trojanovskij, dem damaligen sowjetischen Botschafter in Washington, Anatolij Dobrynin und dem KGB-Chef Washington, Feklisov. Es kommen zum ersten Mal Raketenkommandeure zu Wort und U-Boot-Kommandanten, die mit atomaren Waffen vor Kuba operierten. Dann der Sohn des damals zweitmächtigsten Mannes im Kreml, Sergo Mikojan. Auf deutscher Seite erinnert sich Egon Bahr an die brenzlige Situation in Berlin, Ex-General Schnez an den Alarmzustand, während ehemalige NVA-Angehörige schildern, wie sie sich im Konfliktfall verhalten hätten, ob Deutsche auf Deutsche geschossen hätten. Sie alle sind erschrocken, wie nah die Welt damals am Abgrund stand.

Der Beweis

Es sind schon merkwürdige Manieren, wenn beim Besuch des bundesdeutschen Außenministers der US-Amtskollege in der Speisekammer verschwindet, um dort ein längeres Telefongespräch zu führen. Gerhard Schröder war am 15. Oktober 1962 auf Privatbesuch beim amerikanischen Außenminister Dean Rusk – zum Diner. Wenn der Deutsche geahnt hätte, was da in der Speisekammer dem Minister durch den Hörer mitgeteilt wurde. Er hätte sofort in Bonn anrufen müssen, beim »Alten«, seinem Chef, Bundeskanzler Konrad Adenauer, um Meldung zu machen. Was Herrn Schröder zu dem Zeitpunkt verborgen blieb, bewegte schon seit einigen Stunden die Gemüter höchster CIA-Leute und US-Militärs – es ging um merkwürdige Fotos von der Zuckerinsel Kuba.

Der Generalstabschef (Chairman of the Joint Chiefs of Staff) Maxwell Taylor feierte am Abend seinen Einstand als Inhaber dieses höchstmilitärischen Ranges in Fort McNair. Dann verschwand auch er plötzlich in einem Hinterzimmer, um zwischen Häppchen und Cocktail die Hiobsbotschaft von den Fotos zu vernehmen. Sein Nachrichtenchef Generalleutnant Carroll – nebst zwei Experten für Foto-Analyse – erklärte ihm, welche Aufnahmen der Pilot eines U-2 Aufklärungsflugzeuges aus etwa 20 Kilometern Höhe über Kuba gemacht hatte. »Das war wahrlich nicht die Art und Weise, in der mein Vater es gewohnt war, Mitteilungen zu erhalten – als penibler Anhänger des ordnungsgemäßen Schriftein- und -ausgangs. Das hat ihn völlig verdutzt, als ihm diese wichtige Nachricht auf einer Party zugetragen wurde«, so sein Sohn und Biograf,

John Taylor. Nun bestand kein Zweifel mehr, die Sowjets rüsteten Castros Insel offenbar mit Atomraketen auf. General Taylor durfte sich nichts anmerken lassen, und so hieß es, mit guter Miene zum bösen Spiel weiterzufeiern, um nur ja keinen Verdacht zu erregen. John F. Kennedy, der Oberkommandierende der US-Streitkräfte und Präsident von 180 Millionen Amerikanern, ahnte noch nichts von dem drohenden Ungemach. Am Abend des 15. Oktober informierte der Chef des Fotoanalysezentrums, Arthur Lundahl, den stellvertretenden CIA-Chef, Ray Cline. Dieser wiederum rief das Weiße Haus an und sprach mit McGeorge Bundy, dem Sicherheitsberater des Präsidenten. Der beschloss, seinen Chef mit Rücksicht auf dessen Schlafbedürfnis ruhen zu lassen. Bundy sollte dafür später zur Rede gestellt werden, doch er hatte seine Gründe. Kennedy war erschöpft von einer nervenaufreibenden Kampagne, denn am 6. November 1962 standen Kongresswahlen an. Er sollte die unfrohe Botschaft in ausgeruhtem Zustand vernehmen. Ein Rückenleiden machte ihm heftiger zu schaffen, als seinerzeit bekannt. Kennedy nahm daher eine brisante Mischung von Medikamenten ein. Außerdem wollte Bundy einen ausgereiften Bericht vorlegen. Taktik war offenbar auch im Spiel: Eine solche Nachricht nach Dienstschluss hätte Trubel verursacht – die findige Journaille lauerte in diesen Tagen überall.

Und so wurden die heiklen Fotos dem Präsidenten am nächsten Morgen zum Frühstück serviert – als er in seinem Schlafgemach beim Kaffee Zeitung las. Kennedy, der sich schon seit Wochen den Spekulationen um eine wie auch immer geartete Aufrüstung Kubas stellen musste und auch im Wahlkampf ständig mit Fragen nach der Lage auf der Zuckerinsel torpediert wurde, war klar, was die enthüllenden Bilder bedeuteten. Hatte er nicht die Gemüter zu beruhigen versucht, indem er die Stationierung von so genannten Angriffswaffen auf Kuba in Abrede stellte, würde man ihm jetzt nicht zu Recht vorhalten, tatenlos zugesehen zu haben, wie die feindliche Insel vor der eigenen Haustür nuklear aufgerüstet wurde? Sollte es vor den Kongresswahlen so zum Waterloo seiner Karriere kommen? Sofort ließ Kennedy seinen Bruder, persönlichen Berater und US-Justizminister Robert – mit Spitznamen Bobby – zu sich kommen. Der Chef des Fotoanalysezentrums, Arthur Lundahl, wurde Zeuge des Treffens und berichtete, wie ausfällig Bobby geworden sei:»Diese verdammten russischen Hurensöhne, diese Lügenbastarde!«. Die Reaktion erschien nachvollziehbar: Kremlchef Chruschtschow und sein Außenminister Andreij Gromyko hatten in den letzten Wochen mehrmals beteuert, die Sowjetunion verfolge in Kuba nur defensive Absichten. Die USA verstanden darunter eine Aufrüstung, welche die Nachbarstaaten nicht bedrohte. Und da gab es doch die so genannten Backchannels zu den Sowjets, inoffizielle Kanäle über Diplomaten, handverlesene Verbindungsleute, Journalisten und Geheimdienstler – auch sie hatten Entwarnung gegeben. Grund genug für Bobby, dieses riesige Täuschungsmanöver persönlich zu nehmen, und auch als Affront gegen die Kennedys zu werten.

Nun lagen handfeste Beweise auf dem Tisch. Die Aufnahmen zeigten Waffengattungen, die durchaus eine unmittelbare Bedrohung der USA verhießen, was auch immer der Kreml damit plante. John F. Kennedy versuchte Ruhe zu bewahren, zeigte gar Galgenhumor:»Mr. Lundahl, können diese gottverdammten Dinger Oxford in Mississippi erreichen?« Diese Kleinstadt kam dem Präsidenten in den Sinn, weil sich dort an der Universität ein Mitglied seiner weitverzweigten Sippe soeben immatrikuliert hatte.»Ja, sie können Oxford erreichen«, erwiderte Lundahl. Kennedy wippte in seinem Schaukelstuhl hin und her:»Sind sie sicher?« –»Ja ich bin sicher.« Darauf sagt Kennedy zu Bundy:»O.K., sorgen Sie dafür, George, dass ganz Kuba fotografiert wird!«

Nach außen hin gab Kennedy die Parole aus: Business as usual. Tatsächlich aber war er zutiefst betroffen, wie sich sein Berater und Redenschreiber Theodore Sorensen erinnert:»Er war geschockt, und es war von Anfang an klar, diese militärische Bedrohung muss-

»Business as usual.« Kennedy, der gerade von den Raketen auf Kuba erfahren hat, lässt sich beim Besuch des Astronauten Schirra und seiner Familie nichts anmerken.

te weg, egal wie.« Um kein Aufsehen zu erregen, wurden alle geplanten Termine eingehalten. So empfing Außenminister Rusk an jenem 16. Oktober genauso planmäßig den libyschen Kronprinzen wie J. F. Kennedy den Astronauten Walter Schirra, der für 9.30 Uhr mit Frau und Kindern angemeldet war. Zu beiden Anlässen fanden sich Kameraleute ein. Die Bilder von der privaten Kennedy-Audienz zeigen einen scheinbar unbekümmert lächelnden Präsidenten, der mit den Schirra-Kindern im Oval Office posierte. Was mag der mächtigste Mann des Westens wirklich gefühlt haben? Verdacht hat er jedenfalls nicht erregt bei den wachsamen Reportern. Noch sieben Tage sollte es dauern, bis auch sie von der Bedrohung erfuhren.

Orakel

Schon seit Wochen kursierte das Gerücht, dass Moskau auf Kuba nicht nur Waffen zur Verteidigung, sondern auch für den Angriff stationiere. Es herrschte Wahlkampf in den USA. Da konnte man mutmaßen, dass derlei Spekulationen aus den Reihen der Republikaner bewusst gestreut wurden, vielleicht auch von Castro-feindlichen Exilanten oder Falken in der CIA. Der Presse waren solch brisante Themen jedenfalls nicht unwillkommen. In der Tat berichteten Kuba-Flüchtlinge über die Ankunft merkwürdiger Fracht in den Häfen der Insel. Von sperrigen Bauteilen für Bombenflugzeuge und Raketen war die Rede. Merkwürdigerweise seien es nicht kubanische, sondern russische Arbeiter, die bei einer wachsenden Zahl sowjetischer Schiffe in den Häfen die Ladung löschten. In der zweiten Septemberwoche berichtete ein CIA-Agent aus Kuba, in der Region San Cristóbal zahlreiche Soldaten gesehen zu haben, die das Gelände auf einer Länge von etwa 80 Kilometern absperrten. Der Agent wies auf große Transporter hin, die wegen ihrer Breite Telegrafenmasten an den Straßenrändern niedermähten. In Washington stieß dieser Bericht zunächst auf Unglauben. Viel wurde in jenen Tagen orakelt, aber schließlich fehlten schlüssige Beweise, dass Castro über das Ziel der Selbstverteidigung hinaus rüstete und auch noch mit nuklearen Waffen. Dann war es ausgerechnet der westdeutsche Bundesnachrichtendienst, der der amerikanischen CIA Hinweise gab: Mit den Sowjetschiffen, die seit Wochen den Atlantik überqueren, stimme etwas nicht, keines habe genug Ladung, als dass sich eine Fahrt überhaupt lohne, und keines dieser Schiffe steuere europäische Ziele an. Die Anzeichen mehrten sich. Gleich mehrere sowjetische Vergnügungsdampfer schienen die Karibik anzusteuern – mit bestens gelaunten Passagieren, die immer, wenn Aufklärungsflugzeuge der NATO auftauchten, Stehpartys veranstalteten. So etwas hatte die CIA noch nie gesehen. Tarnten die Sowjets auf diese Weise Truppentransporte?

KASIMOV WITH IL-28 FUSELAGE CRATES ENROUTE TO CUBA
28 SEPTEMBER 1962

»Wir hatten Vorahnungen, aber es fehlten Beweise« (Ted Sorensen).
Ein sowjetischer Frachter, der Kisten mit Bauteilen für atomwaffenfähige
IL-28-Bomber transportiert.

Um vor der Öffentlichkeit weder ahnungslos noch untätig zu erscheinen, hatte der Präsident dem amerikanischen Volk in einer Erklärung am 4. September versichert, ein scharfes Auge auf Kuba zu haben. Seit Ende August hatten wegen der Gefahr, eine Aufklärungsmaschine durch Luftabwehrraketen zu verlieren, nur wenige Flüge über der Insel stattgefunden. Am 13. September unterstrich Kennedy seine Drohung: »Sollte Kuba jemals eine bedeutende offensive Militärbasis für die Sowjetunion werden, dann werden die USA alles tun, um ihre eigene Sicherheit und die ihrer Verbündeten zu schützen. Wir werden wachsam und im Stande sein, einer solchen Entwicklung entschlossen zu begegnen. Als Präsident und Oberbefehlshaber habe ich nun die volle Handlungsfreiheit.« Zwar warnte er zugleich vor einer Dramatisierung der Kubafrage, doch die Drohung bedeutete auch eine Festlegung.

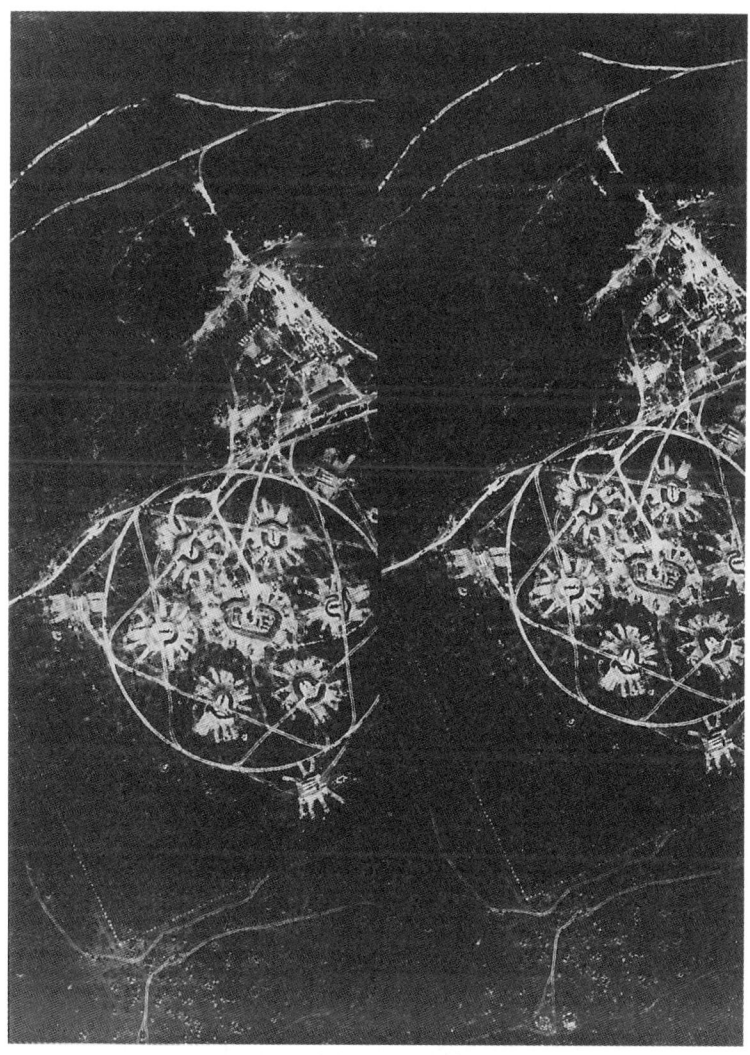

»Das machen die nicht, um ihre Zuckerrohrschneider zu schützen«
(CIA-Chef McCone). Stellungen für weit reichende sowjetische SAM-Flug-
abwehrraketen aus großer Höhe fotografiert.

Um sich mehr Klarheit zu verschaffen, erteilte Kennedy den Auftrag, die ganze Insel aus der Luft ablichten zu lassen. Und tatsächlich wurden im September bei der Observation Bauteile von

Mittelstreckenbombern des Typs Iljuschin IL 28 ausgemacht. Das Verteidigungsministerium verstärkte die Flugabwehrstellungen in Florida und kommandierte eine Schwadron Phantom-Jäger in den Sonnenstaat.

Es machte die Foto-Experten des CIA stutzig, dass auf Kuba sowjetische SAM-Luftabwehrraketen stationiert wurden – solche mit großer Reichweite. CIA-Chef McCone mutmaßte:»Das machen die nicht, um ihre Zuckerrohrschneider zu schützen, die haben es irgendwann mal auf unsere Aufklärungsflieger abgesehen, die wollen uns blind machen.« Aus der Sicht McCones hatte die Lieferung einer so großen Zahl von weitreichenden Flugabwehrraketen keinen Sinn. Nur zum Schutz wichtiger Waffen, etwa von Mittelstreckenraketen, würde sich der Aufwand lohnen. Und er glaubte, dass es zu einer Stationierung solcher Waffen kommen würde. Hin und wieder mag sich McCone wie ein einsamer Rufer in der Wüste vorgekommen sein. Kennedy und sein Beraterkreis trauten Chruschtschow einen solchen Schritt nicht zu, glaubten nicht, dass dieser ein solches Wagnis eingehen würde, auch weil eine solche Streitmacht in der Ferne weniger kontrollierbar war als im direkten Einzugsbereich der Sowjetmacht.

Weiteren Anlass zur Sorge gab der republikanische Senator Kenneth Keating. Er behauptete, aus zuverlässiger Quelle erfahren zu haben, dass auf Kuba Mittelstreckenwaffen stationiert würden, sechs an der Zahl. Belegt hat er das nicht. Ein karibischer Orkan bewirkte, dass ein für den 7. Oktober geplanter Aufklärungsflug auf den 14. des Monats verschoben werden musste. Ein wolkenfreier Himmel ist die Voraussetzung für Luftaufnahmen aus so großer Höhe. So sollte es am 14. Oktober zum Startsignal für das Pokerspiel kommen, bei dem es um Frieden oder Atomkrieg ging. An diesem Sonntag lockte das heitere Oktoberwetter Millionen Amerikaner ins Freie. Die Kennedy-Regierung aber trieb die Frage um: Gibt es auf Kuba offensive, ja atomare Waffen?

Die Entdeckung

In der Nacht zum 14. Oktober erhielt der Pilot Richard Heyser den Auftrag, das mysteriöse westliche Ende Kubas zu überfliegen. Er gehörte zur US-Luftwaffe. Weil Kennedy mit der Luftaufklärung der CIA unzufrieden war – Kuba war eigentlich ihr Terrain – hatte die Air Force nun den Job zu machen, zum Groll der Konkurrenz. Heyser erinnert sich heute noch gut an diesen Tag:»Ich wurde informiert, dass sich das Aufklärungsgebiet in der Nähe der Stadt San Cristóbal befand. Die Hinweise, dass dort möglicherweise sogar Raketenbasen installiert wurden, waren recht vage. Was fehlte, war der unumstößliche Beweis dafür.«

In 22 Kilometern Höhe gelang es dem Spionageflugzeug, das verdächtige Gebiet in sechs Minuten zu überfliegen und aufgrund des guten Wetters lückenlos zu fotografieren.Der Auftrag war extrem gefährlich.»Man kann sich nur schwer vorstellen, was das da oben für ein Gefühl war, so ganz für sich allein«, sagt uns der Pilot, »und außerdem zu wissen, dass man dran ist, wenn die gewünschten Bilder nicht geliefert werden. Es durfte mir kein einziger Feh-

Die U-2 Zur Klärung dieser Frage war die U-2 wie geschaffen, das Spionageflugzeug des Jahrzehnts. Seine Kameras arbeiteten so perfekt, dass Spezialisten ohne Mühe eine aus 18 Kilometern Höhe aufgenommene Zeitung erkennen konnten. Im Nationalen Fotoanalysezentrum (NPIC) wurden die U-2-Aufnahmen ausgewertet – eine schwierige Prozedur, denn die Bilderflut aus einer einzigen U-2 war überwältigend: Alle Fotos nebeneinander gelegt würden eine 16 Kilometer lange Autobahn bedecken. Die KA-18J Strip-Kamera machte es möglich. Eine Bauart, die ohne den üblichen Linsenverschluss auskam. Die Geschwindigkeit des Flugzeugs wurde ausgenutzt und in hohem Tempo ein Streifen mit lichtempfindlicher Paste transportiert. Schwarze Streifen trennten die Bilder voneinander. Der Film war so schwer, dass zwei Rollen gleichzeitig in entgegengesetzter Richtung laufen mussten, um das leichtgewichtige Flugzeug nicht kippen zu lassen.

»Bring uns die Bilder!« In der Nacht zum 14. Oktober erhält Airforce-Pilot Richard Heyser den Befehl zum historischen Aufklärungsflug über Kuba.

ler unterlaufen! Und auch zu wissen, dass es Boden-Luftraketen gab, die eingesetzt werden konnten. Das einzige, was deinen ohnedies schon hohen Adrenalinspiegel noch höher treiben konnte, war die Vorstellung einer SAM-Rakete, die auf dich zuflog. So eine Situation jagt einem doch ganz schön Angst ein.«

Als Heyser nach verrichteter Arbeit auf dem Luftwaffenstützpunkt McCoy in Florida landete, wurden die Filmrollen sofort entladen und mit einer Sondermaschine nach Washington geflogen. Das Material war so wichtig, dass der Geheimdienstdirektor des Strategischen Luftkommandos, General Smith, es persönlich in Empfang nahm und bis zu seinem Zielort begleitete. Bis zum Nachmittag des 15. Oktober würde es dauern, bis brauchbare Erkenntnisse vorlägen. CIA-Analyst Dino Brugioni, der die Fotos für das Pentagon auswertete, schildert, mit welcher Akribie er und seine Kollegen die Aufnahmen untersuchten. »Wir hatten Kuba-Aufnahmen

»Das Spionageflugzeug des Jahrzehnts« – ein Leichtgewicht. Zwei Film-rollen mussten gegeneinander laufen, damit die U-2 nicht kippte.

älteren Datums für den Vergleich herangezogen. Und deshalb konnten wir mit unseren Scannern feststellen, dass sich in der Gegend um San Cristóbal etwas verändert hatte. Die Bilder wurden dann an ein Team weiter gereicht, das sich besonders mit Raketen auskannte. Diese Experten hatten schon Massen von Aufnahmen ausgewertet, die wir über der Sowjetunion geschossen hatten. Sie wussten also, wie die Abschussbasen aussehen. Es waren Leute aus der Army, der Navy, der Luftwaffe und von der CIA.« Die Spannung war groß, denn den Fachleuten war klar, wonach sie zu suchen hatten. »Wir gingen davon aus, dass es sich hier um eine sowjetisch-amerikanische Konfrontation ersten Ranges handelt. So lastete auf uns eine riesige Verantwortung, wir durften keine Fehler machen«, so Brugioni heute. Manche der Analysten hofften um des lieben Friedens willen, dass sie nicht fanden, wonach sie suchten.

Am frühen Nachmittag des 15. Oktober brach unter den Foto-Fachleuten Hektik aus. Einer aus dem Team, Vince Deranca, rief: »Hier haben wir was!« Sofort wurden Raketen-Handbücher ge-

»Das einzige, was den Adrenalinpegel noch steigern konnte, waren die sowjetischen Boden-Luft-Raketen.« (Richard Heyser) Aus mehr als 20 Kilometern Höhe wurden die Kuba-Aufnahmen von der U-2 gemacht.

wälzt, die aus der Sowjetunion stammten – eine Ausbeute der Spionage. Ging es doch darum, längliche Konturen auf den stark vergrößerten Aufnahmen zu identifizieren. Dazu Brugioni:»Als Vince die Länge der beiden Objekte schätzte, kam er auf etwa 65 Fuß: Das war zu lang für eine Kurzstreckenrakete, das waren die Maße einer Mittelstreckenrakete, die üblicherweise nukleare Sprengköpfe trug.« Es handelte sich um eine ballistische SS-4-Rakete mit einem Radius von etwa 2000 Kilometern.»Wie oft hatten wir sie schon über der Sowjetunion fotografiert.«

Auf dem Flugplatz von San Julian wurden IL-28 Bomber gesichtet – relativ langsame Flugzeuge älteren Typs, die jedoch Atombomben tragen konnten. Entscheidend aber waren die Raketen.»Wir checkten alles mehrere Male«, sagt Brugioni.»Um 16.35 Uhr an diesem Montagnachmittag waren wir fest davon überzeugt, dass es Mittelstreckenraketen auf Kuba gab. Ich habe Lundahl, den

»Der Beweis!« Das legendäre Foto vom 14. Oktober, das die Stationierung von nuklearen Mittelstreckenraketen auf Kuba belegte.

Chef des Analysezentrums angerufen, der dann auch sofort ins Labor kam. Er blickte in das Mikrostereoskop und sagte dann: ›Ist es das, von dem ich befürchte, dass es das ist?‹ Wir sagten: ›Allerdings – das sind Mittelstreckenraketen‹. Und er sah sich die Fotos ganz genau an – besonders drei davon, auf denen man deutlich vier getarnte Raketen, sieben Abschussrampen und im Hintergrund die Versorgungsfahrzeuge erkennen konnte. Dann sagte Lundahl: ›Also gut, ich mache jetzt das Telefonat meines Lebens‹. Und dann hat er auf jeden von uns gedeutet und gefragt: ›Sind wir uns demnach einig? Jeder?‹ Und dann ging er wieder in sein Büro, um CIA-Vizechef Ray Cline mitzuteilen, dass wir ganz sicher Mittelstreckenraketen auf Kuba ausgemacht hatten.«

Am Abend des 15. Oktober war die erste Fotoanalyse abgeschlossen. Das Ergebnis: Außer bei San Cristóbal gab es noch drei weitere sowjetische Raketenbasen: eine bei der Stadt Remedios, noch eine Basis in Sagua la Grande und vier weitere Abschussrampen in Guanajay.

Kriegsrat

Am 16. Oktober fand sich gegen 11.50 Uhr im Weißen Haus eine Gruppe von Männern ein, die das Geschehen der kommenden Tage so entscheidend wie konspirativ prägen sollte. Dieser erlesene Kreis wichtiger Amtsinhaber, Experten und enger Berater des Präsidenten – ein zunächst informeller Aktionsausschuss – wurde später ExComm genannt (Executive Committee of the National Security Council). Kurz nach dem ersten Schreck in der Morgenstunde hatte Kennedy die Sitzung anberaumt und eine Liste mit prominenten Namen diktiert. Er wollte, dass die katastrophale neue Nachricht von Kuba zunächst nur diesem Personenkreis vorbehalten blieb. Die Experten des Außenministeriums, des Pentagon und der CIA versammelten sich nun mit dem Team des Präsidenten im

Das ExComm Die zur absoluten Verschwiegenheit verpflichteten Mitglieder waren Vizepräsident Johnson, Außenminister Rusk mit seinem Vize George Ball, Verteidigungsminister McNamara mit beiden Stellvertretern, Roswell Gilpatric und Paul Nitze. Dann Justizminister Robert Kennedy, Finanzminister Douglas Dillon, zunächst auch CIA-Vize Marshall »Pat« Carter, der seinen Chef McCone aufgrund eines Todesfalls in der Familie vertrat; Arthur Lundahl (vom NPIC), Sowjetexperte Llewellyn Thompson, enge Berater wie Theodore Sorensen und McGeorge Bundy sowie der Generalstabschef Maxwell Taylor. Nach Bedarf wurden in den kommenden beiden Wochen weitere Amtsinhaber, Berater und Fachleute hinzugezogen, wie zum Beispiel der UN-Botschafter der USA Adlai Stevenson. Aufgabe dieses Gremiums war es, dem Präsidenten Optionen für sein Handeln an die Hand zu geben. Die letzte Entscheidung aber lag qua Amt bei John F. Kennedy persönlich.

»Die Klügsten und die Besten.« Kennedy berief einen prominenten Krisenstab ein, zur Entscheidungshilfe. Das sogenannte ExComm traf sich täglich,
meist im Kabinettsaal des Weißen Hauses.

Kabinettsaal des Weißen Hauses. Man sollte später von der Runde
der »Klügsten und Besten« sprechen. Zunächst stand ein Foto-Termin ganz besonderer Art an. Die Gesichter wurden immer länger, als die Kuba-Aufnahmen präsentiert
wurden. Kennedys Redenschreiber Theodore Sorensen ist dieser
Moment noch in lebhafter Erinnerung: »Es war eine ungeheuer
angespannte Atmosphäre an diesem Tag. Wir alle wussten, dass so
etwas beispiellos war, dass es noch niemals in der Weltgeschichte eine atomare Konfrontation gegeben hatte, und wir waren gerade
dabei, einer gegenüberzustehen.«

Die Ausschnittvergrößerungen der Kuba-Fotos hingen an einem
Ständer vor dem Kamin des Kabinettsaals im Weißen Haus, eine alles andere als feierliche Präsentation dieser brisanten Beweismittel
in diesem historischen Augenblick. Nichts Spektakuläres war darauf zu erkennen: kaum identifizierbare Objekte für das ungeübte
Auge. Kennedy hatte am Morgen bei der ersten Betrachtung gesagt. »Das sieht ja aus, als seien das Fußbälle auf einem Fußball-

feld.« Nun machte Foto-Analyst Lundahl den Umstehenden klar, was die Aufnahmen dem geschulten Blick verrieten: Teile von Raketen. Dann kam die entscheidende Frage des Präsidenten:»Sind sie schon einsatzbereit?« Hierauf wusste keiner der Experten eine präzise Antwort. Darauf Kennedy:»Wir sind also nicht in der Lage zu sagen, wie viel Zeit wir haben, bis sie abgefeuert werden können.« Worauf Kennedy mit dieser Frage abzielte, war klar: Wie lan-

Vorspiel für Kuba? War die Stationierung sowjetischer Atomraketen auf Kuba wirklich so beispiellos, wie jahrzehntelang behauptet worden war? Matthias Uhl, ein junger Historiker aus Halle/Saale, machte eine brisante Entdeckung. In Moskauer Archiven stieß er auf erst in jüngerer Zeit zugängliche Dokumente, die belegen, dass die Sowjets bereits während der Berlinkrise 1959 Atomraketen mittlerer Reichweite außerhalb der Grenzen ihres Imperiums stationierten – in der DDR. Im Januar 1959 ging beim Bundesnachrichtendienst eine alarmierende Nachricht ein: Ein V-Mann wollte beobachtet haben, wie die sowjetische Armee an der Bahnstrecke Lychen-Fürstenberg Bomben ablud. Und tatsächlich hatten im Dezember 1958 die Sowjets in ihrer Kaserne bei Fürstenberg, 80 Kilometer nördlich von Berlin, sechs Mittelstreckenraketen zu stationieren begonnen. Sechs weitere Raketen wurden in Vogelsang, südöstlich davon, aufgestellt.

Die Waffe mit der NATO-Bezeichnung SS-3 war der Vorgängertyp jener SS-4, die Chruschtschow dann nach Kuba schickte. Sie hatte eine Reichweite von 1200 Kilometern – von den brandenburgischen Kasernen aus waren die Metropolen Paris und London damit problemlos zu erreichen. Vier Raketen richteten sich gegen die englischen Raketenstellungen in Norfolk und Lincolnshire. Weitere gegen die europäischen Atlantikhäfen sowie gegen Air-Force-Basen der USA in Europa, von denen im Kriegsfall Bomberflotten aufgestiegen wären.

Mehr noch als 1962 auf Kuba herrschte strenge Geheimhaltung. Nicht einmal die ostdeutschen Waffenbrüder wussten von der Stationierung. Die Sprengköpfe wurden auf dem Luftweg nach Templin geschickt und von dort aus in den folgenden Nächten in die Bunker der Kasernen gebracht. Die Soldaten übten nur nachts an den Raketen, um

ge war die Frist, um noch vor vollendeten Tatsachen politisch oder militärisch reagieren zu können? Auch Generalstabschef Maxwell Taylor kam über Spekulationen nicht hinaus: Dieser Raketentyp könne relativ schnell montiert werden. Sicherheitsberater McGeorge Bundy wies darauf hin, dass ohnedies nur ein Ausschnitt der Insel fotografiert worden sei, vielleicht gebe es noch weitere Raketenstellungen. Der CIA-Fotoanalyst Sidney Graybeal glaubte nicht, dass

von den ständigen amerikanischen Spionageflügen nicht entdeckt zu werden. Im Mai 1959 meldeten die Einheiten Chruschtschow persönlich ihre volle Einsatzbereitschaft. Aber die Sowjets hatten ständig mit Pannen zu kämpfen. Die Raketen wurden mit Flüssigbrennstoff betrieben. Der flüssige Sauerstoff verdampfte innerhalb von 30 Tagen. Deshalb mussten die Chemiewerke in Leuna auf Hochtouren laufen, um den riesigen Nachschubbedarf zu decken. Aber auch der Alkohol im Zündsystem machte sich zuweilen rar: Sowjetische Soldaten hatten das blau gefärbte Äthanol durch Methanol ausgetauscht. Als hochprozentiger Tropfen mit dem klingenden Spitznamen »Blaue Donau« fand der Brennstoff reißenden Absatz – sehr zum Leidwesen der Führung: Die geheimen Akten belegen drakonische Disziplinarstrafen.

Plötzlich und ohne viel Aufhebens zogen die Spezialtruppen im August und September 1959 wieder ab. Was war passiert? Womöglich waren die Waffen stationiert worden, um zu einem geeigneten Zeitpunkt in der Berlinfrage Druck auf die Westmächte auszuüben. Dann aber hatte die Sowjetunion mit der Stationierung ihrer neuen SS-4-Raketen auf sowjetischem Gebiet begonnen, außerdem ließ Chruschtschow sein Berlinultimatum stillschweigend verstreichen und besuchte im September öffentlich wirksam die Vereinigten Staaten. Vielleicht war die Aussicht auf friedliche Koexistenz seinerzeit doch verlockender als das gesteigerte Risiko eines Atomkriegs – jedenfalls verschwanden die Raketen. Der Westen jedoch wusste dank BND-Spitzel über diese Waffen Bescheid. US-Präsident Eisenhower schwieg zu der Bedrohung, anders als sein Nachfolger Kennedy drei Jahre später – da standen die Höllenmaschinen vor der eigenen Haustür.

die Raketen schon einsatzbereit waren. Tatsächlich waren auf den Fotos bislang keine nuklearen Sprengköpfe zu sehen. Aber der ganze Aufwand der Stationierung hatte schließlich nur dann Sinn, wenn eine atomare Bestückung vorgesehen war. Wo aber befanden sich die atomaren Sprengkörper – schon auf der Insel? Man konnte nur hoffen, dass dies nicht der Fall war, aber Entscheidungen konnte man darauf nicht bauen. Möglicherweise lagen die Sprengmittel an verborgener Stelle – was dann tatsächlich der Fall war.

Brennpunkt Berlin Dass sich das ExComm auch um die geteilte Stadt an der Spree sorgte, hatte seinen Grund. Seit Beginn des Kalten Krieges war Berlin, besonders Westberlin, Zankapfel der Supermächte. Hier lagen nukleare Drohungen und Ängste vor dem Dritten Weltkrieg immer wieder in der so viel besungenen Luft. Als die Raketen auf Kuba entdeckt wurden, spekulierte Kennedys Krisenstab, ob Chruschtschow womöglich plane, die Insel in der Karibik als eine Art Tauschobjekt gegen die »Insel« im Westen einzusetzen.

Seit Beginn der Teilung Deutschlands galt Westberlin als »Stachel« im Fleisch des kommunistischen Ostens. Die Sowjets wollten die ehemaligen Verbündeten aus Berlin heraushaben. Durch die Vier-Mächte - Verantwortung über die frühere Reichshauptstadt verfügten die USA, Großbritannien und Frankreich jedoch über Kontroll- und Regierungsrechte – vor allem in den West-Sektoren. Die Berlin-Blockade durch die Sowjets 1948/49 wurde mit der Luftbrücke der legendären »Rosinenbomber« ausgehebelt. Doch auch künftig drohte im Konfliktfall das Damoklesschwert der »zweiten Blockade«.

Es gab noch mehrere Schicksalstage, an denen es zum militärischen Konflikt um die geteilte Stadt hätte kommen können. Ein zentrales Datum war der 17. Juni 1953, später Datum für den Gedenktag »der deutschen Einheit«. An diesem Tag begann der Arbeiter-Aufstand in Ostberlin, der sich bald auf die gesamte DDR erstreckte. Zur »Bewahrung sozialistischer Errungenschaften« schlug der Kreml zusammen mit dem SED-Regime den Aufstand gewaltsam nieder. US-Präsident Eisenhower und sein Außenminister Dulles befürchteten einen offenen Konflikt der Mächte, wenn der politische Status quo an der Nahtstelle

Das ExComm hatte sich nun auch grundsätzlichen Fragen zu den Motiven der sowjetischen Stationierung auf Kuba zu stellen. Was bewegte den Kreml zu einem solchen Schritt? Wollte Chruschtschow, der Logik des Kalten Krieges folgend, der Welt demonstrieren, dass die USA zu ängstlich seien, das Risiko eines Nuklearkriegs auf sich zu nehmen – in der Hoffnung, dass Amerikas Prestigeverlust ihm dann Spielraum für Erpressung in anderen Weltregionen gäbe? Oder war das Ganze nur eine Maß-

der Blöcke zu Ungunsten der Sowjets ins Wanken geriet. So vermieden es die Westalliierten, Öl ins Feuer zu gießen, denn tief saß die Angst vor einem Dritten Weltkrieg. Es bestand ein stilles Einvernehmen, sich nicht in die »inneren Angelegenheiten« der anderen Hemisphäre einzumischen. Dasselbe galt 1956 beim Ungarnaufstand und 1968 beim »Prager Frühling«.

Kennedy betonte, Westberlin sei eine Insel der Freiheit inmitten der kommunistischen Flut.« Chruschtschow stellte den jungen Präsidenten auf die Probe: Bei ihrem ersten Gipfeltreffen in Wien am 4. Juni 1961 richtete er ein Ultimatum an Kennedy, forderte er eine entmilitarisierte »Freie Stadt Westberlin«, sonst werde die UdSSR noch vor Jahresende einen Separatfrieden mit der DDR unterzeichnen. Ob dies eine Blockade des freien amerikanischen Zutritts nach Westberlin bedeute, fragte Kennedy. »Genau das!«, sagte der Kremlchef und ließ sich zu einer heftigen Drohung hinreißen: »Ich wünsche den Frieden, aber wenn Sie einen Atomkrieg haben wollen, dann können Sie ihn haben!« Schon 1958 hatte Chruschtschow einseitig den Viermächtestatus Berlins kündigen wollen. Doch die Drohungen blieben ohne Folgen. Kennedy aber hielt an den sogenannten drei »Essentials« fest: Verbleib der Westmächte in Berlin; Freier Zugang zum Westteil der Stadt; Freiheit und Lebensfähigkeit für die Bürger Westberlins. Die USA bekundeten, dafür notfalls den Atomkrieg zu riskieren.

Und was war mit Ostberlin? Die eindeutige Schutzerklärung für den Westen bedeutete im Klartext: »Im Osten mischen wir uns nicht ein!« Für Chruschtschow stand fest, nur Westberlin durfte nicht angetastet werden, das bedeutete für den anderen Teil der Stadt aus sowjetischer

nahme, im Schlagabtausch um Berlin die kubanische Karte spielen zu können – für Konzessionen um den Status der geteilten Stadt? Ging es viel umfassender um eine Verschiebung des politischen und militärischen Gewichts im Kräftespiel zwischen Ost und West? Oder wollte Moskau schlicht und einfach seinen Satelliten Castro stärken und dessen Überleben durch sowjetische Raketen garantieren?

Die Einschätzung dessen, was die andere Seite will, sollte zu ei-

Sicht: »Wir machen Berlin dicht! Wir werden Stacheldraht ausrollen, und die Westmächte werden dastehen wie dumme Schafe! Und während sie noch so dastehen, bauen wir eine Mauer!« Die Westmächte reagierten am 13. August 1961 wie Chruschtschow es vorausgesagt hatte. Zwei Tage später hievten Baukräne die ersten Betonplatten auf die Grenzlinie. Es gab Protest, aber kein Eingreifen.

»Der Westen tut nichts!«, beschwerte sich am 16. August in einer Schlagzeile die »Bild«-Zeitung, während sich in Berlin erschütternde Szenen abspielten. Willy Brandt, zunächst bitter enttäuscht, hatte später Verständnis für die Haltung des Westens: »Was für die Berliner ein Tag des Entsetzens war, sollte für die westlichen Regierungen objektiv zu einem Datum der Erleichterung werden: Ihre Rechte, auf Westberlin bezogen, blieben unangetastet, die befürchtete Kriegsgefahr war abgewendet.«

Erst als die Mauer schon stand, beschloss Kennedy, die Westberliner moralisch aufzumuntern und den Sowjets Standfestigkeit zu demonstrieren. Am 19. August landeten Vizepräsident Lyndon B. Johnson und der Held der Luftbrücke, General Lucius D. Clay, in Berlin-Tempelhof. Im Oktober 1961, ein Jahr vor der Kuba-Krise, sollte es zu einer entscheidenden Kraftprobe kommen. Wieder einmal ging es um westalliierte Zugangsrechte innerhalb der Stadt. Schon im August 1961 hatte ein Erlass der DDR verfügt: Ausländer, also auch die Angehörigen der Alliierten Streitkräfte, dürfen nur noch den Checkpoint Charly benutzen. Die Kontrolle sollten DDR-Grenzposten übernehmen. Das widersprach dem Vier-Mächte-Status, der Bewegungsfreiheit garantierte. Am 22. Oktober 1961 wollte der Chef der US-Mission, Alan Lightner, mit seiner Frau

nem der spannendsten und schillerndsten Kapitel jener entscheidenden 13 Tage zwischen dem 16. und 28. Oktober werden.

ExComm-Premiere

»Der Präsident ließ keinen Zweifel an seiner Entschlossenheit, die Raketen loszuwerden,« erinnert sich Kennedy-Berater Ted Soren-

eine Theatervorstellung in Ostberlin besuchen. DDR-Volkspolizisten ließen ihn nicht passieren. Clay wollte dem sowjetischen Oberbefehlshaber Konjew nun endlich Paroli bieten. Am 26. Oktober ließ er zehn M-48 Panzer am Grenzübergang Checkpoint Charlie Stellung beziehen. Am nächsten Morgen rückten 33 Sowjetpanzer an, in einer Entfernung von 150 Metern standen sich nun zum ersten Mal im Kalten Krieg Tanks beider Seiten gegenüber. Würden die Absperrungen beseitigt werden? Der Showdown der Supermächte begann. Es gab NATO-Alarm und – was noch weitaus bedrohlicher wirkte – das Strategische Luftkommando der USA (SAC) ging in Bereitschaft. Ein ehemaliger Deutschland-Experte des Kreml, der spätere Botschafter in Bonn Valentin Falin, erinnert sich: »Ich war anwesend, als Chruschtschow den Befehl an Konjew erteilte, wenn die Amerikaner wirkliche beginnen, die Mauer oder Grenzeinrichtungen umzukippen, dann müssen unsere Panzer scharf schießen«. Hätte nur irgendein Schütze die Nerven verloren und geschossen, wäre es zum Dritten Weltkrieg gekommen, so die Auffassung beteiligter Akteure von damals: »Unsere Ohnmacht war deutlich, denn hier stand nun wirklich der Beginn einer großen Auseindandersetzung auf dem Spiel«, sagt Willy Brandts damaliger Sprecher Egon Bahr. Berlin als Ausgangspunkt für einen großen Krieg? Der frühere US-Verteidigungsminister McNamara sagt: »Wir waren damals einer Katastrophe näher als man noch Jahrzehnte danach ahnte«: Am 28. Oktober, genau ein Jahr vor der Entschärfung der Kuba-Krise, zogen sich die Panzer beider Seiten wieder zurück – in Etappen, vier Meter hier, vier Meter dort, die Sowjets zuerst. Kennedy hatte sein Ziel erreicht. Die eigenen Rechte wurde respektiert. Was blieb, war die Mauer.

»Was auch immer geschieht, die Raketen müssen weg.« (John F. Kennedy)
Der US-Präsident und sein Verteidigungsminister Robert McNamara.

sen an die Losung, die vom ersten Tag an die Marschrichtung des
ExComm vorgab. »Es fand am 16. Oktober ein erster Meinungsaus-
tausch über mögliche Reaktionen statt: Luftangriff, Quarantäne
Kubas, eine Invasion oder diplomatische Schritte.« Kennedy selbst
resümierte vier Optionen: Die erste war ein gezielter Luftschlag gegen alle bislang bekannten Raketenstellungen. Die zweite war ein
umfassender Luftangriff, der auf verschiedene Militäreinrichtungen zielte (auch auf die sowjetischen Jagdflugzeuge und die Boden-
Luft-Raketen), die dritte Option war eine Invasion auf Kuba, die
acht Tage Vorbereitung gebraucht hätte. Die vierte eine Seeblockade, die verhindern sollte, dass weitere Raketen und Atomsprengköpfe Kuba erreichen konnten und Zeitgewinn versprach.

Die Präferenz des Präsidenten lag bei der ersten Variante. »Wir
zerstören die Raketen, und es scheint mir ratsam, nicht zu lange zu
warten.« Verteidigungsminister Robert McNamara nannte eine

weitere Möglichkeit, den ausschließlich politischen Weg: Das hieß, Chruschtschow und Castro mit den Erkenntnissen zu konfrontieren und den Disput vor der Weltöffentlichkeit auszutragen. Kennedy aber glaubte zu diesem Zeitpunkt offenbar nicht, ohne eine militärische Lösung auszukommen. Dabei gab es durchaus Risiken. Würde es bei einem Schlag gegen die Raketen bleiben? Konnte man wirklich alle Raketenstellungen auskundschaften? Und sie auch wirklich alle zerstören? »Wir können niemals zu 100 Prozent sicher sein, Herr Präsident,« räumte selbst Generalstabschef Taylor ein. Das stimmte Kennedy bedenklich.

Wie sollte man den Bündnispartnern eine umfassendere militärische Operation vermitteln? Robert Kennedy warnte vor heftigen internationalen Reaktionen, wenn auf Kuba viele Menschen im Bombenhagel getötet würden. Er fantasierte auch darüber, wie man eine militärische Intervention auf Kuba eventuell der Weltöffentlichkeit verkaufen konnte – etwa durch fingierte Attacken auf US-Einrichtungen oder Schiffe. Was aber würde im Falle einer In-

Klein Watergate Was die Entscheidungsfindung während der »Dreizehn Tage« anlangt, war man zunächst ausschließlich auf einige Dokumente, Zeitzeugen-Interviews, Statements, Gedächtnisprotokolle oder autobiographische Schriften angewiesen. Robert Kennedy hat für das Buch *Thirteen Days* seine Sicht der Dinge formuliert. Postum von Ted Sorensen redigiert und 1969 herausgegeben, stellt es Robert und seinen ebenfalls bei einem Attentat ums Leben gekommenen Bruder in einem sehr günstigen Licht dar. In den vergangenen Jahren öffneten sich – erst in West, dann auch in Ost – allmählich die Archive, wobei die russischen Behörden weitaus restriktiver vorgehen als es auf der US-Seite der Fall ist.

Einem pikanten Hinweis aus dem Jahr 1973 verdanken wir es, dass es eine Quelle gibt, die weit über das seinerzeit Vorhandene hinausreichte, die sogenannten »Kennedy«-Tapes. US-Präsident Nixon wollte zur Ausspionierung seiner Gegner im Hotel Watergate Abhöranlagen installieren lassen, die Polizei erwischte die Einbrecher auf frischer Tat, Nixon

vasion tatsächlich passieren, würde Moskau an einer anderen Stelle auf der Welt zurückschlagen, eben in Berlin?

Angesichts dieser Fragen sah sich Kennedys Berater Bundy veranlasst, noch einmal nachzuhaken:»Haben wir uns wirklich gegen eine politische Option entschieden?« Sollte man nicht doch lieber die Sowjets zur Rede stellen – verbunden mit einem Ultimatum?

Das Tonbandprotokoll aus dem Weißen Haus dokumentiert auch, wie sehr es dem US-Präsident in den ersten Tagen auf absolute Geheimhaltung ankam:»Wenn wir jetzt Alarm schlagen, dann sind alle gewarnt«, betonte er mehrmals. Kennedy wollte Zeit gewinnen. Moskau konnte ja noch nicht wissen, dass Washington über die Raketenstellungen informiert war. So galt es die Zeit zu nutzen, die Optionen auszuloten und militärische Vorkehrungen zu treffen. Auf den Vorschlag eines Ultimatums mit Gewaltandrohung antwortete er:»Natürlich können wir nicht einfach verkünden, dass wir die Raketen in vier Tagen zerstören wollen. Dann könnten nämlich die Russen schon nach zwei Tagen erklären, dass

leugnete die Verstrickung. Während eines Fernseh-Hearings zum Skandal eröffnete ein früherer Angestellter des Weißen Hauses, dass auch dort Tonbandanlagen installiert seien – eine Sensation. Der Kongress forderte die Bänder an für Vorermittlungen zum»Impeachment« (Amtsenthebungsverfahren) – die Aufzeichnungen belegten Nixons Verstrickung. Der Präsident trat zurück. Daraufhin verstärkten sich die Gerüchte, dass es auch schon zu Kennedy-Zeiten Bandmaschinen im Weißen Haus gegeben habe, und siehe da, der jüngerer Bruder und Senator Edward bestätigte deren Existenz. Dem vielleicht nicht gesetzwidrigen, aber auch nicht gerade ehrenhaften Tatbestand verdanken wir, dass die John F. Kennedy-Bibliothek in Boston über 270 Stunden lange Tonbandaufnahmen verfügt, die Ausschnitte von Sitzungen im Kabinettsaal und dem Oval Office im Weißen Haus sowie Telefongespräche wiedergeben – für den Zeitraum vom 30. Juli '62 bis zum 8. November 1963. Knapp die Hälfte der Aufzeichnungen ist bisher veröffentlicht. Ein Teil spiegelt die Diskussionen um die Kuba-Frage wieder.

ihre Raketen einsatzbereit sind, und was machen wir dann? Gar nichts. Wir könnten nur noch damit drohen, dass wir sofort mit Atomwaffen angreifen.«Dazu Sorensen heute:»Solange die Sowjets nicht erfuhren, dass wir von den Raketen wussten, hatten wir einen Vorsprung. Wir teilten unsere Entdeckung weder dem Kongress noch der Öffentlichkeit noch unseren Alliierten oder sonst wem mit. Wir brauchten Zeit, um unsere Antwort sorgfältig zu formulieren.« Die konspirative Haltung hatte auch innenpolitische Gründe. Arthur Schlesinger jr., damals Assistent des Präsidenten, sagt:»Dass Kennedy nichts preisgeben wollte, bis er sich für eine Option entschieden hatte, hing auch mit der Angst vor hitzigen Reaktionen aus dem Kongress zusammen. Bald würde sich zeigen, wie Recht er damit hatte. Als später Senator James William Fulbright – Kennedys erste Wahl als Außenminister und später ein wichtiger Kritiker des Vietnamkriegs – von den Raketen erfuhr, war sogar er der Ansicht, eine militärische Invasion sei notwendig«. Kennedy wollte

Bis zum Juli 1962 war Kennedy offenbar ohne Tonband-Aufzeichnungen ausgekommen. Warum er seine Meinung änderte, darüber lässt sich spekulieren. Manche meinen, es sei ihm um eine Hilfestellung für spätere Memoiren gegangen, andere sehen darin ein Instrument, die Verantwortung für politische Fehlschläge notfalls anderen zuschreiben zu können. Oder warum durften nur Präsident Kennedy und sein Bruder davon wissen? Ein Jahrzehnt später erst erfuhr Präsidentenberater McGeorge Bundy, dass damals mitgeschnitten wurde: Dies sei eben eine dieser Unwägbarkeiten der Gebrüder Kennedy, sagte er dazu lakonisch.

Bezeichnend auch die Art der Installation. Kennedy ordnete ein Aufnahme-System an, das sich manuell steuern ließ, in Kniehöhe ließ er einen Knopf zum An- und Ausschalten der Anlage anbringen. So konnte er jederzeit entscheiden, ob die eigenen Worte mit aufs Band kamen oder nicht. Das deutet jedoch auch auf die begrenzte Aussagekraft dieser Quelle hin, sind doch vor allem solche Passagen der Ge-

Geheimhaltung wahren, um eben nicht von Anfang mit solchen Forderungen aus den politischen Lagern konfrontiert zu werden, die seinen Spielraum bloß eingeengt hätten. Schon innerhalb des ExComm würde es noch genügend politische Auseinandersetzungen zwischen »Falken« und »Tauben«, kompromisslosen und vermittelnden Positionen, geben. Aber ihm gelang mit der Zusammensetzung des Gremiums auch ein wichtiger Schachzug – er nahm potenzielle Gegner in den Ministerien mit in die Pflicht und verhinderte so eine öffentliche, kritische Stellungnahme. Nach der ersten Vormittags-Krisensitzung am 16. Oktober versammelte sich im Pentagon der Generalstab im so genannten »Tank«, einem abhörsicheren Raum in der fünfeckigen Verteidigungs-Kleinstadt. Hier wurden nun konkrete Pläne für einen möglichen Angriff auf die Zuckerinsel erörtert. Ein Teilnehmer an dieser Runde war Roswell Gilpatric, der stellvertretende US-Verteidigungsminister: »Der Generalstab hat von Anfang an die schärfste, direk-

spräche aufgezeichnet, die dem Präsidenten opportun erschienen – außerdem ist ein Teil schlicht unverständlich, gibt nur Wort- oder Satzbrocken wieder. Wer also aus dem 800 Seiten-Transskript ein vollständiges Bild erhofft – wird Schiffbruch erleiden. Dennoch wird anhand der Bänder deutlich, wie sich die Stimmung im ExComm wandelte, wo sich die Fronten zwischen »Tauben« und »Falken« abzeichneten, wie sich die drohende Eskalation in einzelnen Positionen niederschlug. Somit stellen die Tapes einen wichtigen Teil des Mosaiks dar.

Von den seinerzeit im Kreml stattfindenden Sitzungen gibt es bedauerlicherweise keine Tonbänder, auch wenn manche das hier sicher eher erwarteten als im Weißen Haus. Dafür existieren bislang unveröffentlichte Protokolle des ZK-Präsidiums. Einen Teil davon durften wir einsehen. Sergej Chruschtschow hat umfangreiche Band-Aufzeichnungen, die ihm sein Vater hinterlassen hat, in aktuelle Publikationen eingearbeitet. Somit kann man sich ein Bild von dessen Stimmungslage machen. Bis zur »Wende« in der Gorbatschow-Ära wusste man von den Vorgängen im Kreml während der Kubakrise so gut wie nichts.

teste und massivste Form des Luftangriffs gegenüber Kuba befürwortet. Und er stellte sich damit hinter General LeMay, für den schon seit seiner Zeit als Schwadronenführer im Zweiten Weltkrieg feststand, dass man in solchen Fällen am besten eine ganze Bomberflotte einsetzt und nach der Devise handelt: Bomben wir sie einfach ins Steinzeitalter zurück.« Das war wohl die lapidarste Forderung im Spektrum der Möglichkeiten. Für manche Generäle war Kuba nun vor allem eine militärische Angelegenheit. Politische Erwägungen der Zivilisten galten als unwillkommene Einmischung. Maxwell Taylor, der erst kurz zuvor aus dem Ruhestand zurück beordert worden war und nun Bindeglied spielen sollte zwischen Politik und Militärs, sah sich in einer heiklen Rolle.

Um 18.30 Uhr traf sich das ExComm ein zweites Mal an jenem Tag. Der Generalstab hatte seine Empfehlung abgegeben: ein massiver Luftschlag, mit dem alle sowjetischen Militäreinrichtungen auf Kuba zerstört werden sollen. Verteidigungsminister McNamara versuchte die Gemüter zu beruhigen und hielt die Auswirkungen der neu installierten Raketen auf das Gleichgewicht des Schreckens für begrenzbar. In der Tat war die Übermacht der USA auf dem nuklearen Sektor gewaltig. Im Gegensatz dazu glaubte Kennedy, die Raketen gäben den Sowjets einen starken politischen Hebel in die Hand, der die internationale Machtbalance verändern konnte. Eine Frage auch der Psychologie: Die USA erschienen erpressbarer, wenn Atomwaffen in unmittelbarer Nähe stationiert waren. Nur etwa 150 Kilometer vom Festland entfernt, hätten sie Ziele in den USA binnen weniger Minuten erreichen können.

Außerdem wurde nun deutlich, dass sich Kennedy selbst unter Druck gesetzt hatte, als er den Sowjets für den Fall einer Stationierung von Raketen auf Kuba drohte. Selbst wenn sich die militärische Lage als nicht so tragisch herausstellte, weil sich global gesehen nicht viel veränderte, galt es nun, Wort zu halten. Kennedy hatte ein politisches Problem, wenn er nicht, wie vorausgesagt, mit militärischen Mitteln drohte. Auch bündnispolitische Erwägungen spielten eine Rolle: Wie hätte man den Bündnispartnern wie beispielsweise Deutschland und Frankreich glauben machen wollen, dass die USA auf Bedrohungen Tausende von Kilometern von den amerikanischen Grenzen entfernt effektiv reagieren könnten, wenn sie nicht einmal erfolgreich gegen Raketen vorgehen konnten, die nur 150 Kilometer vor der eigenen Küste standen? Der Präsident ging zudem davon aus, dass nur ein rasches Vorgehen gegen die Raketen – so lange sie noch nicht schussbereit waren – gewährleistete, dass ein Angriff auf die Abschussbasen nicht zum Selbstmord geraten würde.

Die Diskussionen am 16. Oktober zogen sich bis in die späten Abendstunden und kreisten schließlich um zwei Optionen: McNamara plädierte für eine Seeblockade als ersten Schritt. Dann gelte es die Reaktion der Sowjets abzuwarten, schließlich stünde dann immer noch der Weg eines Militärschlags offen bis hin zu einer Invasion. Die Kennedys und die Mehrheit der ExComm-Mitglieder hielten die Blockade-Option für wenig erfolgversprechend. Ein solcher Schritt werde Moskau kaum daran hindern, die militärischen Aktivitäten auf Kuba einzuschränken oder gar rückgängig zu machen.

Der Präsident tendierte am Ende der ExComm-Runden des ersten Tages zu einem umfassenden Luftschlag gegen Kuba. Als mögliches Angriffsdatum wurde Samstag, der 20. Oktober, angesetzt. Und als ob es der Zufall wollte, war in jenen Tagen ein großes US-Militärmanöver in der Karibik im Gange. Die zweiwöchige Übung sah eine amphibische Landeoperation auf Puerto Ricos Vieques-Islands vor – mit dem Ziel einen imaginären Tyrannen namens »Ortsac« zu stürzen. Umgekehrt buchstabiert hieß das »Castro«. Welch ein Wink mit dem Zaunpfahl! »Wir wollten ihn eben einschüchtern«, gibt ein ehemaliger General zu. Nun diente dieses Manöver als Deckung für Truppenbewegungen und die Mobilmachung der verschiedenen Waffengattungen, um für jede militärische Option in den kommenden Wochen gewappnet zu sein.

Das Vorspiel

Castros Kuba

Kuba galt seit den Gründervätern der Vereinigten Staaten als Ableger von »Gottes eigenem Land«. Und wenn die USA die Zuckerinsel 1902 in die Unabhängigkeit entließen, dann nur, weil sie sich ein Interventionsrecht herausgenommen hatten. Als Großgrundbesitzer, Geldgeber, Waffenlieferanten und Großabnehmer von Zuckerrohr (Kubas Exportartikel Nummer eins) behielten US-Regierende und -Bürger auch 50 Jahre später – unter der Diktatur des General Batista – Einfluss auf die Insel. Die Spiel-Casinos und den Tourismus in Havanna kontrollierten vor allem US-Mafia-Syndikate. Zeitweise wurde dort mit Glücksspielen mehr verdient als in Las Vegas. Nicht nur die Politiker in Washington, sondern auch die amerikanische Öffentlichkeit verfolgte aufmerksam, was auf der Zuckerinsel geschah.

Am 2. Dezember 1956 gingen 82 Revolutionäre bei den Mangroven nahe Belic unter der Führung Castros an Land. Fidel Castro Ruz, früher katholischer Musterschüler aus wohlhabendem Elternhaus, später Rechtsanwalt, hatte vor allem ein Ziel: Kuba von Diktator Fulgencio Batista zu befreien. In den Bergen der Sierra Maestra begann ein Guerillakrieg, der 1959 zum Sieg der Rebellen über das Regime führen sollte. Es war Castros Marsch nach Havanna. Dabei bediente er sich antiamerikanischer Parolen, die überaus populär waren. »Wir hassten die Abhängigkeit von den USA«, betont Altrevolutionär Victor Boronat Mūnoz. Castro-Tochter Alina Fernandez, die heute in Miami lebt, hat eine zugespitzte Auffassung von der Position ihres Vaters:»Anti-Amerikanismus war nie sein wirkliches Motiv. Es sollte ihn nur beim Volk sympathischer machen. Es ging ihm vor allem um die Macht.« Batistas Sturz war das primäre Ziel. Er hatte Kuba seinen Stempel aufgeprägt. Schon in den dreißiger Jahren war er der eigentliche starke Mann im Land bei wechselnden Regierungen und kam 1940 nach relativ fairen Wahlen an die Macht. Die neue liberale Verfassung verkaufte er geschickt als sein eigenes Werk, seine Reformen erwiesen sich als halbherzig, Korruption und Spekulation griffen um sich, überfällige Landreformen blieben aus. In der Regierungszeit seiner Nachfolger (1944-52) verschlimmerte sich die Situation. In einem unblutigen kalten Putsch holte sich Batista im März 1952 die Macht zurück, die kubanische Finanz- und Geschäftswelt sowie die Vereinigten Staaten begrüßten den Umsturz.

In der Tat sollte die Wirtschaft in den kommenden Jahren prosperieren und politische Beruhigung einkehren. Nach einer manipulierten Wahl und in Ermangelung eines Gegenkandidaten erhielt die Regierung 1954 ihren legitimen Anstrich. Am steilhangartigen sozialen Gefälle änderte sich indessen nichts, auch an der einseitigen wirtschaftlichen Abhängigkeit von den USA. Im Umgang mit der rebellischen Opposition, namentlich der Gruppe um Castro, offenbarte das Regime sein grausames Gesicht.

Der revolutionäre Fidel hatte im Juli 1953 mit seinen Getreuen einen selbstmörderischen Angriff auf die Kaserne von Moncada gewagt. In diesem abenteuerlichen Unternehmen zeigten sich bereits typische Wesenszüge von Castro. Zum einen hatte er ein schier unumstößliches Vertrauen in sich selbst – das scheinbar Unmögliche reizte ihn –, zugleich war er bereit, sein Leben, aber auch das seiner Anhänger für die Sache zu opfern. Da war ihm gleichgültig, ob er als Sieger oder Märtyrer aus der Geschichte hervorgehen würde. So war Moncada eine Keimzelle dessen, was sich später in größerem Maßstab abspielen sollte. Damals gab es einige Tote, etwa achtzig Rebellen wurden gefangen genommen, Castro und etwas mehr als ein Dutzend entkamen.

Das Regime rächte sich fürchterlich. Die Schreie aus den Folterkellern hallten durch das ganze Land, die meisten Häftlinge überlebten die Torturen nicht, was auch in Washington Unmut hervorrief. Als Fidel wenig später gefasst wurde, war es für Batistas Schergen zu spät, den verhassten Rebellen zu liquidieren. Der promovierte Rechtsanwalt Castro übernahm seine Verteidigung selbst: Seine Worte »La historia me absolverá«, die Geschichte wird mich freisprechen, sollten zur Gründungsformel der kubanischen Revolution geraten.

Fidel folgte seinem nach Mexiko geflüchteten Bruder Raúl, wo sie zusammen mit Che Guevara Pläne schmiedeten, um Batista zu stürzen. Bei regimekritischen Exilkubanern in den USA fand Castro finanzielle Unterstützung. Für 25 000 Dollar erwarb er das Boot, das ihn und seine Getreuen an den Strand von Kuba brachte, »Granma«, das beinahe wegen hoffnungsloser Überfrachtung mit Revolutionären gekentert wäre. Batista schickte Flugzeuge und 1 000 Mann, die den Rebellen in die Gebirgszüge der Sierra Maestra trieben. Castro schien paralysiert. Doch der von seiner Mission dermaßen überzeugte karibische Proteus gab noch in den verzweifeltsten Momenten Siegesparolen aus: »In diesem Moment sagte Fidel – mit zwölf Mann und sieben Gewehren: ›Jetzt lasst uns den Krieg gewinnen‹«, so Ricardo Martinez, Altrevolutionär und Mitbegründer von Radio Rebelde.

Während Batista glaubte, er könne Castro einfach für tot erklären, ersann dieser eine List und spannte angesichts seiner desolaten Lage die Macht der Presse für sich ein. Er ließ den Korrespondenten Herbert L. Matthews von der *New York Times* zu sich ins geheime Hauptquartier kommen. Hier kam es in der Tat zu einem Spektakel, das Mediengeschichte schrieb. Nicht nur, dass Castro die wenigen Mannen, die er hatte, mehrere Male in verschiedenem Outfit antreten ließ, mal mit, mal ohne Sonnenbrille, mit und ohne Kopfbedeckung – und so suggerierte, ein paar stramme Kompanien stünden an seiner Seite. Nein, auch das Interview selbst ließ die Herzen all derer höher schlagen, die für revolutionäre Romantik der ersten Stunde etwas übrig hatten. Bewusst vermied Castro antiamerikanische Parolen. Nicht von ungefähr sehen manche in diesem Artikel einen Markstein der kubanischen Revolution. Längst konnten sich auch bürgerliche Kreise auf Kuba für die Fidelisten erwärmen. Korruption und Grausamkeiten entgingen auch Washington nicht – hier forderte man nach einer langen Periode der Pro-Batista-Politik freie Wahlen und eine Übergangsregierung. Im Außenministerium saßen zwei Ministerialbeamte namens Rubottom und Wieland, die meinten, mit Castro könne man kooperieren. US-Präsident Eisenhower, seit Anfang 1957 in zweiter Amtszeit, erklärte die USA im kubanischen Bürgerkrieg offiziell für neutral. Jetzt schon von einer Anti-Castro-Politik Washingtons sprechen, wäre unzutreffend.

Am Neujahrstag 1959 erfuhren die Amerikaner aus den Nachrichten von den revolutionären Veränderungen auf »ihrer« Insel. General Batista floh aus Havanna in die Dominikanische Republik. Wie aber würde es mit Kuba nun weiter gehen? Die Guerilleros hatten sich bei der Wahl der Mittel nicht gerade zimperlich gezeigt – dazu zählte auch die Geiselnahme von Ausländern. 19 Zivilisten aus den USA und Kanada sowie 30 Angehörige der US-Navy und des Marine Corps wurden 1958 gekidnappt, um den Lieferungsstop amerikanischer Kampfflugzeuge an Batista zu erpressen. Fidel Castro selbst war davon nicht begeistert und sorgte dafür, dass eine baldige Einigung zustande kam.

Später sollte die amerikanische Öffentlichkeit dem bärtigen Mann in der blassgrünen Uniform die Aktion verzeihen, auch als Castro der von den Kubanern erstrebten Wahl einer Übergangsregierung durch seinen Sieg zuvorkam und bereits erste Attitüden eines Diktators an den Tag legte. Er wollte entgegen früherer Ankündigungen nicht die alte Verfassung von 1940 wiederbeleben wie die meisten seiner Landsleute, er verfolgte sozialrevolutionäre Ziele, beteuerte aber selbst vor amerikanischen Wochenschau-Kameras in der für ihn typischen beschwörenden Art: »We are no communists, we are no communists!«. Nikita Chruschtschow sollte später in seinen Memoiren formulieren: »Als Fidel seine Revolution zum Siege führte und mit seinen Truppen in Havanna einmarschierte, hatten wir keine Ahnung, welchen politischen Kurs sein Regime einschlagen würde.« Das sollte sich bald ändern.

Die Eisenhower-Regierung gewährte dem neuen Regime diplomatische Anerkennung. Noch im April 1959 war Castro auf Einladung des amerikanischen Zeitungsverleger-Verbandes in den USA zu Gast. Als der neue starke Mann auf Kuba in Washington landete, warteten schon seit Stunden Hunderte Schaulustige im strömenden Regen, die den charismatischen Guerillakämpfer begrüßen wollten – flankiert von einem ganzen Schwarm amerikanischer Journalisten. Und die waren Castro gewogen: »Operation Truth« – Operation Wahrheit – hatte der Revolutionär seine sechstägige Rundreise durch die Vereinigten Staaten getauft. Mit ihr wollte er sich vom Verdacht reinwaschen, er errichte ein neues Terrorregime. Fragen kritischer Reporter nach freien Wahlen auf Kuba, nach Kontakten zum Kreml oder Erschießungen Hunderter so genannter Konterrevolutionäre wich er aus.

Präsident Eisenhower spielte während der Castro-Visite demonstrativ Golf und schickte seinen Vize, Richard Nixon. Dieser meldete, der Mann aus Havanna sei zumindest naiv genug, um auf den Kommunismus reinzufallen, jedenfalls stelle er »eine Bedrohung in unserem Hinterhof« dar.

In der Ivy League – Amerikas Elite-Universitäten Harvard, Princeton und Yale – wurde der bärtige Rebell wiederum herzlich empfangen. Als weltberühmter Freiheitskämpfer erhielt er nun Zutritt, wo ihm der als Jugendlicher versagt geblieben war: Die Bewerbung um ein Studium in Harvard hatte die Elite-Universität anderthalb Jahrzehnte zuvor abgelehnt. Dafür wies auch Castro ein Angebot zurück. Er hätte Baseballstar bei den New York Giants werden können. Jetzt war er zu Gast der Arts-Fakultät von Harvard. Und der hieß McGeorge Bundy, später Sicherheitsberater von US-Präsident

John F. Kennedy. Dass sich Ehrengast und Gastgeber drei Jahre später im härtesten Nervenkrieg in der Geschichte der bipolaren Welt gegenüberstehen würden – das ahnten beide nicht.

Doch während sich Fidel Castro in Amerika feiern ließ und allenthalben versicherte, er lehne den Kommunismus wie jede andere Form der Diktatur ab, knüpfte sein Bruder Raúl Castro konspirative Kontakte nach Moskau, wo er Verbindung mit der Schaltzentrale des Sowjetimperiums aufnahm. Bis heute ist nicht geklärt, ob Fidel das guthieß oder überhaupt davon wusste. Nikita Chruschtschow schrieb über Raúl Castro: »Es schien, dass er seine wahren Überzeugungen vor seinem Bruder Fidel verbarg.« Dies entspricht einer Schilderung, wonach prokommunistische Äußerungen Raúls, die noch während des Batista-Regimes publik geworden waren, Fidel so zur Weißglut getrieben hätten, dass er dem Bruder sogar einen Moment lang nach dem Leben trachtete. Chruschtschow sah sich jedenfalls Ende der fünfziger Jahre keineswegs in der Lage, den Máximo Líder der kubanischen Revolution klar einzuordnen.

Im Mai 1959 begannen die Enteignungen auf Kuba, im Rahmen der Agrarreform – damit war auch der Zwist mit den USA vorprogrammiert. Denn ein Teil der großen Zucker- und Tabakplantagen befand sich in amerikanischem Besitz. 10 000 US-Bürger lebten auf der Insel. Washington verlangte Kompensation für die Verstaatlichungen. Als die Entschädigung zu gering ausfiel, empörte sich das Außenministerium prompt.

Im Februar 1960 besuchte der stellvertretende sowjetische Ministerpräsident Anastas Mikojan die kubanische Hauptstadt, bald darauf folgte die Aufnahme diplomatischer Beziehungen mit Moskau. Es kam zum Abschluss eines sowjetisch-kubanischen Fünfjahresvertrages. Die Sowjetunion orderte fünf Millionen Tonnen Zucker zu Weltmarktpreisen und gewährte Kuba einen Hundert-Millionen-Dollar-Kredit zum Erwerb von Maschinen und Material. Castro hatte mehrmals versucht, die USA zu bewegen, die Zuckereinfuhr zugunsten Kubas zu erhöhen. Doch durch die Enteignungen verstimmt, strich Washington gleich die gesamte Quote. Moskaus

Fünf-Millionen-Tonnen-Deal diente als Ersatz. Bald entbrannte Streit um die amerikanischen Erdölraffinerien auf der Insel. Castro verlangte, dass dort auch sowjetisches Öl verarbeitet werden dürfe. Als die US-Firmen sich weigerten, wurden sie kurzum konfisziert. Die USA mussten – nicht ohne eigenes Mitverschulden – mitansehen, wie der Einfluss der Sowjets auf Kuba wuchs. US-Präsident Eisenhower drohte nun unverhohlen:»Wir werden nicht dulden, dass der internationale Kommunismus einen Brückenkopf auf der westlichen Halbkugel gewinnt.« Ein kommunistisches Land direkt im »Hinterhof« der USA, das außerdem noch Wirtschaftsinteressen der größten Industrienation der Welt zu bedrohen schien, forderte Washington geradezu heraus, provozierte Trotzreaktionen. Es schien, als sähen die USA in Kuba immer noch eine Art Kolonie, die sich eigenmächtig abnabelte und den Interessen der »Mutter« nun zuwiderhandelte.

Die Monroe-Doktrin Als selbstbewusste Nation, als Gemeinwesen mit Sendung und Bestimmung sehen sich die Vereinigten Staaten von Amerika seit ihrer Gründung im Jahr 1776. An dem Sieg von Freiheit, Demokratie und Menschenrechten wollten die Vereinigten Staaten auch andere Länder teilhaben lassen, die sich von der alten Welt gegängelt fühlten – sofern dies nicht allzu sehr mit eigenen innen- und außenpolitischen Interessen kollidierte.

Es war 1823, die junge Nation war noch keine 50 Jahre alt, als der fünfte US-Präsident James Monroe die später nach ihm benannte Doktrin proklamierte: *Amerika den Amerikanern.* Die europäischen Kolonialmächte sollten sich gefälligst aus allem heraushalten, was westlich des Atlantiks passierte, wo Freiheit, Frieden und Demokratie neue Perspektiven eröffneten. Amerika, Nord wie Süd, sollten nicht länger in die leidigen endlosen Streitereien der europäischen Großmächte hineingezogen und nicht zum Schauplatz von ewigen Stellvertreterkriegen werden. Garantieren wollten das die Vereinigten Staaten mit ihren schier unerschöpflichen Ressourcen – sie fühlten sich militärisch, wirtschaftlich, vor allem aber moralisch als Führungsnation der westlichen Hemisphäre. Acht Jahrzehnte später jedoch sollte die

Mit der militärischen Aufrüstung Kubas trat der Konflikt mit den USA in eine neue Dimension. Dabei streckte Havanna seine Fühler zunächst gar nicht so sehr Richtung Moskau aus, sondern Richtung Westeuropa. Geschickt gelang es der US-Regierung, einen Waffendeal zwischen Havanna und London zu verhindern. Doch Frankreich und Belgien überhörten das Argument der »NATO-Loyalität« und wurden sich mit Fidel Castro handelseinig. Die Siesta im Hafen von Havanna war gerade vorüber, als am 4. März 1960 plötzlich eine ganze Serie von Explosionen die Stille zerriss: Der französische Frachter *La Coubre*, randvoll beladen mit belgischen Waffen und Munitionskisten, ging in Flammen auf. Minutenlang explodierten Munitionscontainer. Mehr als 100 Menschen starben. Für das Inferno machte Castro die USA verantwortlich. Obwohl ihm die Beweise fehlten, nutzte der Revolutionsführer das Ereignis

Monroe-Doktrin als Rechtfertigung für ein eigenes amerikanisches Kolonialsystem herhalten.

Dass aus der friedlichen Einflussnahme mit Investitionen und mitunter auch Bestechungsgeldern ein handfester bewaffneter Imperialismus nach europäischem Muster entstehen konnte, dazu bedurfte es eines ganz besonderen Zankapfels – jener Insel vor den Toren Floridas, die schon lange als Einflusssphäre der USA angesehen wurde: Kuba. Darum gab es 1895 Streit mit den Spaniern. Fast ohne Opfer siegten 1898 die USA über die alte Kolonialmacht und beanspruchten die Zuckerinsel sowie Puerto Rico. Der erste Schritt in Richtung Süden war getan. 1903 folgte Panama. Dort bauten US-Unternehmen den Kanal, über den Washington die Kontrolle behalten wollte. Kurzerhand wurde das Land an der wichtigen Wasserstraße von Kolumbien abgetrennt. Wie schon Kuba 1902 musste auch Panama in seiner Verfassung den Amerikanern ein unbeschränktes Interventionsrecht zugestehen. Das Kanalgebiet wurde den USA auf unbegrenzte Zeit überlassen.

Unruhen, Bürgerkriege und Konflikte mit den europäischen Kolonialherren – für die Vereinigten Staaten bot dies den Anlass oder auch Vorwand, Truppen in mittelamerikanische Länder zu schicken. 1912 Ni-

auch als Vorwand für antiamerikanische Maßnahmen: Weitere Enteignungen folgten, und er drehte dem Stützpunkt Guantánamo, seit den Zeiten von US-Präsident Theodore Roosevelt Basis der US Navy auf Kuba, das Wasser ab. Das bedeutete direkte Konfrontation mit dem Weißen Haus. Castro brauchte nun starke Verbündete. Und er fand sie im Kreml. Am 9. Juli 1960 verkündete Generalsekretär Nikita Chruschtschow in Richtung Washington: »Die sowjetische Artillerie kann dem kubanischen Volk durchaus helfen, wenn die aggressiven Kräfte im Pentagon wagen sollten, eine Intervention gegen Kuba zu starten. Wir haben Raketen, die man präzise in ein 13 000 Kilometer entferntes Ziel steuern kann.« Erstmals gab Chruschtschow den kubanischen Kommunisten verbal Feuerschutz und gleich unter Androhung atomarer Vergeltung – auch wenn der Kreml diese Aussage wenig später als »symbolisch« herunterspielen sollte.

caragua, 1915 Haiti, 1916 die Dominikanische Republik – Freiheit und Unabhängigkeit standen auf der hellen Seite, handfeste Macht- und Wirtschaftsinteressen auf der Schattenseite des Sternenbanners. Schließlich besaßen die USA die volle Kontrolle über die Karibik. Sie beanspruchten eine Polizeifunktion in ganz Nord- und Südamerika. Wo sie nicht mit Truppen vertreten waren, regierten weiterhin US-Dollars. *United Fruit Company* statt *United States Army* schuf ein Umfeld von Bananenrepubliken ohne echte Selbstbestimmung.

Erst in den zwanziger und dreißiger Jahren zogen die USA ihre Streitkräfte aus Mittelamerika zurück. Doch wie frühere europäische Kolonien versanken lateinamerikanische Staaten in Korruption, Chaos oder Diktatur. Mit der Organisation Amerikanischer Staaten (OAS) versuchten die USA von 1945 an Mittel- und Südamerika zu stabilisieren. Auch im eigenen Interesse: Im Kalten Krieg zählte jeder Verbündete.

Grundsätze der Organisation waren und sind: Beistandspflicht bei Aggressionen, friedliche Schlichtung von Konflikten zwischen den Mitgliedern und eine demokratische Staatsordnung als Friedensgarantie. Resolutionen, wie die von Caracas 1954 oder von Punta del Este verurteilten den Kommunismus und marxistisch-leninistische Einfluss-

Moskau entsprach nun der Bitte Havannas, Waffen und Munition zu liefern. Die Kontingente wurden zum Teil aus der Tschechoslowakei abgezogen. »Wir gaben ihnen Panzer und Artillerie und schickten ihnen Ausbilder«, so Chruschtschow in seinen Memoiren. »Der kubanischen Armee fehlte es aber an Erfahrung. Nie zuvor hatte man dort Panzer genutzt; man hatte immer nur mit leichten Waffen gekämpft…« All das zeigt, was die Aufrüstung Kubas durch die Sowjetunion bedeutete: Die USA wurden nicht nur mit einer heranwachsenden Militärmacht in der eigenen Hemisphäre konfrontiert – deren Abhängigkeit von Moskau war geradezu konstitutiv.

Hinzu kam das zunehmend impulsive Gebaren Castros. Er brüstete sich mit der neuen Wehrhaftigkeit und stellte öffentlich die Frage, wie es denn nun weitergehen könnte mit der kubanischen Revo-

nahme, was schon vor der eigentlichen Krise zum Ausschluss Kubas aus der Gemeinschaft führte.

Kritiker sahen in der Organisation vor allem einen Machthebel der USA, denn sobald ein Land ausscherte, griffen die Vereinigten Staaten durch: 1954 lancierte die CIA einen auch von US-Truppen unterstützten Putsch gegen den Präsidenten von Guatemala, Oberst J. Arbenz Guzman. Er hatte es gewagt, einen linksgerichteten Kurs zu steuern: Bodenreform und Enteignung der United Fruit Company. Die Furcht vor einem kommunistischen Satelliten im eigenen Hinterhof mischte sich mit den Wirtschaftsinteressen der amerikanischen Industrie. Das galt auch für Castros Kuba.

Mochten viele Menschen in Lateinamerika mit Fidels Kampf gegen die nordamerikanische Übermacht sympathisieren, so hieß das auf keinen Fall, dass der dortige sowjetische Einfluss goutiert wurde. So populär die Parole in einigen Ländern war, US-Betriebe zu enteignen, so wenig hatte das mit einer besonderen Neigung zum Kommunismus zu tun. Während der Kubakrise setzte Washington alles daran, nicht nur die Regierungen Lateinamerikas auf Linie zu halten, sondern auch die öffentliche Meinung in dem für die Vereinigten Staaten so wichtigen kontinentalen Hinterhof. Die Monroe-Doktrin lebte.

»Mein Vater bewunderte Castros geglückte Revolution.«
(Rada Chruschtschowa) Der Kreml-Chef und Fidel Castro treffen sich
1960 bei der UN-Vollversammlung.

lution? Der »comandante en jefe« träumte bereits von weiteren Um-
stürzen in Lateinamerika, von einer sich stetig ausbreitenden Revolution. So hatte es Mao Tse-tung in den vierziger Jahren in China
vorgemacht. Castro unterstützte systematisch Rebellengruppen in
anderen Ländern. Dass dies eine Provokation für die Vereinigten
Staaten sein musste, nahm er in Kauf. Er hatte ja nun in der Sowjetunion einen Verbündeten gefunden. Wirtschaftshilfe, Waffenlieferungen, Millionen-Kredite – die Wünsche der Castro-Brüder trafen
immer wieder auf offene Ohren.

Moskau dachte dabei keineswegs altruistisch. Die Hilfspolitik für
Kuba bot auch Instrumente zur Kontrolle des karibischen Raums.
Denn hin und wieder schien Castro über das Ziel hinaus zu schießen. Chruschtschow stand für Entstalinisierung und Ansätze internationaler Koexistenz und blickte zeitweise mit zwiespältigen Ge-

»Die Geschichte wird mir Recht geben.« (Fidel Castro) Kinder in den Straßen
von Havanna.

fühlen auf Castros Politik, der offenbar die Weltrevolution vorantreiben wollte. Dennoch beseitigte Castro durchaus alte Missstände. Die Alpha-
betisierungskampagne, die Neuverteilung von Grundbesitz, Verbesserung der Lebensverhältnisse bei der Landbevölkerung sowie
deren medizinische Versorgung gaben ihm Rückhalt vor allem
beim einfachen Volk. Doch zeigten sich auch erste Anzeichen von
Misswirtschaft und Diktatur. Wichtige, zunächst nach Kompetenz
vergebene Posten ließ Castro ideologisch umbesetzen. Che Guevara wurde Nationalbankpräsident. Der besitzende Mittelstand
wurde vielerorts verprellt. Ökonomische Kompetenz allerdings
konnten die Rebellen nicht vorweisen. Die Sowjets mussten nach-
helfen, sprich: bares Geld investieren. Doch die ökonomische Krise war nicht nur selbstverschuldet. Mit ihrem Wirtschaftsembargo
sollten die USA künftig wesentlich zur Misere Kubas beitragen.

Das Feindbild Vereinigte Staaten nahm Konturen an. Die Eisenhower-Regierung verschärfte 1960 ihren Ton, die Presse wurde zusehends kubakritischer. Flüchtlinge von der Insel, vor allem die enteigneten Plantagenbesitzer, fanden ihre Lobby. Hatte man zunächst noch nach Schuldigen auf US-Seite gesucht, die Kuba den Kommunisten ausgeliefert hätten, war nun das Regime in Havanna Zielscheibe der Schmähungen.

In den USA ging die Furcht um, die kubanische Revolution könne Nachahmer finden in den Ländern Mittel- und Südamerikas.

Mit 20 Stimmen nahm die Organisation Amerikanischer Staaten (OAS) im August 1960 eine Erklärung an, die vor der Einmischung russisch-chinesischer Kräfte in Angelegenheiten der westlichen Halbkugel warnte. Kuba verließ daraufhin die Konferenz.

Die CIA setzte fortan – offfenbar mit Billigung des Weißen Hauses – auf brachiale Methoden, um den unbequemen Fidel Castro auf der Zuckerinsel loszuwerden. Am 16. August 1960 erfolgte ein erster Attentatsversuch – den persönlichen Neigungen Castros entsprechend mit vergifteten Havannazigarren. Es sollte nur der erste von vielen sein. Der kubanische Geheimdienst behauptet, Exilkubaner und US-Dienste hätten bislang insgesamt 637 Tötungsversuche gewagt. Auch eine ehemalige Freundin Castros, deutscher Herkunft, wurde von der CIA umworben.

Als der »Comandante« im Januar 1961 die Einschränkung des US-Botschafts-Personals in Havanna verlangte, brach Präsident Eisenhower die diplomatischen Beziehungen ganz ab – eine seiner letzten Amtshandlungen. Nun kam John F. Kennedy. Seine Wahl im November 1960 brachte Hoffnung auf Entspannung. Doch es sollte anders kommen.

Schon unter Eisenhower hatten kubanische Flüchtlinge mit amerikanischer Hilfe einen Befreiungsschlag geplant. Für diesen Zweck hatte die CIA Ausbildungslager in Florida, Panama, Guatemala und Costa Rica eingerichtet. Da dies kaum zu verheimlichen war, warnte Kuba die USA im Plenum der Vereinten Nationen vor Invasionsabsichten. Dann kam der 17. April 1961. 1 400 von der CIA unterstützte Exil-Kubaner landeten unter der Führung von

José Miró Cardona in der Schweinebucht. Tage zuvor schon hatten Sabotagetrupps die Invasion der »Befreiungsarmee« vorbereitet. In Verkennung der Lage sagte die CIA eine Erhebung castrofeindlicher Truppen und die Unterstützung von Teilen der kubanischen Streitkräfte voraus. Doch tatsächlich folgte erbitterter Widerstand. Nicht der Jubel der Unterdrückten, sondern eine durchaus wehrhafte Castro-Miliz kam den Invasoren entgegen. Zudem zeigte sich, dass die ersten großen Waffentransporte der Sowjetunion seit September 1960 zur militärischen Stärkung Castros beigetragen hatten. So war das Unternehmen »Schweinebucht« in der Tat dilettantisch und halbherzig, und Kennedy gewährte in der Stunde der Entscheidung zudem keine Unterstützung aus der Luft. Denn spätestens dann wäre die Tarnung der US-Beteiligung aufgeflogen. So distanzierte sich die US-Regierung in aller Öffentlichkeit von dem Angriff, was allerdings nicht leicht war. Der Ostblock und einige Länder Lateinamerikas warfen Kennedy

Die eiskalte Deutsche Es war Ende Februar 1959, da lag im Hafen von Havanna das deutsche Kreuzfahrtschiff ›Berlin‹. »Mein Vater war der Kapitän an Bord.«, berichtet Marita Lorenz Jahrzehnte später, »Fidel kam unangemeldet während der Abendessenszeit aufs Schiff und schwärmte, dass er alles Deutsche möge: Arbeitseifer, Disziplin, Bier und vor allem Mädchen.« Sie selbst habe sich sofort in ihn verliebt, ohne jedoch sein spontanes Angebot, bei ihm Privatsekretärin zu werden, anzunehmen. In New York – vom strengen Papa getrennt – obsiegten die Gefühle, Fidel schickte ein Flugzeug. In der darauffolgenden Nacht wurde sie im Havanna Hilton seine Geliebte, die »Alemanita«. Eine Liaison, der eine Schwangerschaft, aber nicht das Liebesglück folgte. »Ich habe mich wie eine Gefangene gefühlt, ich konnte mich nicht frei bewegen.« Sie spricht von extremen Gemütsschwankungen des »Comandante«: An einem Tag habe er vor dem Spiegel gestanden und sich mit Jesus verglichen, anderntags habe er vollkommen an sich gezweifelt, weil er der Probleme nicht mehr Herr wurde. Marita Lorenz wurde von Castro zu einem extrem späten Schwangerschaftsabbruch gezwungen, an dem sie

Einmischung in die inneren Angelegenheiten eines souveränen Staates vor. Blockfreie Regierungen, wie die Indiens, nannten die Aktion verfehlt. Wer im Westen kubakritisch dachte, mochte Bedauern bekunden. Ansonsten wurde die Operation »Schweinebucht« in der internationalen Presse eher mit Distanz kommentiert. Kremlchef Chruschtschow gab am 18. April 1961 eine Erklärung ab, in der er die USA für die Invasion verantwortlich machte – und mehr noch, »dass die UdSSR gleich anderen friedliebenden Ländern das kubanische Volk nicht im Stich lasse und ihm im gerechten Kampf um Freiheit und Unabhängigkeit Kubas jegliche erforderliche Hilfe und Unterstützung erweisen wird.« Diese Drohung ließ Kennedy nicht unkommentiert. Noch am selben Tag bekräftigte er, dass zwar keine Intervention der USA in Kuba geplant sei, Washington sich jedoch dazu entschließen könnte, falls die Sicherheitsinteressen der Vereinigten Staaten gefährdet seien.

fast starb. Nur mit Hilfe eines US-Agenten konnte sie sich der Affäre entziehen. Kaum in den Vereinigten Staaten angekommen, zog sie die CIA in ihren Bann, schürte den Hass auf Fidel, bildete sie als Agentin aus. So dass aus der liebenswürdigen Kapitänstochter die eiskalte Deutsche, »la fria Alemaña«, wurde. Sie sollte zu Fidel zurückkehren und ihm zwei Ampullen Gift in den Drink mischen. In der Tat besuchte sie den Ex-Geliebten. Fidel jedoch – so sagt sie – habe sie sofort durchschaut: »Er kam ins Zimmer, sah mich an und sagte mir auf den Kopf zu, ich sei nur gekommen, um ihn umzubringen. Er zog seinen Revolver aus dem Halfter, gab ihn mir und forderte mich heraus: ›Drück doch ab!‹ Dann legte er sich hin und schloss die Augen und meinte nur: ›Du kannst mich nicht umbringen, niemand kann es, wenn ich es nicht selber tue‹.« Der nach eigener Anschauung offenbar unsterbliche Fidel ließ seine Ex-Geliebte ungestraft ziehen. Sie spionierte noch länger für die CIA, als ihre Identität aufflog, war sie jedoch »verbrannt«. Mittellos wurde sie später entlassen und begann an der Ostküste der USA unter anderem Namen eine neue Existenz.

Ein dreiviertel Jahr später mobilisierte Kennedy ein weiteres Mal die OAS wegen »Gefahren für Frieden und Sicherheit dieser Halbkugel«. Es war aber nicht zuletzt auch Castros übermütiges und herrisches Benehmen, seine gescheiterte Agrarreform, sein Sozialismus, der die Blüten der Diktatur trieb, und die wirtschaftliche Abhängigkeit von Moskau, die ihn rasch isolierte und im Februar 1962 zum Ausschluss Kubas aus allen Organen der Organisation Amerikanischer Staaten führte.

Für Castro stellte das Ereignis in der »bay of pigs« eine entscheidende Wende dar. »Patria o muerte«, Vaterland oder Tod, erscholl nun der Schlachtruf im Kampf um die Selbstbehauptung lauter denn je. Nun schlug sich der Líder eindeutig in das sozialistische Lager. Im kubanischen Fernsehen bekannte sich der »Comandante en jefe« nun endgültig zum Marxismus-Leninismus und gründete den Partido Unido de la Revolución Socialista.

Mit der gescheiterten Invasion hatte sich Kennedy einen herben Punktverlust eingehandelt. Gleich zu Beginn seiner Amtszeit verlor er auch an internationalem Prestige. Castro ging aus dieser Kraftprobe als Sieger hervor, und für viele Menschen armer und unterdrückter Völker war er fortan eine Symbolfigur des Widerstands. Würde die Zuckerinsel nun endgültig zum Vorbild nationaler Befreiungsbewegungen und sozialistischer Aktivisten nicht nur in Lateinamerika, sondern auch in Afrika und Südostasien werden?

Bei der Neujahrsparade 1962 gewährte Castro Einblick in sein Waffenarsenal, das die Sowjets geliefert hatten. Die USA wiederum reagierten einen Monat später mit der Verhängung eines totalen Wirtschaftsembargos, woraufhin der Máximo Líder die Rationierung von Lebensmitteln verkünden musste.

Jenseits offizieller Verlautbarungen und Drohungen setzten die USA auch ihren geheimen Krieg gegen Castro fort. Noch im November 1961 hatte Kennedy neue Pläne zum Umsturz des Regimes autorisiert. 400 CIA-Beamte unter der Leitung von Brigadegeneral Edward Landsdale sollten Mittel finden, Castro endlich zu beseiti-

»Sie kamen als Ingenieure getarnt ins Land.« Der sowjetische Oberbefehls-haber auf Kuba, General Issa Pliev (Mitte) in Zivil. Rechts von ihm Raúl Castro, links Sowjetgeneral P. Petrenko.

gen. »Operation Mongoose« wurde ins Leben gerufen. Eingerich-tet wurde auch eine sogenannte Task Force W. Unter der Leitung von William K. Harvey, der auch die Mafia für seine Ziele einspann-te. Etwa 3 000 Exilkubaner gehörten jenem Unternehmen an, das den Auftrag hatte, sich wie ein Mungo an Fidel heranzupirschen und zuzuschlagen. Das hieß Sabotage, Schüren von Revolten – »Ty-rannenmord« inbegriffen.

Während all dies strengster Geheimhaltung unterlag, fanden auf See – weitaus offener – Militärmanöver statt, darunter auch Landungsübungen mit tausenden von Soldaten. Schon seit Früh-jahr 1961 entstanden im Pentagon so genannte »contingency plans«, Eventualpläne für diverse Szenarien bis hin zu einer Invasion. Dem Oberbefehlshaber der US-Atlantikflotte, Admiral Dennison, unterlag die Organisation und Koordination dieser contingency plans. Nicht von ungefähr glaubte der Máximo Líder an eine zweite Landung, und er schien die Gefahr eines US-amerikanischen Angriffs in seinen Reden geradezu heraufzubeschwören. Wollte er Chruschtschow auf diese Weise dazu ermuntern, Kuba noch weiter aufzurüsten?

Chruschtschows Plan

Er war ein Mann der klaren Gesten. Ob er wutschnaubend seine Fäuste ballte, mit dem Schuh auf ein Pult der Vereinten Nationen trommelte, ob er sich mit Ferkeln im Arm ablichten ließ oder strahlend neben Kosmonauten posierte. Nikita Sergejewitsch Chruschtschow, im Jahr 1894 als Bergmannssohn in Kalinowka in der Ukraine geboren, hatte sich in der Partei hochgearbeitet. 1934 wurde er ZK-Mitglied der KPdSU und fünf Jahre später, im Jahr des Kriegsausbruchs, Angehöriger des Politbüros. Die Säuberungen Stalins überstand er – weil er Pragmatiker gewesen sei und Prinzipien über Bord geworfen habe, sagen die einen, durch kluge Zurückhaltung und Anpassung die anderen. Seine große Stunde schlug 1953 mit dem Tod des »Stählernen«. Im Kampf um die Nachfolge vermochte Chruschtschow sich durchzusetzen, er wurde Erster Sekretär des ZK, 1958 auch Ministerpräsident. In einer geheimen Rede zwei Jahre zuvor hatte er die Verbrechen seines Vorgängers aufs Schärfste verurteilt, auch wenn er als ehemaliger Polit-Kommissar der Ukraine nicht weniger Blut an den Händen hatte als andere prominente Statthalter des Stalinismus – was er sehr bedauerte. Nun aber wollte er einen neuen Kurs anpeilen, nach innen und außen. »Tauwetter-Politik« sollte man sein Programm später nennen. Die Vergangenheit holte ihn jedoch ein. Der Reformdruck in manchen Ostblock-Staaten war so groß, dass die Systeme ins Wanken gerieten. 1953 kam es zum Aufstand in der DDR, drei Jahre später zur Revolte in

»Er war der Sohn eines Millionärs, ich der eines Bergmanns...«
(Nikita Chruschtschow) John F. Kennedy und der Kreml-Chef beim ersten
Treffen in Wien, Juni 1961.

Ungarn. Chruschtschow ließ die Erhebungen blutig niederschla-
gen. Damit zerschlugen sich auch Hoffnungen des Westens auf internationale Entspannung.

Dabei hatte Chruschtschow auf dem XX. Parteitag der KPdSU
im Februar 1956 noch »Friedliche Koexistenz« als langfristige Strategie für das Verhältnis zum Westen proklamiert. Dieses Angebot
galt im Interesse der Minderung von Kriegsrisiken auch dem
Hauptfeind »US-Imperialismus«. In Moskau setzte sich die alte Er-
kenntnis Lenins fort, dass ein gewaltsamer Fortschritt nichts nutzt,
wenn er die eigene Existenz aufs Spiel setzt. Das war im Atomzeital-
ter ein besonders weiser Ratschluss.

An den Rändern der bipolaren Hemisphären aber brodelte es;
Korea, Suez, Laos, Vietnam, Berlin und schließlich Kuba, um nur
einige bekannte Krisenherde zu nennen. Die Vereinigten Staaten

beschränkten sich dort, wo die Hemisphären klar abgesteckt waren, auf Rhetorik. Ungarn und Ostberlin zählten eindeutig zum Machtbereich der Sowjets, hier erhoben die USA pflichtgemäß den Zeigefinger – griffen aber nicht ein, zu groß war das Risiko, einen Krieg zu riskieren. Hier wurde die gegebene Machtverteilung respektiert. Anders war es bei so genannten Stellvertreterkonflikten, auf regional begrenzten Schauplätzen, wo Staaten wie Nord- und Südkorea bzw. Nord- und Südvietnam den Kalten Krieg der bipolaren Welt auch ausfochten. US- und/bzw. westliche Truppen wurden geschickt, im Fall Korea Anfang der fünfziger Jahre gar mit Rückendeckung durch die UNO.

Eine Spielart des »Internationalen Klassenkampfes« konnte nach sowjetischer Doktrin ebenfalls Gewalt legitimieren, und damit waren Kuba und die Dritte Welt gemeint. Solche »nationalen

Poltern mit System – der cholerische Kremlchef Rada Chruschtschowa, die Tochter, erinnert sich schmunzelnd an die erste USA-Reise ihres Vaters im Jahr 1959, bei der sie ihn begleiten durfte. »Das war der erste Staatsbesuch auf einer so hohen Ebene seit langer Zeit, die Russen entdeckten Amerika neu, und die Amerikaner entdeckten uns neu. Als wir vom Flughafen nach Washington hineinfuhren, waren die Straßen gesäumt von Menschenmassen mit Fähnchen. Aber sie schwiegen alle. Das war schrecklich. Es herrschte einfach Totenstille. Ja, Totenstille. Und dann haben wir mit jemandem gesprochen, der dort lebte. Und der sagte uns, ›Die haben geguckt, ob Ihr vielleicht Hörner habt oder einen Schwanz!‹ So verlief der erste Teil der Reise. Und das ging so weiter. Es gab organisierte Demonstrationen, Proteste von Emigranten aus der Ukraine, aus Russland, und das setzte sich fort bis Los Angeles. Dort kam es zum Eklat. Der Bürgermeister war aus Russland und antisowjetisch eingestellt. Er erlaubte sich bestimmte Äußerungen während des Mittagessens, und als wir schon wieder ins Hotel zurückgekehrt waren, fing mein Vater schrecklich an zu brüllen: ›Wenn das hier so weiter geht, dann passiert was, das ist keine respektvolle Behandlung für eine Weltmacht, wenn das nicht aufhört, dann fliegen wir nach Hause!‹«

Befreiungskriege« erschienen erwünscht und der Unterstützung würdig. Mit der Hilfe für Rebellen und im Erfolgsfall mit deren Anbindung an das sozialistische Lager war die Möglichkeit gegeben, politische Veränderungen zugunsten kommunistischer Ziele voranzutreiben und die Weltrevolution auf diesem Weg vorwärts zu bringen. War der neue Staat einmal im eigenen Lager integriert, gebührte ihm Schutz im inneren und äußeren Konfliktfall. Da im Ost- und Westblock die Machtbereiche fest abgesteckt waren, galt die sogenannte Dritte Welt als Wettkampf-Arena der Zukunft, wo es noch für beide Mächte Anteile zu holen bzw. zu sichern galt.

Für die USA aber war Kuba ein Präzedenzfall im Kalten Krieg, weil sich hier im eigenen »Hinterhof« ein sowjetischer Satellit bildete, der nun mit Massenvernichtungswaffen ausgerüstet wurde. Warum Chruschtschow das Risiko einging, Atomraketen auf der

»Wann können wir fliegen?«, fragte Chruschtschow dann hinter vorgehaltener Hand seinen Begleiter Tupolew, Sohn des legendären Flugzeugkonstrukteurs.»Jederzeit«, sagte dieser,»das Flugzeug steht immer bereit!« Außenminister Gromykos Ehefrau träufelte einige Beruhigungstropfen auf einen Löffel und fragte:»Nikita Sergejewitsch. Wollen Sie das nicht trinken?«–»Keine Rede, ich werde das nicht trinken!«.

Der Kremlchef hatte sich abreagiert.»Und siehe da, am nächsten Tag hatte sich die Situation völlig verändert«, erinnert sich Rada Chruschtschowa,»als hätte man einen Vorhang gehoben und eine neue Kulisse aufgestellt, alles verlief w u n d e r b a r.« Die Kunst der politischen Inszenierung war dem Vater augenscheinlich nicht fremd. Chruschtschow sorgte durch seinen Wutausbruch dafür, dass Washington von seinem Unmut erfuhr – das Poltern war Kalkül.

Beim Treffen mit US-Präsident Eisenhower in Camp David wurde er behandelt, wie er sich das wünschte, wie der Führer einer ebenbürtigen atomaren Weltmacht. Beide Seiten betonten die besondere gemeinsame Verantwortung für den Weltfrieden – beide waren sich der Gefahr durchaus bewusst, die von Atomwaffen ausgehen konnte. Auch sonst konnte er nicht klagen. Von der amerikanischen Presse im

Zuckerinsel aufzustellen und damit einen Konflikt der nuklearen Mächte heraufzubeschwören, ist eine zentrale Frage.

»Mein Vater wollte als Führer der Weltmacht Sowjetunion Anerkennung finden«, sagt Sergej Chruschtschow und zielt damit auf einen wesentlichen Aspekt der Kubakrise: »Er wollte auf der gleichen Stufe stehen wie die Amerikaner.« Dabei ging es ihm vor allem darum, von ihnen als ebenbürtiger Gesprächspartner geachtet zu werden. Er war durchaus selbstbewusst und sogar davon überzeugt, dass die Sowjetunion die USA eines Tages überrunden könnte. Chruschtschows ehemaliger außenpolitischer Referent Oleg Trojanovskij sagt: »Er hat aufrichtig daran geglaubt, dass wir früher oder später die USA einholen.«

Als John F. Kennedy 1961 Präsident wurde, ging das Kräftemes-

Jahr des Ungarnaufstands 1956 noch wegen »grässlicher Verbrechen« gescholten, zog Chruschtschow nun Scharen von Menschen an; die Filmstars machten in Hollywood ihre Aufwartung.

Die oberflächliche Einigkeit der beiden Mächte war allerdings nicht von langer Dauer. Sie endete, als kurz vor dem Beginn der Pariser Gipfelkonferenz im Mai 1960 ein amerikanisches Aufklärungsflugzeug vom Typ U-2 über sowjetischem Territorium abgeschossen wurde. Das war der schlagende Beweis für umfassende US-Spionage. Wieder fühlte sich Chruschtschow nicht ernst genommen und hintergangen, wieder machte er seiner Empörung Luft. Er ließ die Konferenz platzen. Während sich die westlichen Regierungschefs mühten, den Gipfel zu retten, unternahm der Kremlchef eine Landpartie durch die Provence.

Der Höhepunkt in seiner Karriere als Polterer aber war fraglos jener legendäre Auftritt bei den Vereinten Nationen am 13. Oktober 1960. Es ging um die zwischen Ost und West schon immer kontrovers diskutierte Frage der Entkolonialisierung, das betraf auch Kuba – Washingtons virtuelle Kolonie. Die Debatte verlief so stürmisch, dass der Ordnungshammer des Vorsitzenden brach. Chruschtschow ergriff die Gelegenheit beim Schopf und verlieh seinem Protest dadurch Ausdruck, dass er vor dem internationalen Gremium mit dem Schuh auf das Rednerpult eindrosch. Ein Bild, das Geschichte machte.

»Vater glaubte, es fehle Kennedy an Rückgrat.« (Rada Chruschtschowa)
Der US-Präsident und der Kremlchef wahren auf dem Wiener Treffen 1960
den Schein.

sen mit den USA in eine neue Runde, den Neuen im Weißen Haus
galt es auf Herz und Nieren zu prüfen. »Was Kennedy betraf«, so
Trojanovskij, »hatte er eine ziemlich zweischneidige Beziehung zu
ihm. Anfangs hoffte er, dass Kennedy gewählt würde, denn dessen
Gegner war der Republikaner Nixon. Er hoffte, dass wir es mit Kennedy leichter haben würden.« Doch kurz nach Beginn der Präsidentschaft kam es zur Schweinebucht-Invasion. Auch wenn Washington die Verstrickung leugnete, Chruschtschow schrieb dem
neuen US-Präsidenten eindeutig die Verantwortung zu.

»Chruschtschow glaubte, dass da ein junger Mann an die Macht
gekommen war, der unerfahren war und nur aus der Diplomaten-
laufbahn seines Vaters Kapital schöpfte«, erinnert sich Leonid Zamjatin, damals Pressereferent im Außenministerium. Zudem hielt er
Kennedy für erpressbar. Beim Gipfeltreffen in Wien im Juni 1961

hatte dieser fatalerweise den Eindruck eines Sonnyboys erweckt. Chruschtschow war sich beim Mauerbau sicher, der Widerstand des Westens würde sich auf Parolen beschränken. Der persönliche Eindruck trug sicher mit dazu bei, dass der Kreml-Chef wagte, den Kuba-Raketen-Poker zu eröffnen. Chruschtschow habe eine Chance gesehen, Amerikas Vormacht in der Welt zu brechen. Der stellvertretende Ministerpräsident Anastas Mikojan sprach später mit Blick auf die Kuba-Raketen von einem »kühnen Schritt in den politischen Machtbereich der Amerikaner, der im Falle des Erfolges ihrer internationalen Stellung schwersten Schaden zugefügt hätte.«

Chruschtschows Sohn sagt, Kuba habe für seinen Vater von Anfang an globale Bedeutung gehabt. Wenn die Sowjets den David Kuba vor dem Goliath USA erfolgreich schützten, war damit in der Dritten Welt Einfluss und Prestige sicher – ob in Lateinamerika, Afrika oder Fernost. Auch die Position in Berlin konnte mit einer Stationierung von Atomwaffen auf Kuba gestärkt werden, damit verfügte nun auch Moskau über einen schmerzhaften Stachel im Fleisch des Gegners.

Chruschtschow war bereit, sehr viel in den kommunistischen Vorhof am Herzen der westlichen Welt zu investieren, denn es ging dabei auch um die Vormachtstellung im sozialistischen Lager. China war stets darum bemüht, den Sowjets den Rang streitig zu machen.

Zudem spielte die militärische Balance zwischen Ost und West eine wichtige Rolle, die derzeit zu Ungunsten der Sowjets ausfiel. Konventionell, vor allem in Europa, hatte Moskau die Übermacht, aber wie sah es im strategisch-nuklearen Bereich aus? Als die Kennedy-Administration 1961 die amerikanische Öffentlichkeit hinsichtlich der Schlagkraft des eigenen Nukleararsenals beruhigen wollte und dem Vize-Verteidigungsminister in das Manuskript einer Rede hineinschrieb:»Die Schlagkraft unserer nuklearen Vergeltung hat solch eine tödliche Wucht, dass jeder Versuch des Feindes, sie [die Atomwaffen] ins Spiel zu bringen, ein Akt der Selbstzerstörung seinerseits wäre«, tobte Chruschtschow. Seine

Antwort: eine 50-Megatonnen-Bombe, die am 30. Oktober 1961 über der sowjetischen Arktis gezündet wurde – als Zeichen seiner Macht. In zwölf Kilometern Höhe zerbarst die bis dahin größte Wasserstoffbombe und brachte einen 80 Kilometer hohen Atompilz hervor. Doch den Sowjets fehlten Trägersysteme, um solche Waffen in genügender Stückzahl zu transportieren. Als sie 1957 ihren Satelliten »Sputnik« ins All schickten und die USA damit überraschten, hatte Washington für die kommenden Jahre weit Schlimmeres befürchtet.

Tatsächlich sah sich Chruschtschow Anfang der sechziger Jahre mit einer riesigen Übermacht der USA vor allem bei den strategischen Nuklearstreitkräften konfrontiert, so General Gribkov. »Bei uns gab es nur 25 Raketen zu jener Zeit, die das amerikanische Staats-

Nukleare US-Übermacht Einige Zahlen: 1962 standen 300 Atomsprengköpfen der Sowjets etwa 5 000 des Westens gegenüber (USA mit Großbritannien und Frankreich), ein Verhältnis von 1:17 also. Bei den Langstreckenbombern kam auf acht US-Flugzeuge ein sowjetisches. Bei den Interkontinentalraketen betrug das Verhältnis eins zu fünf, 44 zu 229. Wie sich das Arsenal im Westen zusammensetzte, hörte sich geradezu mythenhaft an. 144 Polaris, 103 Atlas, 105 Thor und Jupiter, 54 Titanraketen, dann 600 Lang- und 250 Mittelstreckenraketen, 1 600 Langstreckenbomber und 37 Flugzeugträger. Das ganze nannte sich »Counterforce«, einsetzbar für den präventiven Erstschlag, aber auch zur Vergeltung nach einem gegnerischen Angriff. Hohe US-Militärs machten keinen Hehl daraus, dass man gegenüber der »Macht des Bösen« gar nicht genug atomare Power anhäufen konnte. »Die 60 Mittelstreckenraketen, die wir in Kuba stationieren wollten, waren praktisch ein strategischer Ausgleich«, betont General Gribkov. »Wenn eine Rakete aus der Sowjetunion 25 bis 28 Minuten nach Amerika benötigte, so flog sie von Kuba aus nur vier oder fünf Minuten. Mir scheint, das hat Chruschtschow imponiert, auch wenn er kein Wort darüber verlor.« Somit ergaben sich für Chruschtschow genügend Gründe, auf Kuba aktiv zu werden.

gebiet hätten erreichen können. Es gab Flugzeuge, die Atomwaffen transportieren konnten. Aber sie hatten nicht die nötige Reichweite. Wenn sie nach Amerika flogen, konnten sie nicht zurückkehren. Das hatte Chruschtschow meiner Ansicht nach bei seiner Kubaentscheidung vor Augen.« Vielleicht konnte die Stationierung auf der Zuckerinsel den Rückstand verringern – psychologisch zumindest.

Der wohl entscheidende Grund für Chruschtschow, Raketen nach Kuba zu schicken, lag jedoch in der Verteidigung der Insel. Es gab genügend Anzeichen, dass die Vereinigten Staaten nach dem ersten gescheiterten Invasionsversuch wieder massiv gegen Kuba vorgehen würden. Anfang April 1962 übten 40 000 US-Soldaten im Rahmen einer amphibischen Landung vor der Küste North Carolinas. US-Präsident Kennedy und der Schah von Persien Rezah Pahlewi begutachten das Spektakel vor den Augen der Öffentlichkeit. Chruschtschow kochte angesichts dieser Provokation. Überdies waren dem sowjetischen Geheimdienst Pläne und Aktivitäten der Operation »Mongoose«, zahlreiche Maßnahmen zum Sturz Castros, nicht verborgen geblieben – auch wenn sie den Tarnnamen damals noch nicht kannten. Schon im Februar 1962 sprach Chruschtschow mit seinem Stellvertreter Mikojan, ob man Kuba mit konventionellen Waffen überhaupt beschützen könne.

Am 14. Mai 1962 brach der Kremlchef zu einem Staatsbesuch nach Bulgarien auf. Tag und Nacht, so Chruschtschows Sohn Sergej, habe der Vater über die Kubafrage nachgedacht. Man habe es ihm beim Staatsbesuch sogar angemerkt. Bei einem Kurzbesuch in Varna am Schwarzen Meer schickte Chruschtschow seine Begleiter weg, um allein im Park spazieren zu gehen. Dabei sei ihm die »rettende Idee« gekommen: eine Lösung, die Kuba Sicherheit brachte, eine US-Invasion ausschloss und die Insel fest an die Sowjetunion band – und diese Lösung hieß Atomraketen. Chruschtschow gefiel diese Idee. Am 20. Mai, auf dem Rückflug nach Moskau, teilte er sie Außenminister Gromyko mit. Der hörte regungslos zu und, wie immer, erhob keinen Einwand. Seiner Auffassung nach würden die USA deshalb keinen Krieg riskieren.

Sohn Sergej sagt, dass er selbst aus allen Wolken fiel, als er Ende Mai 1962 von dem verwegenen Plan erfuhr, Raketen mit Atomsprengköpfen insgeheim auf Kuba aufzustellen. »Damals hatte die Sowjetunion außerhalb der Staatsgrenze außer einer kleinen Anzahl taktischer Luna-Raketen für ihre Truppen in der DDR keine Atomraketen stationiert. Wie konnte man solch schreckliche, gefährliche Waffen aus der Hand geben? Heute würde Castro regieren, und morgen? Und wenn die Amerikaner die Raketen zuvor abfangen würden?«

Bei vielen Eingeweihten der ersten Stunde rief der Raketen-Beschluss Bestürzung hervor. Trojanovskij hielt die Stationierung für eine gefährliche Maßnahme. Und der wusste, dass Kuba besonders heikel war, auch wenn Chruschtschow Raketenstationierungen in der Türkei, in Italien und England entgegen hielt.

Noch auf dem Flug nach Bulgarien hatte sich Chruschtschow beim Blick aus dem Fenster der US-Raketen in Grenznähe zur Sowjetunion erinnert. Da standen sie seit zwei Jahren, die atomaren Jupiter-Geschosse in der Türkei, vor der eigenen Haustür. Moskau musste damit leben – warum sollten die Amerikaner verschont bleiben? Chruschtschow selbst besaß ein Sommerhaus in Georgien. »Die US-Raketen sind auf meine Datscha gerichtet«, habe er immer wieder betont.

»Wir im ZK haben entschieden, Amerika einen Drahtigel unterzuschieben und Raketen auf Kuba zu stationieren«, lautete die Schlussfolgerung. Auch in seinen Memoiren klingt es heraus: »Wir würden nichts weiter tun als ihnen etwas von ihrer eigenen Medizin zu verabreichen. Und es war höchste Zeit, dass Amerika erfuhr wie es ist, wenn das eigene Land und das eigene Volk bedroht sind.« Chruschtschow soll sich aufgrund der Türkei-Raketen gar der Illusion hingegeben haben, die Amerikaner könnten die Stationierung auf Kuba hinnehmen – denn sie hätten ja schließlich mit der grenznahen Stationierung angefangen.

Was das sowjetische Engagement auf Kuba für die USA bedeutete, wusste einer im ZK-Präsidium ganz genau: Anastas Mikojan.

Er war einer der wenigen, die schon in der Stalin-Ära wagten, im Kreml zu widersprechen. Er vermochte offenkundig besser als der für außenpolitische Fragen zuständige Gromyko die Lage einzuschätzen. Für den Genossen Mikojan hatte Chruschtschow offenbar Verständnis. Zumindest wurde Chruschtschows gewarnt vor der Gefahr eines großen Krieges. »Mikojan befürchtete, dass die Angelegenheit schlimm enden würde mit dem Ausbruch eines dritten Weltkriegs«, berichten Zeitzeugen. Vielleicht hörte Chruschtschow jedoch lieber auf Gromyko und andere Opportunisten, weil er dem Reiz der Machtprobe nicht widerstehen konnte. In den Memoiren gesteht er, Kuba sei »ein Schritt am Rande des Abenteuers« gewesen, Dann war sich Chruschtschow also des Risikos bewusst?

Nicht nur seine Familienangehörigen und Zeitzeugen aus seiner engsten Umgebung bescheinigen dem Kremlchef eine Spielernatur. Bezeichnend auch, dass er sich selbst zu solchem Abenteurertum bekennt, dass darin bestand, »dass wir in dem Wunsch, Kuba zu retten, uns selbst in einen schweren, bislang nicht gekannten Raketen-Atomkrieg verwickeln konnten.« Freilich wollte er es niemals soweit kommen lassen, aber auf den Raketenpoker verzichten wollte er nicht.

Bevor Chruschtschows Plan in die Tat umgesetzt werden konnte, galt es allerdings noch eine nicht ganz unwesentliche Frage zu klären. Was würde Fidel Castro sagen? Würde Havanna den Atomraketen-Vorschlag akzeptieren? Der künftige Botschafter auf Kuba, Aleksandr Alekseev, hegte zunächst Zweifel. »Ich glaube, dass Castro sie nicht nehmen wird.«

Verteidigungsminister Rodion Malinowsky behauptete das Gegenteil: »Wie kann Kuba die Raketen nicht wollen?« Eine Delegation sollte nach Havanna aufbrechen und die Offerte überbringen. Eine illustre Gesandtschaft in Alekseevs Begleitung: Die Militärs deklarierte man zur Tarnung als Landwirtschaftsingenieure, ausgestattet mit falschen Pässen. Erst im Angesicht des Máximo Líder sollten sie ihre Identität preisgeben. Die Begeisterung beim Herrn der Zuckerinsel hielt sich dann aber doch in Grenzen.

»Als unsere Gesandten die Position der Sowjetunion darlegten«, so resümiert General Gribkov, »gab Fidel erst mal keine Antwort. Er beriet sich mit Dorticós, der damals Präsident war, und mit Raúl Castro. Und dann, am übernächsten Tag, sagte er folgendes: ›Eine Aggression der Vereinigten Staaten abzuwehren, dazu sind wir selbst in der Lage. Wir haben genügend Truppen, um einem Angriff zu widerstehen. Aber wenn diese Operation im Interesse der Sowjetunion durchgeführt werden soll, im Interesse der Weltrevolution, sind wir einverstanden.‹«

Das entspricht dem, was Castro in diversen Interviews zum Ausdruck gebracht hatte: »Um die Wahrheit zu sagen: Es passte uns nicht, dass die Raketen auf Kuba stationiert wurden. Wenn sie ausschließlich unserer Verteidigung hätten dienen sollen, dann hätten wir sie nicht akzeptiert. Wir machten damals nur mit, weil wir uns in moralischer, politischer und internationalistischer Hinsicht verpflichtet fühlten, das sozialistische Lager zu stärken.«

Jorge Risquet, heute Mitglied des ZK der Kommunistischen Partei Kubas, damals im Umfeld von Raúl Castro, sagt:»Wir hätten eine andere Lösung vorgezogen: Dass die Sowjetunion deklariert, dass sie einen Angriff auf Kuba als einen Angriff auf ihr Land ansieht, dass eine Invasion auf Kuba den Weltkrieg bedeutete, das hielten wir für den besseren Weg«.

Castro wusste, dass sein Erfolg in Lateinamerika, sein Zuspruch bei sozialen Bewegungen in den Dritte-Welt-Ländern, in Gefahr geraten konnte, wenn Kuba zu einer Basis für sowjetische Atomraketen wurde. Er genoss in Teilen der Dritten Welt den Ruf des gerechten Streiters für die Interessen der Unterdrückten gegen die Mächtigen. Sicher war er auf sowjetische Waffen angewiesen, war auch bereit, einen offiziellen Pakt zu schließen, ihn bekannt zu geben und damit Sicherheit herstellen. Er wollte viele Waffen auf Kuba und warnte immer wieder lauthals vor einer zweiten US-Invasion. Aber er stand den Atomraketen offenbar reserviert gegenüber. Auch aus Stolz, denn diese Waffen würden nicht unter kubanischen Befehl stehen. Nun aber fiel der Entschluss auf Moskaus Wunsch – im Dienst der Weltrevolution.

Leonid Zamjatin, 1962 erst in der Amerika-Abteilung des Außenministerium, dann Pressereferent erinnert sich an eine pathetische Antwort Fidels:»Wir sind bereit, zuzustimmen und verstehen, dass Sie sich um Kuba Sorgen machen; wir sind aber vor allem bereit, uns als erstes sozialistisches Land für die sozialistischen Ideale zu opfern und dadurch die Sowjetunion zu unterstützen.« Interview-Aussagen von José Ramón Fernandez, damals im kubanischen Generalstab und Kommandant bei den Streitkräften, heute Vizepräsident des Ministerrats, zeigen, dass es dazu offenkundig verschiedene Auffassungen gab:»Auch wenn wir immer an unsere eigene Kraft zur Verteidigung glaubten, besteht doch kein Zweifel, dass die Installation der Raketen, die von der Sowjetunion vorgeschlagen und von uns akzeptiert wurde, zum einen ein Zeichen der Verbundenheit mit Moskau war. Doch wir dachten auch daran, damit unsere Fähigkeit zur Abwehr und zur Abschreckung wesentlich zu verbessern.« Der kubanische Historiker Tomás Diez, seinerzeit Milizionär, sagt:»Unsere Politik war immer die der Abschreckung. Die USA von einem Überfall auf Kuba abhalten. Das war das Ziel dieser Mittel, von Waffen jeglicher Art«.

Es sollte nicht lange dauern, bis Havanna die Waffen akzeptierte und mit atombewehrtem Stolz Drohungen in Richtung USA ausstieß. Wie kleine Jungs über neues Spielzeug hätten sich die jungen Revolutionäre schließlich gefreut. Laut den Erinnerungen General Dementjevs – damals führender sowjetischer Militär auf Kuba – hat Raúl Castro ihn sogar umarmt und geküsst, als die Lieferungen bestätigt wurden. Dennoch waren die Sowjets stets peinlich darauf bedacht, die atomaren Kontingente zu keinem Zeitpunkt aus der Hand zu geben. Bis zuletzt unterlagen sie ihrem Oberbefehl – ein entscheidender Aspekt der Krise.

Einen Dissenspunkt gab es noch. Am 30. August traf Fidels Bruder Raúl mit Chruschtschow auf der Krim zusammen, um ein gemeinsames Anliegen der Castro-Brüder zu diskutieren. Sie wollten die Stationierung offiziell vereinbaren. In einen Vertrag zwischen zwei souveränen Staaten könne sich schließlich niemand einmischen. Das aber passte nicht in den konspirativen Plan des Kremlchefs. Chruschtschow erklärte, ein öffentlicher Pakt sei unmöglich. Zwar entspreche eine formalisierte offene Vorgehensweise eher internationalem Recht, aber die USA hätten nun einmal die Macht, man solle mit der Verkündung bis November warten, wenn die Stationierung abgeschlossen sei. So gab es dann zwar einen geheimen kubanisch-sowjetischen Vertrag, der paraphiert und praktisch auch für gültig erklärt wurde, aber ohne Unterschriften von Chruschtschow und Castro. »Wenn der Vorgang offiziell geworden wäre«, so Sergej Chruschtschow, »hätte es dort keine Raketen gegeben, das wusste mein Vater. Dann hätten die USA eine Blockade verhängt.«

Was aber sollte geschehen, wenn die Waffen früher entdeckt wurden? Wie ließen sich 25 Meter lange Raketen vor den neugierigen Augen der amerikanischen U-2-Aufklärer verbergen? »Kann man die Installierung unserer Raketen auf Kuba geheim halten?« Die Antwort auf Chruschtschows Frage kam nach einigem Zögern. »Nein, Nikita Sergejewitsch, das ist unmöglich!« Der zweifelnde Geist war General Dementjev. »Die karge Landschaft bietet kaum ein Versteck für die Raketen.« General Leonid Garbuz war bei dem Gespräch anwesend: »In diesem Moment trug sich etwas Merkwürdiges zu. Als Dementjev versuchte zu erklären, warum eine Tarnung der Raketen nicht funktionieren konnte, trat ihn Verteidigungsminister Malinovskij unter dem Tisch ans Schienbein, um ihn zum Schweigen zu bringen. Malinovskij war ein großer Befürworter der Raketenstationierung.«

Zwar stimmten Dementjevs Einwände Chruschtschow nachdenklich, doch die Frucht des Nachdenkens war lediglich eine Änderung der Reihenfolge im Plan. Hatte der Generalstab zuvor beabsichtigt, die Atomraketen zuerst nach Kuba zu transportieren und dann alles weitere folgen zu lassen, sollten nun zuerst Luftabwehrraketen hinübergeschafft werden – um die Aufklärung durch US-

Flugzeuge zu erschweren. Dann sollten die Truppen und schließlich die Raketen folgen. Damit war die Frage nach möglichen Folgen einer frühzeitigen Entdeckung aber keineswegs beantwortet.
Dies lässt den Schluss zu, dass Chruschtschow diesen Aspekt schlicht
verdrängt hat – oder anders ausgedrückt, wie es der damalige Sowjetbotschafter in Washington, Anatolij Dobrynin, formuliert,»...er
dachte nicht zu Ende. Er baute nur auf eine Option, dass der Plan
aufgeht, die anderen Szenarien hat er nicht durchkalkuliert.«
Auch Sergej Chruschtschow war vom Optimismus seines Vaters
überrascht.»Während eines Spaziergangs auf den Leninhügeln erzählte mir der Vater beiläufig, dass er die Nachricht von der Stationierung Präsident Kennedy etwa am 20. November mitteilen werde,
nach den Revolutionsfeiern bei uns und der Wahlkampagne in den
USA. Er begann schon, sich den Wortlaut und die Argumente für
sein persönliches, streng geheimes Schreiben an den Präsidenten
auszudenken. Wichtig war ihm, Kennedy davon zu überzeugen, dass
er ausschließlich zum Verteidigungszweck Raketen stationiert hatte.
Auf dieser Basis wollte er ihn zum Dialog bewegen. Der Vater sah
voraus, dass das Gespräch nicht einfach sein würde, aber er glaubte
nicht an die Möglichkeit eines bewaffneten Zusammenstoßes nur
wegen Kuba. Immer wieder nahm er sich selbst zum Maßstab: ›Wir
leben doch mit den amerikanischen Raketen, sollen sie doch mit
den unsrigen leben.‹ Letzten Endes werde das Schicksal eines Landes doch auch nicht von Raketen auf Militärstützpunkten entschieden, sondern durch den Willen der Politiker in den Hauptstädten.«
Am 8. Oktober 1962, eine Woche vor der Entdeckung der Raketen, ließ sich Kubas Präsident Osvaldo Dorticós zu einem selbstbewussten Auftritt vor den Vereinten Nationen hinreißen, indem er
verlauten ließ, die Insel drohe zum Ausgangspunkt für einen neu-
en Weltkrieg zu werden. Und wenig diskret fügte er hinzu, die Kubaner könnten sich notfalls auf»unabdingbare« Waffen verlassen –
»Waffen, die wir wünschen, nicht einsetzen zu müssen, und die wir
nicht einsetzen wollen.« Diese kryptische Äußerung gab Rätsel auf,
zeigte aber, dass das Castro-Regime kein idealer Geheimnisträger

war und schon gar nicht der Partner, dem man die Verfügung über solche Waffen überlassen durfte.

Die sowjetische Nachrichtenagentur TASS hatte am 11. September 1962 – noch vor Dorticós Äußerung – versucht, jeglichen Verdacht zu zerstreuen. Die Sowjetunion verfüge über so mächtige Raketen, dass es keinen Grund gebe, nach Stationierungsorten jenseits der Grenze der Sowjetunion zu suchen. Inzwischen wurden schon die Schiffe mit Raketenteilen in den Häfen der Insel entladen.

Kennedys Dilemma

Kennedy glaubte und hoffte bis zum Beweis des Gegenteils, dass sich die Sowjets nicht auf ein atomares Abenteuer in der Karibik einlassen würden. Eine Illusion. Nun brachte nach dem Schweine-

Chruschtschows Poker In einem für die damalige Zeit typischen Kommentar aus der Feder des langjährigen Korrespondenten der *Deutschen Zeitung*, Heinz Pächter, heißt es rückblickend auf die Kubakrise:»Der Glücksritter Chruschtschow bescherte das Glück Castro – bankrott und verzweifelt genug, um zum willigen Werkzeug der bodenlosesten Politik zu werden. Beide kitzelte der Gedanke, Kuba in einen unversenkbaren Flugzeugträger zu verwandeln. Für den Besessenen war das ein herostratischer Traum, für den Opportunisten Chruschtschow aber eine günstige Gelegenheit. Er rechnete, irgendein Vorteil müsse dabei herausspringen. Bei vollem Erfolg konnte er Amerika schlotternd auf die Knie zwingen; eventuell ließ sich ein Tauschgeschäft anbieten: Kuba für Berlin oder Kuba für die Türkei. Sollte der Anschlag misslingen, sollte er zum Rückzug gezwungen werden, könnte er immer noch kleine Kompensationen, etwa eine Garantie für die Souveränität und Unverletzbarkeit des Castro-Regimes oder einen Friedenspreis bei den Vereinten Nationen einhandeln. Im allerschlimmsten Fall – wenn die Amerikaner in Kuba einfallen sollten – würde Castro einen idealen Märtyrer abgeben.«

»Er war der große Hoffnungsträger.«   Familie John F. Kennedy

bucht-Debakel die Kuba-Krise seine junge Präsidentschaft ein weiteres Mal in stürmisches Fahrwasser.

Anfang 1960 hatte Kennedy seine Kandidatur für das Präsidentenamt publik gemacht. Als Amerikas junger Hoffnungsträger stieg er in den Ring. Sein republikanischer Herausforderer wirkte erfahrener, gewiefter, aber auch knöchriger: Richard Nixon. Dass es der erste Wahlkampf war, der vor allem über das Fernsehen ausgetragen werden sollte, kam dem adretten Jüngeren zugute. Dank seiner Ausstrahlung und Eloquenz gewann Kennedy als Kandidat der Demokraten die Abstimmung – wenn auch mit dem bis dahin knappsten Ergebnis. Am 20. Januar 1961 wurde er als 35. Präsident der Vereinigten Staaten vereidigt.

Frischen Wind brachte er ins Weiße Haus und einen scheinbar ungebrochenen Idealismus. Die Aufbruchstimmung steckte vor allem jene Bürger an, die sich eine politische Öffnung nach innen und außen erhofften. J.F.K.'s Programm war eine Art amerikanisches »Mehr Demokratie wagen«. (Für Willy Brandt war Kennedys Wahlkampf in der Tat vorbildlich.) »New Frontier Policy« lautete ein Schlagwort aus dem Programm des Präsidenten, das hieß Grenzen überwinden und konnte als umfassende Botschaft aufgefasst werden. Von vornherein aber musste er damit rechnen, dass die republikanische Mehrheit im Kongress das ihre tun würde, um ihm seine Grenzen zu zeigen. Das hatte Kennedy im Wahlkampf vorausgesehen und bei einer Reihe von Themen ganz im Sinne republikanischer Positionen argumentiert – etwa bei der Rüstungspolitik, als er vom so genannten »missile gap« sprach, einem Raketen-Rückstand auf US-Seite. Auch in Sachen Kuba zeigte sich Kennedy im Wahlkampf nicht zimperlich. Hier erwartete das Volk von jedem Präsidenten klare Positionen. Kennedy – wie die meisten Kubaner selbst auch Katholik – hatte im Wahlkampf viel zu deren Misere auf der Insel gesagt und auch heftige Kritik an der Vorgänger-Regierung geübt. Der Kandidat machte die Republikaner mit verantwortlich, dass die Zuckerinsel den USA verloren ging: »Anfang 1959 besaßen amerikanische Unternehmen 40 Prozent der Zuckerplantagen, fast alle Rinderfarmen, 90 Prozent der Zechen«, so Kennedy: »Unsere Aktionen hinterließen allzu oft den Eindruck, dass wir mehr am Geld interessiert sind, das wir aus Kuba schöpfen können, als daran, dass Kuba den Lebensstandard seiner Bevölkerung anhebt.« Eine seltenes Eingeständnis von amerikanischer Seite, was allerdings mit Ap-

»Raketenlücke« als Wahlkampfthema Im Wahlkampf hatte sich Kennedy die These zu eigen gemacht, es gebe im Vergleich zur Sowjetunion eine Raketenlücke. Dies erwies sich – bei näherem Hinsehen durch U2-Aufklärungsflugzeuge – als geradezu absurd. Tatsächlich war das Gegenteil der Fall, die Übermacht der USA war gewaltig. Die Geheimdienste hatten die Politik irrtümlich auf die falsche Fährte gelockt. Doch die Geister, die man rief, wurde man so schnell nicht los. Kennedy blies den Rüstungsetat weiter auf. Er hatte sich selber unter Druck gesetzt. Wenn es erforderlich schien, drohte er den Sowjets mit der eigenen Übermacht, was in Moskau den Drang verstärkte, gleich zu ziehen – etwa durch die Stationierung auf Kuba.

plaus für die bärtigen Revolutionäre keineswegs etwas zu tun hatte. Kennedys Wohlwollen galt dem kubanischen Volk – da sei durch Versäumnisse viel Porzellan zerschlagen worden. Was jedoch die kommunistischen Emporkömmlinge in Havanna anlangte, urteilte er kaum milder als seine republikanischen Widersacher: »Castro und seine Bande haben die Ideale der kubanischen Revolution verraten und die Hoffnungen der kubanischen Bevölkerung enttäuscht.« Nach seiner Forderung, Exil-Kubaner zu unterstützen, damit sie Castro stürzen, erschien er gar als der unnachgiebige Anti-Kommunist.

Im Kongress verschafften sich zwei Lager Gehör, die sich in einem wesentlichen Punkt nicht unterschieden: Das Castro-Regime sollte beseitigt werden. Nur über die Art und Weise kam es mehr oder weniger offen zum Streit. Radikale Stimmen forderten eine Militärintervention, die Gemäßigten den Sturz Castros, notfalls durch Sabotage- und Kommandounternehmen. Zudem sollten oppositionelle Kräfte auf Kuba in die Lage versetzt werden, sich der Tyrannei der Kommunisten zu entledigen.

Kennedy hätte lieber früher als später das Castro-Problem gelöst und Kuba wieder in ein den USA zugeneigtes Land umgewandelt. Doch welche Strategie sollte er anwenden? Die CIA gab Entscheidungshilfe. Schon im März 1960, noch unter Eisenhower, begannen Exil-Kubaner, sich auf einen Einsatz gegen das Castro-Regime vorzubereiten. Sie sollten in der Operation »Schweinebucht« zum Einsatz kommen. Das Projekt von CIA und Generalstab fiel Kennedy sozusagen in den Schoß, wie sich Arthur M. Schlesinger jr., seinerzeit Assistent des Präsidenten, erinnert: »Die Invasion von Exilkubanern war etwas, das sich die CIA ausgedacht hatte und vom Generalstab gebilligt worden war. Es war eine Idee der vorigen Regierung. Eisenhower hatte nun seinen Nachfolger ermutigt, damit fortzufahren. Kennedy saß in der Falle: Er konnte kaum eine Invasion abblasen, die Eisenhower gebilligt hatte – der Mann, der beim D-Day 1944 die größte amphibische Landung der Geschichte geleitet hatte. Er war der ganzen Sache gegenüber misstrauisch, aber die CIA und der Generalstab hatten die Sache befürwortet.«

Hätte Kennedy das Erbe wirklich nicht ausschlagen können? Ob er nur unwilliger Vollstrecker einer vom Ex-Präsidenten geplanten Aktion zu war, ist umstritten. Schon im Laufe des Jahres 1960 war er informiert worden. In einem Gespräch mit CIA-Chef Dulles soll Kennedy grundsätzlichtes Einverständnis signalisiert haben, womöglich schenkte er den optimistischen Prognosen für eine Anti-Castro-Erhebung der Kubaner Glauben. So ließ er es geschehen. Am Ostersonntag wurde die Invasion in der Schweinebucht von ihm genehmigt. Eines aber wollte er unbedingt vermeiden: jeden Anschein einer amerikanischer Beteiligung. Das hieß: Keine US-Truppen, -Flugzeuge oder -Schiffe durften zum Einsatz kommen. Am frühen Morgen des 15. April 1961 steuerten Piloten der exilkubanischen Brigade alte, propellerbetriebene B-26-Bomber aus dem Zweiten Weltkrieg Richtung Kuba. Dort sollten sie Flugplätze unter Beschuss nehmen. Doch auf einmal stiegen kubanische T-33-Jets auf, die in den USA hergestellt und Jahre zuvor ans Batista-Regime ausgeliefert wurden, und verwickelten die schlecht ausgebildeten Bomberpiloten in Luftkämpfe und schossen sechs B-26 ab.

Die CIA war bei ihren Planungen davon ausgegangen, die Kubaner hätten ihre Kampfflugzeuge nicht bewaffnet – ein folgenschwerer Fehler. Dann das diplomatische Debakel: Im Weltsicherheitsrat musste Botschafter Adlai Stevenson jede Unterstützung der Regierung leugnen. Als verzweifelten Versuch der Schadensbegrenzung untersagte Kennedy die zweite Welle von Luftangriffen, die für den kommenden Morgen geplant war. Jetzt erzielten die kubanischen T-33-Jets ihren entscheidenden Erfolg: Zwei Schiffe beladen mit Munition und Kommunikationstechnik für die Offensive der Exilkubaner wurden getroffen und versenkt. Mit der für den Einsatz überlebenswichtigen Fracht sank auch die Hoffnung auf eine politische Wende in Kuba in die Tiefen der Karibik. Alle Versuche, den Nachschub über den Luftweg in den Brückenkopf zu bringen, scheiterten. Castros Truppen – ausgerüstet mit sowjetischen Waffen – brachten dem jungen Präsidenten eine schwere Niederlage bei. Am 19. April 1961 wurde um 13 Uhr die Operation abgebrochen: 14 Exilkubaner wurden ausgeflogen, 1189 mussten vor Castros Armee kapitulieren.

So standen die internationalen Vorzeichen schlecht für Kennedy. Eine Woche erst war es her, dass Kosmonaut Juri Gagarin der Sowjetunion den entscheidenden Sieg beim Wettlauf im All bescherte – der erste Mensch im Weltraum war kein Amerikaner. Das erinnerte an den Sputnik-Schock 1957, der die USA ebenso elektrisiert hatte. Umso mehr brauchte der frisch gekürte US-Präsident, der mit soviel Elan die amerikanische Außenpolitik hatte umkrempeln wollen, jetzt einen sichtbaren Erfolg.

Schon seit Jahren stand das so genannte Atomteststoppabkommen auf der politischen Agenda beider Supermächte. Nun wollte US-Präsident Kennedy einen neuen Vorstoß wagen, dieses Mal in Richtung Entschärfung von Krisenherden. Die Anbahnung solcher Vereinbarungen mit den Sowjets war allerdings keine Sache für die Öffentlichkeit, schon gar nicht für eine, die eher auf Rüstungswettlauf und nicht auf Begrenzung eingestimmt war. In solchen Fällen pflegte man über geheime diplomatische Kanäle Hintergrundgespräche zu führen. Der Historiker Alexander Fursenko und sein amerikanischer Koautor Timothy Naftali haben dieses Hintergrundgeschehen in einer bahnbrechenden Publikation rekonstruiert. Danach wurde eine inoffizielle Verbindung zum Kreml hergestellt. Georgij Bolschakov hieß der gewisse Mitarbeiter des sowjetischen Militär-Geheimdienstes GRU in Moskaus Washingtoner Residenz. Dieser hielt engen Kontakt zum US-Journalisten Frank Holeman, der Vorsitzender des renommierten *National Press Club* war. Holeman hatte bereits seit längerem Verbindung zu sowjetischen Geheimzirkeln. Auf Bitten von Bobby Kennedy sollte er nun ein Treffen mit Bolschakov vermitteln. Bei einem gemeinsamen Spaziergang im Mai 1961 kam der Bruder des Präsidenten zur Sache. Jenseits der öffentlichen Konfrontation zwischen den Großmächten sollten geheime diplomatische Kanäle aufgebaut werden.

Doch sollte es die Hintertreppen-Diplomatie in den kommenden Wochen eher schwer haben, denn Chruschtschow wollte ganz andere Themen verhandelt wissen als Kennedy. Statt über Atomteststopp wollte er über atomare Abrüstung im Allgemeinen und über die Berlinfrage sprechen. Beim Gipfeltreffen in Wien redeten beide Seiten aneinander vorbei. Als die Krise nach dem Mauerbau in Berlin im Oktober 1961 zu eskalieren schien und am Checkpoint-Charlie die Panzer in Stellung gingen, funktionierte die Verbindung. Da war es Bolschakov, der als Medium für den Vorschlag vom schrittweisen Rückzug diente. Auch im Hinblick auf Kuba schien die Geheimdiplomatie zunächst zu greifen. Die Sowjets versicherten über Bolschakov, keine Offensivwaffen auf der Insel zu stationieren. Noch wichtiger aber war für Robert Kennedy die Zusage, Moskau wolle bis zu den Kongresswahlen Anfang November 1962 nichts unternehmen, was die Position Kennedys beeinträchtigen konnte. Das Weiße Haus baute auf diese Versprechungen.

Indes gefror das Verhältnis der Vereinigten Staaten zu Kuba. In einer Firma in Havanna entdeckten KGB und kubanische Sicherheitskräfte acht Tonnen Waffen. Deren Eigentümer war die amerikanische CIA. Womöglich hatten mit Hilfe von Pistolen mit Schalldämpfern Fidel Castro und der engere Kreis seiner Berater getroffen werden sollen, wenn die Invasion in der Schweinebucht geglückt wäre. Kennedy sah aber auch jetzt keinen Anlass, die CIA zu stoppen. Das Ziel, Castro zu stürzen, blieb auf seiner Agenda. Nicht lange ließen die Planungen für den nächsten Attentatsversuch auf sich warten: Von Guatemala aus sollten Meuchelmörder am 26. Juni 1961 das kubanische Dreigestirn, Fidel und Raúl Castro sowie Ernesto »Che« Guevara, töten. »Operation Condor« lautete der Name des Unternehmens. Doch der kreiste nicht so schnell wie erhofft über den Leichen der Revolutionsführer: Zwei Tage vor dem geplanten Attentat war der sowjetische GRU informiert, zum Versuch kam es gar nicht erst. »Condor«, »Caesar«, »Candela« –

wie auch die Anti-Castro-Operationen hießen – sie scheiterten allesamt. Wie detailliert der US-Präsident darüber unterrichtet war, lässt sich nicht klären. Über seinen Bruder, als Supervisor und Antreiber von »Mongoose« dürfte er jedoch zumindest über die wesentlichen Schritte informiert gewesen sein.

Der Journalist und ehemalige Kennedy-Vertraute Charles Bartlett findet dazu bezeichnende Worte: »Kennedy, mein guter irischer Freund, deutete mir gegenüber niemals an, dass er sich je mit einem Plan abgefunden hätte, bei dem es darum ging, jemanden zu töten. Er war kein Killer-Typ. Ich konnte niemals glauben, dass er Mord tolerieren würde. Bobby würde es getan haben. Bobby war hart, war wesentlich härter. Und wenn es doch passiert sein sollte, dann hat John vielleicht gesagt: ›Bobby, mach Du das!‹. Es gab eine Menge Möglichkeiten, dass, wenn J.F.K. etwas nicht tun wollte, er andere dazu bringen konnte, es zu tun«.

Konkrete Invasionspläne? Raymond L. Garthoff, damals Militärexperte im US-Außenministerium und während der Kubakrise Verfasser mehrerer ExComm-Memoranden, sagt: »Ich denke, es gab reichlich Gründe für die Kubaner und die Sowjets, eine amerikanische Invasion auf Kuba zu befürchten. Die USA wollten das Debakel in der Schweinebucht wieder wettmachen, und es war offensichtlich, wie feindselig wir gegenüber Castro waren. Wir hatten Kuba erfolgreich politisch isoliert, indem wir den vorübergehenden Ausschluss aus der Organisation der Amerikanischen Staaten erreicht hatten. Wir hatten eine Wirtschaftsblockade Kubas bewirkt. Wir führten Militärmanöver in der Region durch, einige davon im Zusammenhang mit den Einsatzplänen, die es gab, falls es jemals notwendig werden würde, Militäroperationen gegen Kuba durchzuführen. Und schließlich lief da dieser umfassende Feldzug für einen Umsturz, Operation ›Mongoose‹.«

Wie dieses Statement veranschaulicht, gehen die Eingeständnisse damaliger US-Akteure heute sehr weit. Besonders bemerkenswert ist vor diesem Hintergrund die rückblickende Einschätzung des unter Kennedy amtierenden Verteidigungsministers Robert McNamara: »Wenn ich die kubanische Führung gewesen wäre, hätte ich ständig

Mehr aus heutiger Sicht denn aus damaliger ist frappierend, mit welcher Selbstverständlichkeit Washington in Kuba einzugreifen gedachte. Die Gefahr des Kommunismus wurde als existenziell empfunden. Es war das sogenannte »Reich des Bösen«. Widerstand mit allen Mitteln erschien legitim. Zudem war das US-amerikanische Selbstverständnis noch immer stark von der Monroe-Doktrin geprägt: *Amerika den Amerikanern.* »An der Spitze der Regierung stellte niemand die Frage, ob diese Aktivitäten klug oder moralisch gerechtfertigt seien«, räumte Ray Cline, der frühere Vize-Chef der CIA, in einer Fernsehdokumentation des CBS-Chefkorrespondenten und früheren Pressesprechers des Weißen Hauses, Bill Moyers, ein; weiter sagte er: »Es gab niemanden in unserer Regierung, der nicht herabsetzend und bitter über Castro sprach und darüber, wie notwendig es sei, ihn loszuwerden, ihn aus der weltpolitischen Landschaft zu tilgen.« An anderer Stelle schrieb Cline, dass ein Attentat

mit einer US-Invasion gerechnet. Wir hatten die ›Schweinebucht‹-Aktion gebilligt, und nach dem Debakel gab es viele Stimmen in den USA, die warfen uns nicht etwa vor, dass wir das Unternehmen geduldet hatten, sondern dass wir es nicht konsequent durchgezogen haben – was einer Aufforderung gleichkam, es künftig besser zu machen. Und da gab es wichtige Persönlichkeiten im Senat oder in den Ministerien, die für eine Invasion Kubas plädierten. So kann ich es nur noch einmal wiederholen: Wäre ich in Havanna gewesen, ich hätte eine Invasion erwartet.«

Oft wurde McNamara mit der Frage konfrontiert, ob es denn vor der Kubakrise tatsächlich konkrete Invasionspläne gegeben habe: »Ich möchte noch einmal versichern, die Kennedy-Regierung hatte keine konkrete Absicht, eine solche Invasion vorzunehmen.« Doch sei die gegenseitige Wahrnehmung damals gestört gewesen, so sei es zu Missverständnissen gekommen, die zu einer Überreaktion der Sowjets geführt hätten.

In einem sowjetischen Geheimdokument vom 17. März 1962 gehen die Verfasser von Folgendem aus: »Die USA haben die Vorbereitung für den Einfall auf Kuba abgeschlossen. Die endgültige Entscheidung

auf Castro ähnlich gesehen wurde wie das auf Hitler 1944. Manches mag hier für einen persönlichen Rachefeldzug der Kennedys sprechen wegen des »Schweinebucht-Debakels«. Indizien hierfür hat der amerikanische Publizist Seymor Hersh gesammelt. J.F.K., kann man zudem mutmaßen, sah in Kuba etwas Ähnliches wie Chruschtschow in Ungarn, zumindest was den Anspruch auf Kontrolle anlangte. Aussagen von US-Journalisten seinerzeit decken sich mit Eindrücken, die Chruschtschows Schwiegersohn Aleksej Adschubej – Ehemann von Rada Chruschtschowa – bei einem Vier-Augen-Gespräch mit dem Präsidenten gewonnen hatte. Es schien, als habe Kennedy dem Kreml suggerieren wollen, dass die Insel zur Sicherheitszone der USA gehöre und dass man sich gegen Gefahren von dort zu schützen habe – so wie Chruschtschow es für seine Hemisphäre beanspruchte.

Doch dem Kreml war dies einerlei, Kuba gehörte jetzt zum eigenen Lager und stand unter dem Schutz des »großen Bruders«. Und keineswegs entging den Geheimdiensten Moskaus, was die CIA

Kennedys bezüglich des Datums des Überfalls von Kuba ist noch nicht getroffen.« Die Hauptgebiete der Konzentration konterrevolutionärer Kubaner seien Guatemala und Panama. Der Überfall auf Kuba würde von diesen beiden Ländern aus geschehen – »mit der Unterstützung der amerikanischen Armee von ihrem Militärstützpunkt in Guantanamo«. Der Anlass für den Überfall werde »das Erscheinen von Militärflugzeugen mit Erkennungszeichen von Kuba über dem Territorium eines der Länder in Zentralamerika sein«. Dass die sowjetischen Dienste hier über das Ziel hinaus schossen, hat sich später herausgestellt. Doch ähnliche US-Pläne gab es immer wieder.

Dazu Ex-Außenamt-Mitarbeiter Garthoff: »Ich weiß nicht, ob die Kennedy-Regierung zu irgendeinem Zeitpunkt entschieden hätte, Kuba anzugreifen. Sicher nicht 1962, vielleicht aber ein, zwei Jahre später. Manche Leute aus dem Militär oder der Politik hatten vielleicht Interesse daran. Doch so wie die Sowjets und Kubaner dachten, war es nicht.«

trieb, und ihnen entging auch nicht, dass das Pentagon Eventualpläne für eine Invasion auf der Zuckerinsel schmiedete. »Wir kannten damals sicher nicht alle Pläne der USA für den Sturz der revolutionären Regierung Kubas«, sagt Gribkov, »doch alles sprach dafür, dass sich die Vereinigten Staaten ohne Rücksicht auf die Weltmeinung anschickten, das neue Kuba mit schweigender Unterstützung ihrer NATO-, CENTO-, und SEATO-Partner zu ersticken.« Die Zeit arbeitete gegen Washington: Jede Waffenlieferung, jede Investition der Sowjets auf Kuba bedeutete eine Stärkung des Regimes. Doch war das Misstrauen gegenüber der Achse Moskau-Havanna offenkundig nicht groß genug, um von atomarer Aufrüstung auszugehen. »Alle zweifelten, dass die Sowjetunion dieses Risiko eingehen würde, irgendeinem anderen Land Atomwaffen anzuvertrauen«, sagt Arthur Schlesinger. Aber gab es nicht genügend Anhaltspunkte und Warnungen vor einer Stationierung? Hat nicht CIA-Chef McCone mehrmals insistiert und auf Kennedy eingeredet? »John McCone«, so Schlesinger, »hatte in der Tat böse Vorahnungen. Ihn bedrängte die Angst, die Sowjetunion könne Atomraketen nach Kuba bringen. Aber auch ihm fehlten die Beweise. Außerdem heiratete er gerade zum zweiten Mal und war in den Flitterwochen. Er sprach die Möglichkeit zwar an, hatte dann aber andere Dinge im Kopf.« Ein hartes Urteil über den CIA-Chef, der in der Tat bis zum Antritt seiner Hochzeitsreise den Präsidenten geradezu bestürmt hatte, aktiv zu werden, ja er riet sogar zu einer Invasion. Es gab auch westdeutsche Stimmen: Konrad Gracher, damals »Geschäftsträger« der deutschen Botschaft in Havanna sagt: »Der Bundesnachrichtendienst teilte uns seine Befürchtungen mit, dass auf Kuba Raketen aufgebaut werden. Ich selbst konnte mich vor Ort überzeugen, dass Schiffe anlegten, mit langen Raketenteilen, die dann durch Planen zugedeckt wurden. Es handelte sich um Kurz- und Mittelstreckenwaffen. Zwei Honorarkonsuln berichteten, dass sie ins Landesinnere verbracht und Stellungen ausgebaut wurden«. Auch aus einem sowjetischen Geheimdokument geht hervor, »dass der der US-Geheimdienst die ersten Informationen über unsere Raketen auf Kuba von der westdeutschen Aufklärung bekommen« habe. Wie reagierten US-Stellen? »Ich erhielt die enttäuschende Antwort, dass die Amerikaner nicht so recht glaubten, wovon wir ausgingen, und wir wurden vor Spekulationen gewarnt, dabei waren die Quellen einwandfrei. So vertrauten wir darauf, dass auch Washington es früher oder später einsehen würde«, berichtet Gracher.

Aber die Mehrheit der Kennedy-Administration war vielmehr der Meinung, Moskau würde befürchten, dass die Waffen in die Hände des Westens fallen könnten, wenn sie in Übersee stationiert werden. Oder dass sie die Kontrolle darüber verlieren könnten, was ebenso riskant erschien.

Chruschtschows Bereitschaft zum Risiko wurde offenkundig unterschätzt. Dennoch blieb Washington nicht untätig. Dem Militär wurde die Ausarbeitung von Präventivmaßnahmen befohlen. Schon Ende August wurden Pläne geschmiedet, die nach der Entdeckung der atomaren Waffen am 16. Oktober auch virulent wurden: Eventual-Pläne für eine Bombardierung von Raketenbasen, für eine umfassende Zerstörung aller Militäreinrichtungen sowie für eine mögliche Invasion Kubas.

Jene beiden offiziellen Erklärungen von Kennedy am 4. und 13. September enthielten klare Botschaften an Moskau. »Sollte irgendwann der kommunistische Aufmarsch in Kuba unsere Sicherheit gefährden oder beeinträchtigen..., dann werden wir tun, was immer notwendig ist, um unsere Sicherheit und die unserer Verbündeten zu wahren.«

Es folgten weitere markige Worte, die auch in die Kampagne für die Novemberwahl 1962 passten. Dass sich Kennedy Zuspruch von Anhängern der Republikaner erhoffte, war nicht neu. Große Zeitungen teilten die Position des Präsidenten, das *Wall Street Journal* war nicht das einzige Blatt, das angesichts der Aufrüstung der Insel gar eine Blockade forderte – das war noch vor der Entdeckung der Raketen. Aber es gab auch Gegenstimmen: Liberale Blätter wie der *New Yorker* warnten, dass »der Präsident eines Tages nicht mehr in der Lage sein könnte, dem Druck für irgendeiner Art militärischer Maßnahmen standzuhalten.«

Am 26. September erhielt Kennedy vom Kongress die Vollmacht, im Notfall 150 000 Reservisten einzuberufen. Eine Woche später unterzeichnete er eine Resolution des Parlaments,»mit allen Mitteln das marxistisch-leninistische Regime in Kuba zu hindern, eine von außen unterstützte militärische Drohung gegen die USA zu schaffen.«

Das veränderte Klima in der US-Administration bekam Georgij Bolschakov empfindlich zu spüren, als er am 5. Oktober Robert

Kampfbereitschaft Kennedy ließ Verteidigungsminister Robert McNamara bereits in den ersten Oktobertagen die Streitkräfte alarmieren: Sie sollten sich auf Militäroperationen gegen Kuba vorbereiten. »Der Präsident will eigentlich keine Militäraktion innerhalb der kommenden drei Monate«, erklärte McNamara dem Generalstab, »aber er kann die Ereignisse nicht voraussehen.« Admiral Robert Dennison, Kommandeur der US-Streitkräfte im Atlantik, ordnete an, die Bereitschaft zu einem Luftschlag gegen Kuba bis zum 20. Oktober zu gewährleisten. US-Piloten sollten eigens für Aufklärungseinsätze über Kuba trainieren. Vorsorglich übte die Air Force in der Wüste Nevadas. Dazu dienten Attrappen militärischer Objekte, die man auf Kuba ausfindig gemacht hatte, wie beispielsweise die SAM-Luftabwehrstellungen. Auch auf eine Invasion müssten die Streitkräfte vorbereitet sein. Das setzte eine riesige Maschinerie in Gang.

Zum anderen befahl Kennedy in der ersten Oktoberwoche weitere Geheimdienstaktivitäten gegen Kuba: Generalstabschef Taylor sollte »Operation Mongoose«, genauer gesagt Plan »Bplus«, zügig vorantreiben. Dabei ging es nicht nur um Terror- und Sabotagemaßnahmen, sondern um die Inszenierung einer Revolte gegen Castro. Robert Kennedy machte in einer Sitzung der »Special Group« CIA-Chef John McCone und Geheimdienste dafür verantwortlich, dass das Castro-Problem noch nicht gelöst war. McCone erwiderte, das Weiße Haus habe sich zu zögerlich verhalten. Bobby stellte klar, dass sein Bruder nun zu größeren Risiken bei Aktionen bereit war. Sogar die Verminung der kubanischen Häfen ziehe die Administration in Betracht, erklärte der Bruder des Präsidenten.

Kennedy eine Botschaft von Chruschtschow übermittelte: Üblicherweise pflegten der Justizminister und der Mittelsmann einen lockeren Umgangston. Bolschakov war gewohnt, Kennedy im aufgeknöpften Hemd zu begegnen. An diesem Tag gab sich Bobby betont zugeknöpft: Kein Smalltalk über den Urlaub, den die beiden Männer gemeinsam im Kaukasus verbringen wollten, keine der üblichen Späße zur Auflockerung der Atmosphäre.

Nach Fursenko und Naftali war der Backchannel schon mehr als vierzigmal aktiviert worden, viele knifflige Fragen und Antworten zu mannigfaltigen Konfliktschauplätzen der Welt gingen hin und her, etwa zur Sicherheit in Europa, vor allem in Berlin, oder zur Lage in Fernost. Jetzt hatte Chruschtschow gleich zweimal über den Backchannel vermelden lassen, er wolle nicht in die Kongresswahlen eingreifen und stationiere rein defensive Waffen auf Kuba. Lief die Geheimverbindung nun Gefahr, das Vertrauen zu zerstören, das sie helfen sollte zu bilden? Signifikant erscheint, dass sich die Kennedys offenbar mehr auf diese Kanäle verließen als auf ihre Geheimdienste. Anders ist nicht zu erklären, dass sich Robert Kennedy so empörte, als am 16. Oktober endlich Klarheit über die Stationierung der Raketen auf Kuba herrschte. Später stellte sich heraus, dass Bolschakov selbst erst nach der US-Regierung von den Atomwaffen erfuhr. Bis zu seinem Lebensende würde er es der Kreml-Führung nachtragen, so schamlos instrumentalisiert worden zu sein.

So schien es in Anbetracht des drohenden Unheils keinen zuverlässigen Kommunikationsstrang mehr zwischen Washington und Moskau zu geben, der für vertrauensbildende Maßnahmen jenseits offizieller Kanäle in Anspruch genommen werden konnte. Und offizielle Kanäle waren nun mal weniger konziliant. »Kennedy schickte nach mir«, erinnert sich Sorensen, »und erzählte mir von der schlimmen Nachricht. Ich war entsetzt, dass die Sowjets so rücksichtslos sein würden, so leichtsinnig mit der internationalen Sicherheit umgehen würden, dass sie den vertraulichen Backchannel, der dazu bestimmt war, Friedensverhandlungen auszuloten, benutzten, uns über die Raketen bewusst zu täuschen. Ich selbst wurde vom sowjetischen Botschafter in Washington hinters Licht geführt, als er mir eine Nachricht des Kreml übermittelte, die mir versicherte, dass kein ungewöhnlicher oder offensiver Schachzug irgendeiner Art von den Sowjets vor unseren Kongresswahlen im Herbst in Betracht gezogen wurde.«

Während das Weiße Haus geglaubt hatte, mit der Hintertreppen-Diplomatie zuverlässig Politik betreiben zu können, die sich eben vom sonst üblichen, bipolaren Schlagabtausch abhob, sah der Kreml im Fall der Kuba-Stationierung offenbar keine andere Wahl, als auch die geheimen Verbindungen zur Tarnung und Täuschung zu verwenden.

Wie aber sollte der Raketenpoker praktisch vonstatten gehen? Denn hier saßen die Spieler nicht an einem Tisch, konnten einander nicht in die Augen sehen. Auf welcher Plattform sollten sie kommunizieren, wie ihre Trümpfe ausspielen oder den Gegner bluffen?

Operation Anadyr

Der Einsatz um den es ging, war hoch. Denn eine ganze Armada war von der Sowjetunion aus nach Kuba geschickt worden, beladen mit nuklearen und konventionellen Waffen – die erste und einzige große Verlagerung von Streitkräften nach Übersee in der Geschichte der Sowjetunion. General Gribkov war damals in leitender Funktion beim sowjetischen Generalstab in die Planungen der Operation Anadyr involviert und während der Krise auf Kuba stationiert. Im Interview schildert er lebhaft, wie schwierig es war, das gigantische Unternehmen geheim zu halten. »Es war ein Plan von Weltbedeutung: Atomraketen auf Kuba und nicht nur das – alle Gattungen von Streitkräften sollten mit hinübergebracht werden.«

Die Aufgabe, bei der Gribkov noch in Moskau mitzuwirken hatte, hieß: bis zum 24. Mai ein umfassendes Konzept zu erstellen, das auf der Sitzung des Verteidigungsrats erörtert werden konnte. Schreibmaschinen durften nicht genutzt werden, alles war handschriftlich abzufassen. Auf dieser Grundlage fiel am 10. Juni 1962 die endgültige Entscheidung. »Von diesem Zeitpunkt an«, so Gribkov, »wurde mit Erlaubnis des Verteidigungsministers der Kreis der Eingeweihten ausgedehnt. Die Luftwaffe, die Bodentruppen, die Militärmarineflotte, die Raketentruppen und so weiter. Es wurden Listen angefertigt, wer zur Planung dieser Operation zugelassen wurde. Es gab keinerlei Schriftverkehr, keinerlei chiffrierte Vorgänge, keine Telefongespräche. Nur persönliche Zusammenkünfte.«

Wer sich die Dimensionen des Kuba-Plans vor Augen führt, wird feststellen, dass es sich um nichts Geringeres handelte als die Manifestierung des Willens, die Insel in eine uneinnehmbare Festung zu verwandeln. Das Szenario ging davon aus, dass sowjetische Truppen, insgesamt 50 000 Mann, im Zusammenwirken mit Castros Streitkräften das Eindringen des potentiellen Gegners, ob von See aus oder aus der Luft, ein für allemal verhindern. Zum Befehlsha-

Ein riesiges Aufgebot Umfangreiche Raketentruppen – genauer gesagt, eine ganze Raketendivision – sollten auf Kuba stationiert und in Gefechtsbereitschaft versetzt werden. Zu diesem Zweck wollte Moskau drei Regimenter mit R-12-Raketen mittlerer Reichweite (SS-4) auf die Insel schicken, mit insgesamt 24 Startrampen. Zusätzlich zwei Regimenter mit R-14-Langstrecken (SS-5) Raketen mit 16 Startrampen. Es ging darum, die wichtigsten Objekte in der USA erreichen zu können – zur Abschreckung. Auch bestens ausgerüstete Landstreitkräfte waren Teil des Plans. Vier selbstständige motorisierte Schützenregimenter und zwei Panzerbataillone hatten die Aufgabe, die Raketenabteilungen und die militärische Führung auf Kuba zu schützen sowie kubanische Truppen im Falle einer feindlichen Landeoperation zu unterstützen. Verbände der Kriegsflotte sollten zusammen mit den Luft- und Landstreitkräften Landungsboote und Kriegsschiffe des Gegners ver-

ber der sowjetischen Truppen auf Kuba wurde ein bekanntermaßen entschlossener General auserkoren, Issa Pliev. Im Zweiten Weltkrieg hatte der gebürtige Ossete Kavallerie-Einheiten der Roten Armee befehligt.

Mit einem riesigen Kontingent an Waffen, dessen Ausmaß die Vereinigten Staaten in keiner Phase der Krise überschauten, sollte es den Sowjets gelingen, weit mehr Material auf die Insel zu bringen, als die Experten in Washington noch Jahrzehnte später annehmen würden. Doch wie konnte diese geballte Streitkraft an das ferne Ziel gelangen? Kuba bedeutete: ein weiter Seeweg. Wie viele Hochseeschiffe waren für diese Aktion notwendig? Die Planer kamen auf die Zahl 85 (es sollten etwa 250 Überfahrten in zwei Monaten werden). Die Schiffe befanden sich an völlig verschiedenen Orten in aller Welt zerstreut, Indien, Afrika, Lateinamerika.»Sie mussten alle zusammengerufen werden. Erstaunlicherweise erregte das scheinbar nicht die Aufmerksamkeit des amerikanischen Geheimdienstes. So viele Schiffe in so kurzer Zeit zu sammeln – dass das nicht bemerkt wurde!«, so Gribkov. Chruschtschow hatte vefügt:

nichten. Andere Flotteneinheiten hatten die Transportschiffe auf den Seewegen nahe der Insel zu eskortieren, zudem war vorgesehen, den US-Stützpunkt Guantánamo im Konfliktfall mit Minen zu sperren. Vor der Küste sollten U-Boote patrouillieren, um die Marineabwehr zu unterstützen. Die Luftabwehr, zwei Divisionen mit modernsten SAM-Raketen, hatte zu verhindern, dass gegnerische Flugzeuge in den Luftraum Kubas eindringen konnten. Geplant war, die Abwehr im Westen und in der Mitte der Insel zu konzentrieren. Dort waren die Raketenregimenter und die meisten Truppenkontingente stationiert. 40 MiG-21-Jäger und 42 Il-28-Bomber orderte der Generalstab zur Bildung einer sowjetischen Luftstreitmacht auf der Insel. In Küstenbereichen, wo umfassende Landungsoperationen befürchtet wurden, sollten Luna-Raketen, 80 Front-Flügelraketen (Cruise Missiles) sowie 34 Sopka-Schiffsabwehraketen stationiert werden.

»Unsere wichtigste Waffe ist die Tarnung, die Schiffe müssen unauffällig sein, sich im allgemeinen Verlauf auflösen.« Also keine Konvois, sondern ganz normale Einzelfahrten. So konnte die Operation weithin ungestört ihren Lauf nehmen. Statt der von amerikanischer Seite geschätzten angenommenen 10 000 Mann wurden tatsächlich 40 000 Mann nach Kuba gebracht – vor allem aber eine Vielzahl verschiedener Atomwaffen.

Als Kennedy im September den Befehl gab, die Observation der Seetransporte zu verschärfen, kam es mitunter zu grotesken Szenen: »Als wir uns bis auf zwei, drei Tagesreisen Kuba angenähert hatten, begann die Küstenpatrouille der US-Luftwaffe uns zu beobachten. Am letzten Tag kreiste über dem Deck des Schiffes ein amerikanischer Hubschrauber, er berührte fast den Mast, und die Besatzung des Helikopters fotografierte uns. Zu dieser Zeit befanden sich einige Matrosen aus der Kombüse an Deck und schälten Kartoffeln. Da sagte einer zum anderen: ›Na, schaffst Du es, mit einer Kartoffel den Hubschrauber zu treffen?‹ Der Matrose warf sie mit größtem Vergnügen. Der Pilot des Helikopters bekam einen heftigen Schrecken. Vielleicht dachte er, es seien sowjetische Handgranaten, die die Form eines Eis hatten – jedenfalls drehten

Tücken der Tarnung Nicht jeder hohe Sowjet-Militär schien das Täuschungsmanöver zu durchschauen. In Kuba beschwerte sich General Aleksandr Petrenko über Pannen beim Generalstab. »Anstelle von kurzen Hosen und Polohemden haben sie uns Wintermäntel und Skier eingepackt, wozu das?« Bald schon wurden Karohemden nachgereicht, denn Uniformen waren den sowjetischen Soldaten untersagt, Flanell war die unauffälligere Tracht. Entgegen sich zäh haltender Gerüchte hatte die Größe der Karos nichts mit dem Dienstrang zu tun. Auf den zeitgenössischen Fotos, die sowohl Generäle als auch die niederen Chargen in karierter Kluft zeigen, erscheinen alle gleichsam standesungemäß gekleidet.

Grund zur Beschwerde fand auch Anatolij Gribkov, der das Privileg, nach Kuba zu fliegen, keineswegs genießen konnte. In Dakar,

sie sofort ab. Bis Havanna blieben wir unbehelligt.« So der Sopka-Raketenkommandeur Michail G. Kuzivanov.

Solche Szenen waren es wahrscheinlich nicht, die dafür sorgten, dass die Kubaoperation über weite Strecken unentdeckt blieb. Die sowjetischen Planer versuchten allen Eventualitäten vorzubeugen. Mochte die Gerüchteküche auch brodeln, Tausende von Sowjetsoldaten wussten bis kurz vor ihrer Ankunft auf Kuba wenig oder nichts über ihren Einsatz.»Jedem wurde eingetrichtert, ›Ihr dürft Eurer Familie auf keinen Fall etwas sagen, nicht wohin, nicht wozu, gar nichts.‹ So lautete die Weisung. Keinerlei Anrufe vor der Abreise, keinerlei Briefe.«

Allenthalben wurden Nebelkerzen gezündet. Nur zum Schein wurde den für Kuba bestimmten Armee-Einheiten eine riesige Truppenübung im Norden der Sowjetunion vorgegaukelt. Um dort hinzugelangen, hieß es, müsse ein Teil der Transportstrecke auf dem Seeweg zurückgelegt werden. Also ließen die Militärplaner auf einige Schiffe für jeden sichtbar Wintermäntel verladen, Filzstiefel, wattierte Jacken, Mützen mit Ohrenklappen und Skier. Die Soldaten hätten sich warm anzuziehen, hieß es. Wenn sie damals geahnt hätten, welche Doppeldeutigkeit sich hinter dieser Aussage

der Hauptstadt des Senegal, hieß es Zwischenlanden – zwecks Wartung und Auftanken des Propeller-Flugzeugs: Mit zehn Dollar Tagesspesen musste sich die Militärelite einen Tag lang in afrikanischer Hitze durchschlagen. Nicht etwa in wohlklimatisierten Restaurants – nein, am Strand verbrachten die Männer die Stunden, einzige Zuflucht für abgebrannte Rucksacktouristen.»Ich verfluchte unsere Abteilung Finanzen«, erinnert sich Gribkov. Französische Fallschirmjäger hingegen hätten im heißen Sand ausgelassen mit Schönheiten des Landes posiert und sich üppig bewirten lassen:»Wenn die geahnt hätten, dass neben ihnen sowjetische Generäle lagen, auf dem Weg nach Kuba, wo in den kommenden Tagen Bedeutendes geschehen würde...« – das wiederum gab Gribkov ein Gefühl der Genugtuung.

SOVIET SHIP POLTAVA ENROUTE TO CUBA
15 SEPTEMBER 1962

ПОЛТАВА

»Niemand ahnte, dass sich oft Hunderte von Soldaten unter schlimmsten
Bedingungen im Schiffsbauch befanden.« (Raketenkommandeur M. Kuzivanov).
Viele Frachter dienten den Sowjets auch als Truppentransporter.

verbarg. Der geheimnisvolle Name für die Kubaoperation lautete
»Anadyr«. Anadyr ist eine Stadt und ein Fluss im Nordosten der
Sowjetunion, »Wir entschieden uns bewusst für einen Ortsnamen
aus der Eiswüste«, unterstreicht Gribkov noch heute voller Stolz,
»stattdessen ging es ja in die Tropen, auch das war eine Maßnahme
zur Tarnung.«

Besonders beschwerlich war der Transport zu Wasser. Tausende
sowjetischer Soldaten und Techniker wurden mit anfangs unbe-
kanntem Ziel übers Meer verschickt. Dazu Michail G. Kuzivanov
vom Sopka-Schiffsabwehr-Regiment:»Vor der Abfahrt bekamen wir
drei versiegelte Umschläge ausgehändigt. Auf dem ersten Paket
stand:›Nach dem Verlassen der Hoheitsgewässer der Sowjetunion
öffnen!‹ Als wir es dann öffneten, fanden wir wieder ein Schrift-

stück vor: ›Umschlag Nr. 2 ist nach der Durchquerung des Bosporus und der Dardanellen zu öffnen.‹ Wir öffneten dann auch diesen Umschlag, und da stand ›Umschlag Nr. 3 ist nach der Landenge von Gibraltar zu öffnen.‹ So wurden wir von Etappe zu Etappe weitergereicht und wussten bis kurz vor Kuba nicht, was wir eigentlich dort sollten.«

Wenn ein Schiff den Bosporus durchquerte, war die Geheimhaltung schwierig. Normalerweise war es dort Pflicht, einen Lotsen an

Gefährliche Überfahrt Von Glück reden konnten jene Einheiten, die das Privileg genossen, per Passagierschiff befördert zu werden. Tausenden, die mit Frachtern Vorlieb nehmen mussten, war solcher Komfort nicht vergönnt. Michail Kuzivanov:»Unsere Mannschaft und andere Truppenteile waren insgesamt etwa tausend Mann. Für diese wurden im Laderaum des Schiffes dreistöckige Holzpritschen aufgestellt. Die Männer drängten sich dort zusammen wie die Heringe im Fass. Um die Tarnung zu gewährleisten, war es der Mannschaft verboten, sich tagsüber auf Deck aufzuhalten. Nur nachts war es gestattet. Die Temperatur im sonnenerhitzten Zwischendeck stieg am Tag auf bis zu 50 Grad.« So kamen nicht wenige Soldaten auf der strapaziösen Überfahrt ums Leben. In den Berichten für den Verteidigungsminister häuften sich Meldungen über Krankheits- und Todesfälle. Raketentechniker Igor I. Kurinnoj erinnert sich an tröstende Worte seines Kommandeurs:»Es handele sich um eine wirklich wichtige internationale Mission, die Frieden und Glück bringe. ›Und wenn ihr zurückkommt, dann werden Eure Namen mit goldenen Buchstaben auf Mamortafeln eingraviert.‹«

Erst kurz vor dem Ziel erfuhren die meisten, was es mit der Mission auf sich hatte:»Da rief uns der Kapitän zu sich und verkündete, dass wir zur Insel der Freiheit Kuba unterwegs waren. Wir wurden über die Lage, Land und Leute unterrichtet, russisch-spanische Sprachführer wurden ausgeteilt. Wir studierten die Gewohnheiten, Bräuche, Traditionen der Kubaner, und je näher wir uns Kuba näherten, desto konkreter informierte man uns über die konkrete Aufgabe, dass wir die Freiheit und Unabhängigkeit der Insel zu verteidigen hätten.«

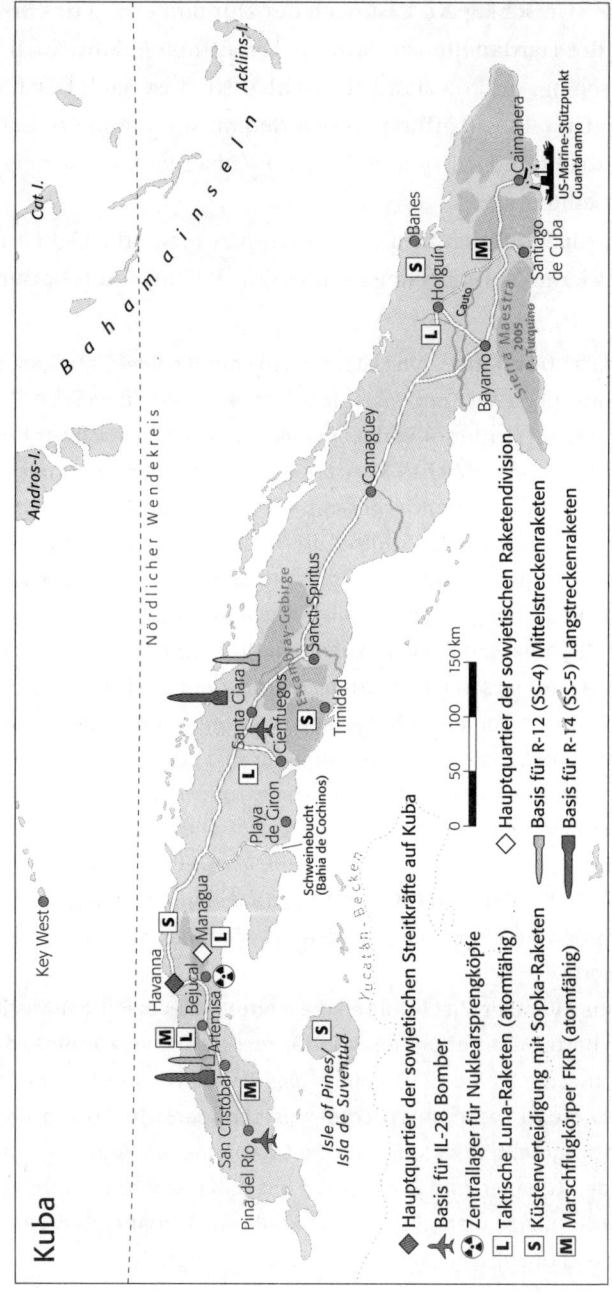

»Festung Kuba« Chruschtschow wollte die Insel zu einen uneinnehmbaren Vorposten im Hinterhof der USA machen.

Bord zu nehmen.»Wir haben auf kein einziges Schiff einen türkischen Lotsen gelassen«, berichten Zeitzeugen:»Wenn sich ein Lotsen-Boot näherte, lautete die Order, an einem Tau einen Korb herunterzulassen, in dem sich Kognak, Wodka und salzige Leckereien befanden – sozusagen als Geschenk dafür, dass wir unbehelligt blieben. Die Empfänger sagten nicht nein.«

Es gab auch Luxusdampfer, die für den Truppentransport bereitgestellt wurden, darunter ein Schiff, das die Sowjets am Ende des Zweiten Weltkriegs von den Deutschen erbeutet hatten, die »Admiral Nachimov«. Einst trug es den Namen »Berlin«. Nun stand es im Dienst des Kalten Kriegs, offiziell natürlich nicht.»Wir ließen eine kleine Meldung in der Zeitung erscheinen, dass aus Odessa zum ersten Mal ein Luxusdampfer mit Touristen Richtung Kuba ausläuft – und protzten dabei gehörig. Der Dampfer hat so und so viele Decks, so und so viele Restaurants und Pools, alle Annehmlichkeiten. Und wir verluden auf diesen Dampfer zweitausend Soldaten. Er lief aus, und die Amerikaner lasen das, und das Schiff hielt seinen Kurs, und keiner kümmerte sich darum, es kam als Touristenschiff am Ziel an«, so Gribkkov.

Bis Ende November sollte alles verschifft und die Raketen einsatzbereit sein. Dann wollte Chruschtschow nach Kuba fliegen und den USA jenes Fait accompli unterbreiten. Noch immer glaubte er, hoffte er zumindest, dass Washington die zu diesem Zeitpunkt abgeschlossene Stationierung – wenn auch zähneknirschend – akzeptieren würde.

Doch Chruschtschow ließ in den Monaten des Spätsommers die Furcht nicht los, dass die Raketen zu früh entdeckt werden könnten. Und wie würden die USA reagieren, womöglich militärisch, vielleicht sogar mit einer Invasion auf Kuba? Pläne dafür gab es ja. Und erweckten nicht die offiziellen Verlautbarungen des Präsidenten immer mehr den Eindruck, dass er eine Stationierung atomarer Raketen auf Kuba unter keinen Umständen hinnehmen würde? Kuba war im September noch Wochen davon entfernt, jene schwer bewaffnete Festung, jener unsinkbare Flugzeugträger zu sein, wie es der Kremlchef wollte. Wie konnte man Kuba noch schneller aufrüsten?

In militärischen Fragen Autodidakt, suchte Chruschtschow erneut nach einer Wunderwaffe: ausreichend klein, um binnen kürzester Zeit in die Karibik verlegt werden zu können und dort in wenigen Tagen einsatzbereit zu sein, gleichzeitig wirkungsvoll genug, um eine amerikanische Invasion zu vereiteln. Und wieder lautete die Lösung: Atomwaffen. Diesmal eben die kleinere Ausführung – taktische Nuklearwaffen, auch atomare Gefechtsfeldwaffen genannt: Luna-Raketen und moderne FKR-Cruise Missiles. Die Sprengkraft der Luna-Raketen war im Vergleich zu den strategischen Atomwaffen gering. Doch ganze Truppenverbände des Gegners konnten damit vernichtet werden. Am liebsten hätte der Kremlchef die Waffen gleich mit dem nächsten Transportflugzeug nach Havanna geschickt. Aber das Verteidigungsministerium

Festung Kuba   Es war der 4. Oktober 1962, als im Hafen von Mariel auf Kuba der sowjetische Frachter »Indigirka« anlegte. Seine explosive Ladung: 45 Nuklearsprengköpfe für die strategische Mittelstreckenrakete SS-4, davon jeder mit einer Sprengkraft von einer Million Tonnen TNT. Außerdem: 36 Atomsprengköpfe für Cruise Missiles mit je zwölf Kilotonnen Sprengkraft, zwölf Zwei-Kilotonnen-Sprengladungen für die taktische Atomrakete Luna sowie sechs Zwölf-Kilotonnen-Bomben für sowjetische Bomber vom Typ Il-28. Insgesamt entsprach die Sprengkraft der Fracht auf dem sowjetischen Schiff 45 500 Kilotonnen TNT – das war mehr als das Zwanzigfache dessen, was alliierte Bomber im Zweiten Weltkrieg über Deutschland abwarfen. Weitere Schiffe mit Atommunition waren die »Lena« – sie befand sich Anfang Oktober auf halbem Weg in die Karibik – und der Frachter »Aleksandrovsk«, der den sowjetischen Hafen Severomorsk am 5. Oktober verlassen sollte.

Von Mariel aus wurden die Sprengköpfe in die nicht weit entfernten, eigens angelegten Bunker in der Nähe von Bejucal gebracht. Dort, in den Bergen südlich von Havanna, befand sich das zentrale Nuklear-Depot der Sowjets auf Kuba.

machte ihm einen Strich durch die Rechnung. Technisch sei das zwar möglich, trotzdem empfahlen die Generäle Chruschtschow, die Cruise Missiles und Luna-Raketen per Schiff nach Kuba zu schicken und die Atommunition separat auf jenem Frachter zu transportieren, der auch die strategischen Sprengköpfe in die Karibik bringen sollte. Hinzu kommen sollten noch Iljuschin Il-28-Jets, leichte Bomber, die ebenfalls Atomwaffen tragen konnten. Ab dem 4. Oktober, so der Plan, konnte damit jede militärische Intervention der USA auf Kuba durch taktische Atomwaffen vereitelt werden. Denn an diesem Tag sollte das gesamte sowjetische Atomwaffenpotenzial für Kuba im Hafen von Mariel eintreffen.

Die taktischen Waffen waren in der Tat im Handumdrehen abschussbereit und gaben bei konventioneller Kriegsführung unterlegenen Verbänden die Chance, mit gezielten Atomschlägen in die feindlichen Linien die Lage doch noch zu wenden, wenn diese

Seit Ende September bereits befanden sich die Teile von 36 Mittelstreckenraketen auf der Karibikinsel, ebenso sechs Attrappen zur Täuschung der Amerikaner. Mit einer Reichweite von etwa 2 000 Kilometern konnte die Mittelstreckenrakete SS-4 von den kubanischen Abschussrampen aus ihre verheerende Explosionskraft an jeden Ort zwischen Dallas, Texas und Washington D.C. bringen. Die Mittelstreckenraketen, von denen einige am 14. Oktober auf Kuba entdeckt wurden, sollten spätestens bis zum 27. Oktober einsatzbereit sein.

Wenn das der Fall war, sollte Moskau eine verschlüsselte Nachricht erhalten:»Die Zuckerrohrernte geht erfolgreich voran!«. Die Korrespondenz sollte nicht an Verteidigungsminister Malinovskij adressiert sein, sondern an den»Direktor«. Deshalb waren alle nach Kuba gesendeten Schreiben mit der Unterschrift des»Direktors« versehen.

Gribkov gibt die Anweisungen Malinovskijs für die Mittelstreckenraketen und die taktischen Waffen wie folgt wieder:»Die Raketendivision darf nur, ich wiederhole, nur mit persönlicher Genehmigung des Obersten Befehlshabers Nikita Sergejewitsch Chruschtschow eingesetzt werden. Sie wissen, dass wir diese Raketen auf Kuba stationieren,

nicht darauf vorbereitet waren – wie in diesem Falle die US-Truppen, deren Regierung ja nichts davon wusste. Was würde nun geschehen, wenn die USA nichtsahnend eine Invasion starteten und damit einen atomaren Gegenschlag vor Ort provozieren würden? 80 nuklear bestückbare Front-Flügelraketen (Cruise Missiles) mit einer Reichweite von 10-180 Kilometern, zwölf Luna-Raketen mit einer Reichweite von etwa 45 Kilometern, jene Esquadrille Il-28-Bomber mit speziellen Trägern für Atomwaffen, all das würde zur Abwehr bereitstehen. Manche Gefechtsköpfe hatten eine Sprengkraft, die mit der von Hiroshima vergleichbar war.

Hat Chruschtschow im Ernst geglaubt, er könne einen Angriff der USA auf Kuba nuklear abwehren, ohne einen atomaren Gegenschlag zu riskieren, der vielleicht nicht nur Teile der Zuckerinsel, sondern auch Ziele auf sowjetischem Boden in Schutt und Asche gelegt hätte?

Dieses taktische Potenzial sollte Chruschtschow später noch viel Kopfzerbrechen bereiten und während der Krise eine Bedeutung gewinnen, von der man im Westen noch Jahrzehnte lang nichts wusste.

um eine mögliche Aggression der Vereinigten Staaten von Amerika und ihrer Verbündeten zu verhindern. Wir wollen keinen Atomkrieg auslösen, das liegt nicht in unserem Interesse. Die taktischen Luna-Raketen hingegen soll General Pliev (der Befehlshaber der Kuba-Truppen) nach eigenem Ermessen im Fall einer Aggression seitens der USA und einer unmittelbaren Landung von Truppen an der Küste einsetzen.« Weiter habe der »Direktor« verlauten lassen, die Luna-Raketen dürften keinesfalls überstürzt eingesetzt werden. Deshalb müsse Pliev zu jeder Raketeneinheit eine stabile und zuverlässige Draht- und Funkverbindung aufrecht erhalten, denn in keinem Fall dürften Raketen ohne seine Genehmigung gestartet werden.

Für die »Großen« unter den Raketen war somit der Fall klar. Kein Einsatz ohne Moskau. Aber die Befehlsgewalt über die taktischen Atomwaffen lag nach dieser Schilderung beim Kommandeur auf der Insel. Was das im Ernstfall bedeuten konnte, sollte sich während der Krise zu einer brisanten Frage entwickeln.

Washingtons geheime Krise

Während die Kubakrise aus der Sicht des Weißen Hauses am 16. Oktober begann, war das aus Moskauer Perspektive keineswegs der Fall. Denn alles schien nach Plan zu laufen. Ein großer Teil des nuklearen Potenzials war auf dem Weg in die Karibik. Zwar trieb Chruschtschow hin und wieder die Sorge um, eines der Frachtschiffe mit Atommunition könne von US-Kriegschiffen aufgebracht werden, doch das war für ihn noch lange kein Grund, den Kurs zu ändern. Bald schon würde er die Ernte einfahren können, würde die Zuckerinsel jene erhoffte uneinnehmbare Festung sein, die er aus ihr machen wollte. Selbstverständlich fragte man sich im Kreml, was die Amerikaner inzwischen von alledem wissen. Erstaunt war man schon, dass sich überhaupt nichts regte. Oder ließen die Amerikaner das Ganze geschehen – weil es eben doch nur eine weitere voraussehbare Drehung an der atomaren Rüstungsspirale war. Konnte man daran wirklich glauben?

Wenn Moskau zu diesem Zeitpunkt geahnt hätte, was die Foto-Analysten des Pentagon bereits ans Tageslicht gefördert hatten! Wenn Chruschtschow nur die Wut der Kennedys hätte spüren können – die Lage im ZK-Präsidium wäre eine völlig andere gewesen.

Moskau und Havanna vor dem Sturm

Aufzeichnungen und Aussagen über die Gespräche im Kreml von Dienstag, dem 16. Oktober, deuten laut Fursenko auf ein undramatisches und wenig brisantes Routinetreffen hin. Man sprach vor allem über Fragen der Öffentlichkeitsarbeit in Sachen Kuba. Wie konnte man die Kubaner, die Sowjet-Bevölkerung, die Bündnispartner, ja die Welt propagandistisch auf eine Veröffentlichung des Militärpakts mit Castro vorbereiten – nämlich in dem Moment, wenn auf Kuba »vollendete Tatsachen« herrschten.

Bekannte sowjetische Persönlichkeiten wie der Schriftsteller Ilja Ehrenburg und der Komponist Dimitrij Schostakowitsch sollten die USA wegen des Wirtschaftsembargos gegen Kuba öffentlich an den Pranger stellen. Ehrenburg sollte auf Französisch einen Brief an Jean-Paul Sartre verfassen, um sich dessen Solidarität zu versichern, Schostakowitsch im sowjetischen Radio und in der westlichen Presse die USA attackieren, sie wolle die kubanische Bevölkerung mit ihrer Wirtschaftsblockade aushungern. Der sowjetische Geheimdienst sollte westliche Kritiker des Embargos ermutigen, zu einem Boykott US-amerikanischer Produkte aufzurufen.

Dann geschah scheinbar Absurdes: All die Maßnahmen befand der Kremlchef zwar als sinnvoll, doch widersprachen sie seiner Zusage an Kennedy, sich nicht in die Kampagne für die amerikanischen Kongresswahlen am 6. November einmischen zu wollen. Man muss sich schon wundern über solche Widersprüche: Da lässt der Kreml im Hinterhof der USA eine Atomstreitmacht aufbauen und sorgt sich gleichzeitig um die Wahlchancen des US-Präsidenten. Das hatte in der Tat nur Sinn, wenn das Raketen-Komplott bis zum November nicht aufflog. Daher lag es nahe, das Weiße Haus vorher nicht zu verärgern und schlafende Hunde zu wecken. Offenbar erging sich Chruschtschow aber auch weiterhin in der Illusion, man könne mit dem durch eine Wahl gestärkten Präsidenten trotz der Raketen wieder zur politischen Tagesordnung übergehen.

Die Kreml-Runde nahm jedenfalls von einer Propagandaschlacht Abstand und baute seine Politik auf ein angeblich weiterhin ahnungsloses Washington. Außen-Pressereferent Leonid Zamjatin sah in den PR-Plänen auch für die Phase der Stationierung eine Art

»zweite Linie«, die »im Falle einer Entdeckung der Raketen« aktiviert werden konnte. Galt es doch in einem solchen Moment umso mehr alle Welt zu informieren, wie sehr »Kuba von den USA bedroht wurde«.

Ein zusätzlicher wichtiger Programmpunkt der Kreml-Runde war die USA-Visite von Außenminister Gromyko. Der befand sich bereits in den Vereinigten Staaten, wollte die Vereinten Nationen besuchen und zwei Tage später, am Nachmittag des 18. Oktober, Präsident Kennedy treffen. Das erschien als hervorragende Gelegenheit, Kennedys Wissensstand und Absichten in der Kubafrage auszukundschaften.

Alle SS-4-Mittelstreckenraketen waren bereits auf der Insel angekommen, acht von ihnen fast einsatzbereit. Vielleicht ahnten die Amerikaner ja doch etwas. Für diesen Fall sollte Gromyko ausloten, wie Kennedy reagieren würde, ob er womöglich die Stationierung tatsächlich akzeptieren könnte.

Chruschtschow hatte noch einen weiteren Termin vor Augen. Am morgigen Tag würde er den US-Botschafter in Moskau, Foy Kohler, empfangen – um auch diesem einmal mehr zu versichern, dass man bis zu den Kongresswahlen auf Kennedy Rücksicht nehmen wolle und dass die Aufrüstung Kubas lediglich defensiver Art sei. Auch hier erfolgten Gipfeldiplomatie und Täuschung gleichermaßen.

Auch die Lage auf der Zuckerinsel war noch ruhig. In Havanna war die Stimmung am 16. Oktober ungetrübt. Es gab hohen Besuch, der legendäre algerische Freiheitskämpfer Ahmed Ben Bella gab Castro die Ehre. Bezeichnenderweise hatte das Freiheitsidol am Tag zuvor – als die U-2-Fotos von Pilot Richard Heyser noch ausgewertet wurden – John F. Kennedy in Washington besucht. Der US-Präsident hatte die Gelegenheit beim Schopfe gepackt und dem Algerier bewusst auch vermittelnde Worte mit auf den Weg gegeben. Kennedy schätzte Ben Bella – den Mann, der Algerien die Unabhängigkeit brachte –, wenngleich auch dieser Fidel Castro als Revolutionär im Sinne der Freiheitsbewegung würdigte. Im Gespräch wies Kennedy auf die Möglichkeit einer einvernehmlichen Lösung mit Havanna hin. Die sah so aus, dass sich Washington mit dem Regime des Máximo Líder abfinden könne, wenn dieser einen »nationalen kommunistischen« Weg beschreite – nach dem Vorbild Jugoslawiens, also losgelöst von den Blöcken und damit auch von der Sowjetunion. Eine neue Variante Kennedyscher Hintergrund-Diplomatie und ein Zeichen dafür, dass sich der Präsident ein möglichst großes Spektrum politischer Optionen offen halten wollte.

Ben Bella hatte außer der Offerte Kennedys noch eine andere Botschaft im Gepäck. Für den Fall, dass die Sowjets tatsächlich Offensivwaffen auf Kuba stationierten, sei eine US-Intervention auf der Insel nicht auszuschließen. Und was sagte Castro nun dazu – während in Washington zum ersten Mal das ExComm tagte?

Die Offerten Kennedys schienen ihn nicht sonderlich zu beeindrucken. Beide Botschaften schlug er in den Wind. Er schien sich auf die neu gewonnene militärische Macht zu verlassen und sprach mit Ben Bella lieber über kubanische Maßnahmen zur Unterstützung von Freiheitsbewegungen in Südamerika. Ben Bella riet zur Vorsicht: Der kubanische Hang zu Revolutionen könne die USA in der Tat provozieren, militärisch vorzugehen. Doch der zum Überschwang neigende Castro dachte gar nicht daran, so defätistische Töne an sich heran zu lassen. Statt sich mit der Gefahr auseinander zu setzen, wollte Fidel Algerien viel lieber für eine politische Kampagne einspannen, um die USA von Guantánamo, dem Navy-Stützpunkt auf Kuba zu vertreiben.

»Business as usual«

Mittwoch, der 17. Oktober, war in Washington der zweite Tag der Krise. Manche der ExComm-Mitglieder mochten sich am Morgen die Augen gerieben und gedacht haben, ob das denn alles wahr sein könne. Und keiner von den Eingeweihten durfte seine Gefühle oder Ängste der eigenen Familie oder Mitarbeitern gegenüber kund tun. Nein, alles sollte so aussehen als sei nichts passiert. »Selbst höchste Dienstgrade im Verteidigungsministerium und im Außenministerium hatten sieben Tage lang keine Ahnung davon, was eigentlich vorging«, erzählt Robert McNamara. Das war auch deshalb gelungen, weil ExComm nie als geschlossene Gruppe erschien. Auch im gesellschaftlichen Leben der Hauptstadt sollte man sich weiterhin sehen lassen. Für den Präsidenten galt Gleiches, das hieß die Wahlkampagne wie geplant fortsetzen und auch die Reden so halten, als wisse er von gar nichts. Damit sich der Pressesprecher Kennedys, Pierre Salinger, nicht etwa verplappern konnte, ließ man ihn vorsichtshalber – und pikanterweise – ahnungslos. So blieb der schöne Schein gewahrt – eben »Business as usual«.

Nach Gesprächen mit Geheimdienstchef McCone und seinem Berater George Bundy reiste Kennedy am 17. morgens zu seinen Wahlveranstaltungen in Stratford, New Haven und Waterbury. Der demokratische Kandidat für das Repräsentantenhaus Abe Ribicoff freute sich über den prominenten wie populären Beistand. In seinen Reden verzichtete der Präsident auch nicht auf die obligatorischen Scherze, so dass ihm niemand etwas anmerkte. Es war schon tragische Ironie, dass sich Kennedy in seinen Wahlreden rechtfertigen musste, warum er die Aufrüstung Kubas scheinbar dulde und nicht genügend gegen die Ausbreitung des Kommunismus in der westlichen Hemisphäre unternehme. Das Wahlvolk war gnadenlos, nicht nur die Parteigänger der Republikaner, auch die eigenen Reihen übten Druck aus. Kennedy bereitete es jetzt schon Kopfzerbrechen, wie er das Kunststück vollbringen sollte, vom Kurs der Beschwichtigung auf den der Konfrontation mit Moskau umzuschwenken – früher oder später musste er Farbe bekennen.

Aber erst einmal musste man sich für eine Option entscheiden. Und so tagte auch während seiner Abwesenheit der Krisenstab – diesmal im Außenministerium, in den Räumen von Vize-Außenminister George Ball. Die ExComm-Debatte erstreckte sich über den ganzen Tag bis in den späten Abend. Man darf sich das allerdings nicht so vorstellen, dass die Beteiligten stundenlang gebannt um den Tisch saßen. Es gab keine festgelegte Tagesordnung, mal kamen die einen, mal gingen die anderen. Zwischendurch wurden Sandwiches gereicht. Tonbänder ließ Kennedy diesmal nicht mitlaufen. Mündliche Überlieferungen gibt es jedoch, ergänzt durch schriftliche Notizen und Memoranden vom Tage.

Am jenem 17. Oktober nahm erstmals CIA-Chef John McCone an den ExComm-Sitzungen teil. Er war aufgrund des tragischen Todes seines Stiefsohns bei einem Autorennen zuvor nicht abkömmlich. Auch an diesem Tag wurden mehrere Optionen durchgespielt, wobei militärische Lösungen nach wie vor präferiert wurden: Luftschläge gezielt oder großflächig, mit oder ohne Invasion – mit und ohne Vorwarnung an den Kreml, mit und ohne Unterrichtung der Verbündeten. McCone sprach sich beispielsweise gegen einen überraschenden Luftschlag aus: Er warnte vor einem amerikanischen Pearl Harbor, das setze die USA ins Unrecht. Stattdessen empfahl er in seinem Papier, zunächst ein Ultimatum an die Sowjets zu richten, binnen 24 Stunden mit dem Abbau der Rampen zu beginnen. Mit dem Hinweis auf Pearl Harbor traf McCone sich mit dem stellvertretenden Außenminister George Ball: »Wir betrachteten einst die Japaner als Kriegsverbrecher«, weil sie uns »ohne Warnung überfielen.« Schon in der ExComm Runde am 16. Oktober hatte Bobby Kennedy seinem Bruder auf einen Zettel gekritzelt: »So muss sich Tojo gefühlt haben, als er Pearl Harbor plante.« Dieses historische Stichwort sollte in den nächsten Tagen öfter fallen. Zwar hatten die Sowjets ihrerseits schon den ersten Zug auf dem potenziellen Schlachtfeld gemacht, aber den Männern im Weißen Haus lag daran, den Schlagabtausch auch moralisch – vor der Weltöffentlichkeit – gewinnen zu können.

George Ball plädierte vor diesem Hintergrund von vornherein für die vorsichtigere Variante, die Blockade. Hier traf er sich mit Verteidigungsminister McNamara, der dies ebenfalls für den geeigneten ersten Schritt hielt, worauf der ehemalige Außenminister Dean Acheson einwarf, dass damit die Raketen auch nicht von der

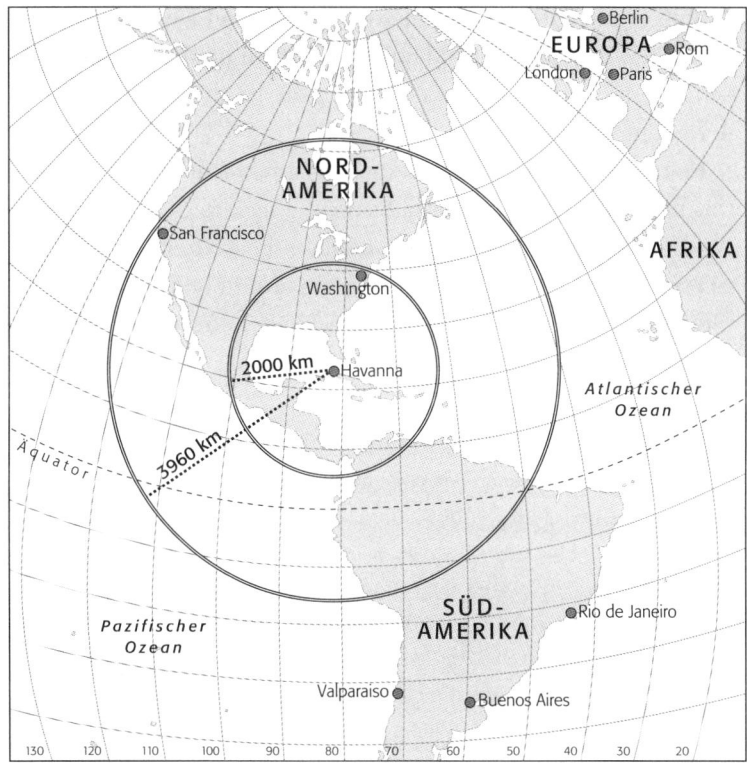

Der Radius sowjetischer SS-4-Mittel-, und SS-5-Langstreckenraketen.
Entgegen den Befürchtungen der CIA gelangten nur die Teile der SS-4-Mittel-
streckenwaffen vollzählig auf die Insel.

Insel verschwinden würden. Zudem berge die Blockade das Risiko,
dass die Sowjets an einer anderen empfindlichen Stelle zum gleichen Mittel greifen könnten, in Berlin beispielsweise. Auch diese
Überlegung sollte noch öfter zur Sprache kommen.

Im Generalstab rauchten die Köpfe. Wie hätten denn die Luftschläge aussehen können? Fünf Eskalationsstufen wurden erwo-
gen – vom gezielten Angriff auf die Raketenrampen und -lager
(52 Flugzeugstarts) bis hin zu einem umfassenden Schlag gegen
alle militärischen Ziele, schon als Vorbereitung für eine Invasion
(2 002 Starts). Der Präsident bekam von der Debatte nichts mit.

Erst als er nach der Rückkehr von Connecticut am Washingtoner Flughafen die Autotür zuklappte, holte ihn die Krise wieder ein. Sein Bruder Bobby und Sorensen setzten ihn in Kenntnis über die Beratungen von ExComm.

Kennedy wollte sich an der Abendsitzung nicht mehr beteiligen. Das tat er mit Bedacht. Seine Strategie auch in der kommenden Woche war, durch gezieltes Fernbleiben die ExComm-Teilnehmer zu ermutigen, ungezwungen zu denken und zu reden. Das gab ihm wiederum die Chance, zwischen verschiedenen Optionen zu wählen, um dann endgültig zu entscheiden.

Der SS-5-Schreck Am 15. Oktober hatte es noch sechs weitere Aufklärungsflüge mit der U-2 über Kuba gegeben. Nach Sichtung der ersten Aufnahmen ließ Kennedy die Luftaufklärung intensivieren. Wie viele atomare Flugkörper würde es noch geben, und wann würden sie einsatzbereit sein? Bisher ging man ausschließlich von SS-4 Mittelstreckenraketen aus. Am 17. Oktober kam es nun zur zweiten bösen Überraschung im Fotoanalysezentrum. Wieder war auch Dino Brugioni involviert: »Wir sahen uns die Fotos an und entdeckten lange schräge Striche. Und obwohl nicht viel zu erkennen war, wussten wir, dass es sich um Rampen handelte, die sich von denen der SS-4 unterschieden. Wir wussten auch, dass wir so was schon in der Sowjetunion gesehen hatten. Der Aufbau hatte erst begonnen, doch handelte es sich mit großer Wahrscheinlichkeit um SS-5-Rampen.«

Es war vor allem die Reichweite, die eine SS-5-Langstreckenrakete vom kleineren Modell unterschied. Sie betrug fast das Doppelte. Die SS-5 hatte eine Reichweite von 3 960 Kilometern: »Wir zeichneten das in der Karte ein. Und wir sahen, dass sie mit diesen Raketen fast alle Regionen der Vereinigten Staaten erreichen konnten. Nur den äußersten Nordwesten nicht, die Staaten Washington und Oregon.« Als Bobby Kennedy davon erfuhr, geriet er in Panik. Der Chef des Analysezentrums, Arthur Lundahl sah, wie er aufgeregt zum Telefon stürzte: »Er rief seinen Bruder an und sagte ihm, er solle zurück nach Washington kommen und sich beeilen.«

Am kommenden Tag, dem 18. Oktober, schlug die Nachricht dann

Entschieden wurde an jenem Mittwoch jedoch nichts – nur zum Thema »verdeckte Operationen« gab es neue Absprachen: Kennedy wandte sich gegen den früheren Vorschlag seines Bruders, die kubanischen Häfen verminen zu lassen. Das sei zu auffällig und könne die öffentliche Meinung in Südamerika gegen Washington aufbringen. Dafür autorisierte er anonyme Geheimaktionen: etwa einen Granatenangriff auf die chinesische Botschaft in Havanna, Sabotage-Akte unter Wasser auch gegen Ostblock-Schiffe sowie Mörserangriffe auf sowjetische Flugabwehrraketen-Stellungen – Anschläge, die den Tod vieler Menschen nach sich ziehen konn-

im Krisenstab wie eine Bombe ein. Abgesehen von der Gefahr für Millionen von Menschen reichten die SS-5 Langstreckenraketen auch dorthin, wo sich die Abschussbasen für die US-amerikanischen Interkontinentalraketen befanden. Das hieß im Klartext: Die Sowjets hatten das Potenzial für einen nuklearen Erstschlag zur Ausschaltung des interkontinentalen Atomarsenals der USA.

Die Experten der Aufklärung hatten jedoch auch Beruhigendes zu vermelden. Vermutlich würden die Langstreckenraketen nicht vor Dezember montiert sein. Anders die Mittelstreckenraketen – und das trübte die Stimmung wiederum: Etwa sechzehn, möglicherweise sogar die doppelte Zahl von SS-4 Raketen würde vermutlich nur noch eine Woche bis zur vollen Einsatzbereitschaft benötigen. Um 11 Uhr brachte Maxwell Taylor die Lage für den Generalstab schließlich auf den Punkt: Ein massiver Luftschlag allein konnte die Gefahr nicht mehr beseitigen. »Wir denken über nichts geringeres nach als eine totale Invasion.«

Die Debatte ging weiter. Der Sowjetexperte Llewellyn Thompson wollte die Seeblockade wieder ins Spiel bringen. Kennedy gab sich dieser Option gegenüber nach wie vor skeptisch: Chruschtschow könne in diesem Fall die Waffen weiter in aller Ruhe aufbauen. »Ein sehr schleichender Tod«, befürchtete er und favorisierte weiterhin eine militärische Lösung. Als er um 17 Uhr den Kabinettssaal verließ, um den sowjetischen Außenminister im Oval Office zu treffen, war er einer Entscheidung keinen Schritt näher gekommen.

ten. Offenbar befürchtete er dadurch keine Störung seines Krisenmanagements, was sich bald ändern sollte.

Gromykos Besuch

Der Besuch zählt zu den kuriosesten Vorgängen in der Geschichte der Diplomatie: die Begegnung des sowjetischen Außenministers Gromyko mit US-Präsident Kennedy am 18. Oktober 1962 – eine höchst brisante Visite im Auge des aufkommenden Orkans.

Die Fotos von jenem Zusammentreffen zeigen Paradebeispiele politischer Körpersprache: Gromyko wirkt höchst animiert und lächelt gezwungen freundlich. Kennedy lehnt sich scheinbar entspannt zurück: Er weiß etwas, was Gromyko nicht weiß, dass er nämlich von den Raketen in Kuba schon Kenntnis hat.

Gast und Gastgeber fixierten einander. Das Gespräch begann mit förmlichen Floskeln, dann tauschten beide bereits bekannte Standpunkte zum Thema Kuba aus. Gromyko warf Kennedy Politik im Kolonialstil des 19. Jahrhunderts vor, Einmischung in die inneren Angelegenheiten, Invasionspläne, wirtschaftliche Blockadepolitik. Dann die Warnung: Bei einem Angriff gegen Kuba werde Moskau militärische Unterstützung leisten. Zu diesem defensiven Zwecke dienten auch die bisher gelieferten Waffen. Kennedy wiederholte die ebenso geläufige Position und zitierte Teile seiner Ansprache vom 4. September: Dass er keine offensiven Waffen auf Kuba tolerieren werde. Der Präsident beteuerte gegenüber Gromyko, jene Kräfte zwar am kurzen Zügel zu halten, die für eine Invasion plädierten. Durch die sowjetische Aufrüstung Kubas sei jedoch eine neue Situation entstanden, »vielleicht die gefährlichste seit Ende des Zweiten Weltkriegs.« Laut Gromykos Aufzeichnungen startete Kennedy sogar einen Versuchsballon; sprach von einer Sicherheitsgarantie für Kuba im Falle einer Abrüstung. Diese Formel sollte später noch eine Rolle spielen.

Wichtiger schien indes die Berlinfrage zu sein. Gromyko sagte,

»Dieser Lügenbastard«, so John F. Kennedy nach dem Treffen.
Moskaus Außenminister Gromyko, begleitet von Sowjet-Botschafter Dobrynin
(2. v. links), am 18. Oktober zu Besuch bei Kennedy im Weißen Haus. Beide
Seiten schwiegen über die Raketen.

die Sowjetregierung könne die seit über zwei Jahren ausstehenden
Forderungen nicht länger aufschieben. Sie sehe sich gezwungen,
mit der Regierung der Deutschen Demokratischen Republik noch
in diesem Jahr einen Friedensvertrag zu schließen. Kennedy wiederholte lediglich seine »Three essentials«. Verträge könnten geschlossen werden, wenn nur die amerikanischen Rechte in Berlin
und die Freiheit des Westteils der Stadt gewährleistet seien. War das
wirklich ein ernst gemeinter Kreml-Vorstoß zur Berlinfrage, oder
war es ein Ablenkungsmanöver vom möglichen Verdacht des ato-

maren Aufmarschs in Kuba? Das Gespräch sollte wohl vor allem die Gemütslage und Gedanken des Präsidenten ausloten. Dieser wiederum ließ sich nicht anmerken, was er wusste.

Erst nachdem er Gromyko verabschiedet hatte, entlud sich die ganze Anspannung: »Dieser Lügenbastard«, schimpfte Kennedy, hatte er doch wieder nur die Mär von den defensiven Waffen aufgetischt. Für die Kennedy-Regierung war Gromyko nun endgültig persona non grata. »Er hat damals gelogen, und er hat damit nicht nur versucht, die USA zu täuschen, sondern auch unsere Verbündeten. Das war ein sehr gefährliches Spiel!«, so Robert McNamara. Tatsächlich waren es Wortspielereien, die keine Seite durch konkretes Nachhaken aufklärte. Kennedy verstand unter »offensiven« Waffen alle für den Angriff auf die USA geeigneten Systeme, während sich Gromyko auf den Standpunkt stellte, dass nicht die Technik, sondern die Intention entscheide, ob eine Waffe defensiv oder offensiv sei. Das hatte ihm Chruschtschow entsprechend mitgegeben. Es wäre dennoch naiv zu glauben, der Kreml habe nicht gewusst, wie gut sich diese Formel zur Täuschung eignete. Und dass das ganze Unternehmen eine einzige Irreführung war, lag schon in Chruschtschows Plan begründet, alles zu vertuschen. »Es war keine Schande für ihn, den Gegner in die Irre zu führen, indem er ganz direkt behauptete, dass es keine Boden-Boden-Raketen auf der Insel gäbe«, sagt sein Sohn Sergej. »Es gibt im Kreml eine sehr lange Tradition der bewussten Täuschung anderer Staaten – und der Täuschung des eigenen Volkes«, fügt Sergo Mikojan hinzu.

Einem Berater gestand Kennedy später, er hätte Gromyko am liebsten einige der Kuba-Fotos, die in der Schublade lagen, gezeigt und ihn gefragt, was das denn sei? Damit hätte er Gromyko zumindest in Verlegenheit gebracht – wenn nicht gar einen Eklat provoziert. Was wäre die Folge gewesen? Noch bevor die Planungen des ExComm abgeschlossen waren, hätte Moskau präventive Maßnahmen in die Wege leiten können. Aus diesem Grund verkniff sich Kennedy den Griff ins Schubfach. Damit entschied er sich auch gegen Vorschläge einiger US-Diplomaten, die im Gromyko-Besuch den möglichen Auftakt für eine Verhandlungslösung sahen. Washingtons UN-Botschafter Adlai Stevenson, der frühere US-Gesandte in Moskau Llewellyn Thompson und Charles Bohlen, der gerade Hausherr in Washingtons Pariser Vertretung geworden war, forderten den direkten vertraulichen Dialog:»Niemand kann garantieren, dass man mit diplomatischen Mitteln einen Abbau erreichen kann – aber … es scheint unverzichtbar, dass diese Möglichkeit genutzt wird, bevor man zu militärischen Mitteln greift« – so Bohlen. Jeder der drei Prominenten mag auf einen diplomatischen Schritt in Richtung Kreml gehofft haben, doch der Präsident hatte sich anders entschieden. Spekulativ ist die Frage, ob Kennedy nicht besser doch die Karten hätte auf den Tisch legen sollen, um möglichst schnell den Weg zu einer Beilegung der Krise zu ebnen. Die meisten russischen Zeitzeugen bezweifeln, dass der Kremlchef aufgrund rein diplomatischer Bemühungen der Stationierung Einhalt geboten hätte. Es habe schon militärischen Druckes bedurft, Chruschtschow klar zu machen, dass er zu weit gegangen war. Das gilt es festzuhalten.

Der sowjetische Außenminister hatte an jenem 18. Oktober noch einen weiteren Termin. Am Abend war Gromyko zu Gast bei US-Außenminister Dean Rusk. Während pünktlich um 20 Uhr Andrej Gromyko und Sowjet-Botschafter Dobrynin zum Festbankett im achten Stock geleitet wurden, trafen sich fünf Minuten später die ExComm-Mitglieder nur eine Etage tiefer, um dort über Frieden oder Krieg mit der Sowjetunion zu debattieren. Verteidigungsminister McNamara schwindelte vor Journalisten, als er vor dem Portal des Außenministeriums erschien: Er sei zu Ehren Gromykos zum Dinner in der achten Etage geladen. Keiner der Anwesenden bemerkte, dass der Minister einen Stock tiefer ausstieg.

Auch Rusk setzte alles daran, sich nicht in die Karten schauen zu lassen, obwohl Gromyko ihn mehr provozierte als den Präsidenten: Die Sowjetunion sei umringt von Militärstützpunkten, warum solle sie eigentlich keine Raketen zur Verteidigung nach Kuba liefern dürfen? Doch auch diese Provokation funktionierte nicht, der US-

Außenminister hielt sich bedeckt. Das Gespräch endete in einer fruchtlosen Diskussion darüber, wer denn den Kalten Krieg eigentlich begonnen habe. Wenn Gromyko geahnt hätte, dass nur wenige Meter unter ihm Kennedys Krisenstab tagte...

So stellt sich die Frage, wer hier eigentlich von wem getäuscht wurde. Kennedy hatte erreicht, was er wollte: Moskau im Unklaren zu lassen und somit Bedenkzeit zu gewinnen. Manche meinen, der Dialog habe sich auf eine Weise abgespielt, dass Gromyko auch hätte meinen können, es gebe ein stillschweigendes Einverständnis, es wegen der Stationierung nicht zum Eklat kommen zu lassen – eine Illusion. Der sowjetische Außenminister gab sich jedenfalls bester Laune und scherzte mit den Journalisten, die ihn um ein kurzes Statement baten. »Das Gespräch sei von großem Nutzen gewesen.« Nach Moskau meldete er. »Alles, was wir über die US-Position betreffs Kuba wissen, lässt den Schluss zu, dass die Situation im Allgemeinen voll zufriedenstellend ist.« Dazu meint der damalige Sowjetbotschafter in Washington, Dobrynin, der bezeichnenderweise zu diesem Zeitpunkt selbst noch nichts von den Raketen wusste: »Gromyko hatte nach dem Gespräch die Überzeugung gewonnen, dass für die Kennedy-Administration Berlin momentan eine wichtigere Rolle spielte als Kuba. Meiner Meinung nach hat er die positive Seite dieser Gespräche überschätzt, in Wirklichkeit lagen die Dinge sehr viel komplizierter.«

Blockade oder Invasion

Noch am selben Abend, zwischen neun und zehn Uhr, machten sich die Kennedy-Berater auf den Weg ins Weiße Haus. Um unnötiges Aufsehen durch zu viele Straßenkreuzer zu vermeiden, drängten sich in der Tiefgarage des Außenministeriums sieben Männer in eine einzige Limousine. »Wir saßen einander praktisch auf dem Schoß«, erinnert sich Robert McNamara. Ein Autounfall wäre folgenschwer gewesen, Washington hätte angesichts der Krise nahezu kopflos dagestanden. Im Beisein des Präsidenten wurde nun das Gespräch fortgesetzt – übrigens im ersten Stock des Weißen Hauses, um nicht die Aufmerksamkeit von Reportern zu erregen.

Einmal mehr ging es um die Frage »Militärschlag oder Blockade?«. »Ich glaube, dass wir alle in diesem Moment eine sehr, sehr schwere Verantwortung gespürt haben. Niemand von uns war sich wirklich sicher, welche Empfehlung die richtige war. Es war das einzige Mal während meiner drei Jahre im Weißen Haus, dass ich nachts aufwachte und mir den Kopf zerbrach. Wir wollten keinen Atomkrieg riskieren. Aber welche Lösung war die richtige?«, so Ted Sorensen.

Kennedy würde dem ExComm am nächsten Tag fernbleiben und dann das letzte Wort für sich in Anspruch nehmen. Der Grund für seine Abwesenheit war weiterhin das vorsätzliche »Business as usual«. Die Wahlkampagne ging schließlich weiter.

Doch zunächst war für den Morgen des 19. Oktober, 9.45 Uhr, ein Treffen mit dem Generalstab anberaumt, bei dem auch der Stabschef der Air Force, Curtis LeMay, eingeladen war. Es war übrigens das einzige Gespräch, das Kennedy direkt mit den Militärs führte, ansonsten war ExComm-Mitglied Maxwell Taylor der Mittelsmann.

Curtis LeMay unterstrich die Auffassung, dass eine Blockade nichts bringe und man möglichst rasch aus der Luft zuschlagen müsse. »Wenn wir eine Blockade verhängen, wäre das erste, was passiert, dass die Raketen ...in den Wäldern verschwinden. Jetzt können wir sie noch finden, aber was müssen wir alles kaputtschlagen, wenn wir es später versuchen.« Die Blockade sei überdies Appeasement-Politik wie in München damals 1938; der Krieg gegen Hitler sei dann doch gekommen, das werde auch dieses Mal so sein, »aber dann schlittern wir unter Bedingungen hinein, die uns nicht gefallen. Ich sehe keine andere Lösung außer einer direkten militärischen Intervention, und zwar sofort!«

Manche Militärs behaupteten, Moskau werde nicht wagen, auf einen Angriff gegen Kuba atomar zu reagieren, denn dann würde

»Die Zuckerrohrernte ist erfolgreich beendet.« So lautete das Codewort für die Einsatzbereitschaft der Raketen auf Kuba. Foto von einer abschussbereiten SS-4 in der Sowjetunion.

sich die geballte strategische Übermacht der USA gegen sie richten. So viel sei Kuba dem Kreml nicht wert. Diese Ansicht entsprach einer wesentlichen Überzeugung des Militärs, wonach die Politik der Stärke, die Ausdruck fand in der Doktrin von der »Massiven Vergeltung«, letzten Endes siegen würde. Selbst Westberlin, die Achillesferse, ließ sie die Lage nicht zurückhaltender einschätzen. Schließlich sei die Stadt bei jeder möglichen Option mehr oder weniger betroffen.

Insgesamt favorisierten die Generäle einen überraschenden und massiven Luftschlag. Eine Blockade empfahlen sie allenfalls zur Unterstützung. In der Frage einer Invasion allerdings waren sie selbst zerstritten. Als Kennedy den Raum verließ, lief das Tonband weiter und vermittelt, wie wütend manche der Militärs über die beschwichtigenden Worte des Präsidenten waren: »Eskalation, das ist das einzig gottverdammte Wort, das er sagen kann. Eskalation, Es-

kalation, und fertig. Diese verfluchte Angst vor der Eskalation –
wenn ihm das nur jemand austreiben könnte!...Da gibt's nur eines:
reinfahren und die verdammten Dinger unschädlich machen.«
Kennedy dürfte sich demnach bewusst gewesen sein, wie höchste
Militärs über ihn dachten. Nach dem Treffen am 19. Oktober morgens kehrte der Wahl-
kämpfer J.F.K. Washington den Rücken. Er würde in Cleveland
sprechen, an Lincolns Grab in Springfield einen Kranz niederle-
gen, in Chicago der Menge zuwinken und ein Transparent belä-
cheln, das die Aufschrift trug:»Weniger Profil, mehr Mut« – als
Hinweis vielleicht auch auf seine preisgekrönte Publikation»Profi-
les in Courage« über Beispiele selbstbewussten Handelns prominenter Köpfe gegen den Mainstream.

Kennedys Abreise gab den ExComm-Mitgliedern die Gelegenheit, in Ruhe Differenzen auszuräumen und zu einer einheitlichen
Linie zu finden. Die Gruppe teilte sich in zwei Lager: McNamara,
Rusk, Thompson und George Ball waren nach wie vor für eine Blockade. Die Befürworter eines Bombenangriffs waren unter anderem Taylor, McCone, Dillon, Bundy, Nitze und der frühere Außenminister Acheson. Ted Sorensen erinnert sich:»Im Grunde wusste
niemand, ob die Blockade funktionieren würde. Auch sie konnte
als Kriegshandlung angesehen werden, einen Atomschlag gegen
die Vereinigten Staaten oder einen ihrer Verbündeten auslösen,
und Berlin war schon eine Generation zuvor Ziel einer Blockade
gewesen. Niemand konnte voraussagen, ob die Blockade-Schiffe
vielleicht einfach nur im Wasser liegen würden, für eine Woche, für
einen Monat, für Monate, während die Amerikaner immer frust-
rierter werden würden, ärgerlich, ängstlich und letzten Endes den
Präsident drängen würden, irgendeine überstürzte Militäraktion
zu starten, die er gar nicht wollte.«

Dennoch warf McNamara das ganze Gewicht seines Amtes und
seiner Person in die Waagschale – für die Blockade. Wenn man
schon den Druck erhöhen wolle, dann mit möglichst geringem Risiko. Die Krise sollte so gut es ginge politisch kontrollierbar blei-

ben. Zum einen sollte die Absperrung auf See den Transport atomarer Waffen nach Kuba unterbinden. Viel wichtiger aber war, dass Washington handelte, ohne dabei den Verlust von Menschenleben in Kauf nehmen zu müssen. Außerdem vermochte die Option beiden Kontrahenten Zeit zu verschaffen. Eine diplomatische Einigung war damit ebenso wenig ausgeschlossen wie eine irgendwann vielleicht einmal notwendige militärische Intervention. Am Abend kam es zu einer wichtigen Verschiebung in der Runde. Der Bruder des Präsidenten wechselte ins Blockadelager.

Die Entscheidung

Der 20. Oktober war der fünfte Tag der Krise und ein Samstag. Er sollte die Entscheidung über das US-amerikanische Vorgehen bringen. Der ExComm-Ausschuss hatte bisher noch keine Empfehlung abgegeben, denn die Mitglieder wussten, was auf dem Spiel stand. Robert Kennedy rief seinen Bruder, den Präsidenten, an, er möge bitte nach Washington zurückkommen.

Für die Unterbrechung der Wahlkampagne musste eine möglichst einleuchtende Begründung gefunden werden, um die neugierige Öffentlichkeit ruhig zu stellen. Die Lösung war eine fingierte Krankmeldung, die Kennedys Pressesprecher Pierre Salinger der lauernden Journaille überbringen sollte. Salinger war in keiner beneidenswerten Situation, da er immer noch nicht im Bilde war über die Kuba-Raketen. Am Vorabend fragte er Kennedys Sekretär Kenneth O'Donnell, ob er nicht einen Rat wüsste, denn er könne sich der Anfragen von Journalisten kaum noch erwehren, alle reden von Kuba. Das einzige, was O'Donnell ihm sagen durfte: »Richte Dich schon mal darauf ein, dass der Präsident morgen vielleicht einen Schnupfen bekommt.«

Und so geschah es: Nach Bobbys Anruf am Samstagmorgen wurde das Programm umgestellt. Salinger hielt gerade eine Routine-Pressekonferenz in Chicagos Sheraton Blackstone Hotel ab, um den Tagesplan des Präsidenten zu verkünden, als er herausgerufen wurde.»Ich bin also hoch in Kennedys Zimmer gegangen. Vor ihm lag ein gelber Hotel-Schreibblock. Er kritzelte etwas auf den Block, riss das Blatt ab, und reichte es mir herüber. Und darauf stand: ›Der Präsident hat 37,8 Grad Fieber, die Ärzte haben Schnupfen diagnostiziert und ihm dringend angeraten, sofort nach Washington zurück zu kehren.‹« Daraufhin warf Salinger die Dramaturgie der Pressekonferenz um und verkündete – wider besseres Wissen – das frisierte Krankenbulletin. Aufnahmen von der offiziellem Erklärung existieren heute noch auf Film:»Der Grund für die Erkältung ist, dass die meisten Aktivitäten im Freien waren, und der Arzt deshalb gemeint hat, dass der Präsident seine Verpflichtungen besser absagt und nach Washington zurückkehrt.« Ganz so blauäugig waren die Journalisten allerdings nicht, ein Reporter hakte nach:»Sind womöglich Fragen nationaler Sicherheit ein Grund für die Rückkehr Kennedys?« Darauf Salinger:»Der Präsident kehrt wegen einer Erkältung auf Rat seiner Ärzte zurück.«

Am frühen Nachmittag befand sich Kennedy wieder im Weißen Haus und ließ sich zunächst über die letzten Details der kubanischen Bedrohung und den Stand der Diskussion informieren. Der Moment der Entscheidung war gekommen. Das Blockade-Lager hatte im ExComm inzwischen die Mehrheit. Ein Bericht des stellvertretenden CIA-Direktors Ray Cline überzeugte den Präsidenten schließlich:»Wir haben sichere Hinweise darauf, dass acht Mittelstreckenraketen wahrscheinlich schon heute von Kuba aus abgefeuert werden können, jedenfalls glauben wir das.« Jede militärische Aktion der Amerikaner konnte aus der Sicht des Präsidenten einen nuklearen Vergeltungsschlag nach sich ziehen. So weit sollte es unter keinen Umständen kommen. Nach zweistündiger Diskussion bat Kennedy um Abstimmung, obwohl er das nicht musste. »Kennedy konnte sich Ratschläge anhören, er konnte Abstimmungen durchführen, doch zuletzt blieb alles allein seine Entscheidung«, betont Sorensen. So bestimmte es die Verfassung. Und doch suggerierte er seinen Beratern Mitbestimmung.»Hierin lag seine große Stärke. Er blieb immer ruhig und gelassen und war stets in der Lage, einen Schritt zur Seite zu treten und sich ein objektives Bild zu verschaffen. Er lenkte die Gruppe behutsam dahin, wohin er wollte. Und es war wohl die schwerste Wahl, die er jemals zu treffen hatte. Immerhin hatte er über Krieg und Frieden zu entscheiden.« Zum Schluss befand sich die Gruppe da, wo sie sein sollte. Das Blockade-Lager siegte.

Nun aber mussten Vorkehrungen getroffen werden. Auf Anraten von Rechtsexperten wurde das Vorhaben spitzfindig »Quarantäne« genannt, da eine »Blockade« an sich schon als kriegerischer Akt galt. Im Prinzip war das Etikettenschwindel, denn eine riesige Streitkraft würde diese »Quarantäne« durchzusetzen haben – mit allen militärischen Risiken. Am Montag wollte Kennedy in einer Fernsehansprache die Bevölkerung über die Atomraketen auf Kuba und seine Entscheidung informieren. Dann würde Moskau unter Zugzwang geraten. »Wir hatten uns die Blockade auch deshalb ausgedacht, weil wir Chruschtschow den schwarzen Peter zuschieben wollten. Wir wollten es von seiner Reaktion abhängig machen, ob wir auf der Leiter der Eskalation weiter nach oben steigen oder nicht. Er musste dann die Entscheidung fällen, ob er die Raketen auf Kuba lässt. Die Quarantäne ließ ihm immerhin einen Ausweg«, erklärt Sorensen.

General Taylor hatte die Ehre, die Entscheidung den Befehlshabern der Teilstreitkräfte zu vermitteln – kein leichter Job. Er versuchte es behutsam anzugehen: Um Loyalität werbend begann er damit, dass der Präsident gesagt habe, er wisse, »dass Sie und Ihre Kollegen unzufrieden sind mit dem Votum, aber ich bin überzeugt, dass sie mich unterstützen werden.« Earle Wheeler, Stabschef des Heeres, wandte sich an seine Kollegen: »Ich hätte nie gedacht, den Tag zu erleben, an dem ich in den Krieg würde ziehen wollen.«

Zur Beschwichtigung der Falken wurde in Aussicht gestellt, dass bei einem Scheitern der Blockade wieder Luftangriffe und amphibische Landungen in Betracht gezogen würden. Zudem brauchte niemand beim Militär untätig zu sein, denn nun musste gewährleistet werden, dass die Blockade genau zu dem Zeitpunkt einsetzt, wenn Kennedy vor die Weltöffentlichkeit tritt, um die Entdeckung der Raketen auf Kuba zu verkünden. So ordnete der Präsident die Maßnahmen für die »Quarantäne« an.

Und auch das hatte er gesagt: »Ich will nur einen Punkt noch einmal betonen: Falls die russische Erwiderung eine militärische Aktion oder Invasion unvermeidlich macht, möchte ich die Gewissheit haben, dass wir keine Zeit mehr mit Vorbereitungen verlieren.« Das Pentagon begann schon Anfang Oktober mit diesen Vorbereitungen und war weit gediehen damit. Unter der Tarnkappe des Manövers »Phibriglex« hatte sich eines der größten Invasionsheere der amerikanischen Geschichte formiert. Aus Eisenbahndepots im ganzen Land rollten endlos lange Züge zusammen mit Tausenden Tiefladern und Wagons, um Mannschaften und Material nach Florida zu transportieren. Das taktische Luftkommando versetzte seine Kampfgeschwader in Alarmbereitschaft. Die taktischen Luftstreitkräfte bereiteten die Befehlsausgabe für 500 Einsätze vor. Fast 1 000 Flugzeuge wurden in den Süden der USA verlegt, Sanitätsstaffeln in Marsch gesetzt und Feldlazarette zur Versorgung von Verwundeten. Der Bundesstaat Florida war bis an die Grenzen seiner Möglichkeiten aufgerüstet. Guantánamo, jener kleine Militärstützpunkt der USA auf Kuba, wurde massiv verstärkt. Mehr als 1 000 Ledernacken wurden in voller Kampfausrüstung mit riesigen Düsentransportern auf der Basis abgesetzt. 45 000 Marines und 100 000 Reservisten waren bereit zum Angriff und nicht wenige Kommandierende gingen davon aus, dass dieser – trotz der Entscheidung für eine Blockade – bevorsteht.

Der Geist der Rede

Die Kennedy-Ansprache für Montag, den 22 Oktober, 19 Uhr, stellte eine entscheidende Stufe im Raketenpoker dar, denn in diesem Moment würde die Krise auch für die Menschheit außerhalb von präsidialen Beraterstäben und US-Militärs virulent. Dann würde der Big-Player der einen Seite zu jenem der anderen Seite in den Ring steigen – vor den Augen der Weltöffentlichkeit. Im Weißen Haus war man sich bewusst, dass die Art und Weise, wie sich der Präsident dabei positionieren würde, für den weiteren Verlauf der Krise ausschlaggebend war. Schon seit Tagen bastelte Ted Sorensen an Textbausteinen für das Manuskript. Der Inhalt der Rede war wichtig, aber auch die Form der Darbietung, die internationale Reichweite, die Einbindung der Medien, die Ausrichtung auf verschiedene Adressaten im In- und Ausland. Insofern bediente die Rede eine wichtige Ebene des Konflikts und war Teil einer psychologischen Kriegsführung, des »Psy-war«.

»Was wir jetzt brauchen, sind starke Argumente, um zu erklären, warum wir handeln müssen, wie wir handeln«, hatte der Präsident gefordert. Der daraus resultierende mehrseitige Text war eine Komposition aus verschiedenen Ansagen, die zugleich mehrere Funktionen zu erfüllen hatte. Er sollte an der Entschlossenheit der Vereinigten Staaten keinen Zweifel lassen, sollte die Welt informieren, aber auch Orientierung geben, er sollte den Verursacher der Krise eindeutig entlarven, ihn an den Pranger stellen, die eigene Bevölkerung für den kommenden Schlagabtausch gewinnen und einschwören, den politischen Gegnern im In- und Ausland den Wind aus den Segeln nehmen, zudem die internationalen Bündnispartner mobilisieren, neutrale Länder auf Kurs bringen, die Öffentlichkeit in Kuba ansprechen und spalten. Möglichst viele politische und militärische Optionen sollten offen gehalten werden, auch der Weg zu einer friedlichen Lösung. Allerdings mussten die Sowjets dafür eine zentrale Bedingung erfüllen: Die Raketen mussten abgezogen werden.

Zunächst lag den Verfassern des Textes daran, den Vorgang als hinterhältige Attacke der Sowjets zu entlarven: Innerhalb der letzten Wochen hätten »unmissverständliche Beweise die Gewissheit« gebracht, dass jetzt »eine Reihe offensiver Raketenbasen auf der unterjochten Insel« errichtet würde. Große Gefahr stehe bevor, eine

Das »Gehirn« des Präsidenten. John F. Kennedy und sein Berater und Redenschreiber Theodore C. Sorensen auf dem Weg zum Dienst-Cadillac.

»ausdrückliche Bedrohung des Friedens und der Sicherheit«. Über die Motive der Stationierung bestehe kein Zweifel: Zweck der Raketen könne nur sein, »gegen die westliche Hemisphäre eine nukleare Angriffsmöglichkeit zu schaffen«.

Damit wollte Kennedy nicht nur der Behauptung begegnen, es handele sich lediglich um Defensivwaffen auf Kuba. Vielmehr unterstellte er den Sowjets konkrete Angriffsabsichten, und brachte zum Ausdruck, dass die USA sowie ihre Anrainer die potenziellen Opfer dieser Aggression seien.

Zentraler Punkt war auch der Vorwurf arglistiger Täuschung: Kennedy zitierte offizielle Erklärungen der Sowjets, in denen es hieß, dass »keine Notwendigkeit für die Sowjetunion bestehe, Basen außerhalb der eigenen Grenzen zu suchen«. Nach jedem Zitat stellte der Präsident fest: »Diese Erklärung war falsch.« Er nahm auch Bezug auf den Besuch Gromykos, der offenkundig nicht einmal im Angesicht des Präsidenten vor Lügen zurückschrecke. Die Sowjetregierung habe sich durch ihr arglistiges Verhalten praktisch aus der internationalen Gemeinde ausgegrenzt: »Weder die Vereinigten Staaten von Amerika noch die Weltgemeinschaft der Völker können absichtliche Irreführung und offensive Bedrohungen von Seiten irgendeiner Nation dulden.« So nahm Kennedy für sich in Anspruch, im Namen der Völker zu sprechen und den Bösewicht in der internationalen Gemeinschaft zu isolieren.

Kennedy wollte auch möglichen Entgegnungen vorbeugen, dass Moskau im Prinzip nicht anders handele als die Vereinigten Staaten bei ihrer Stationierung in Europa. Im Text hieß es: »Unsere eigenen strategischen Waffen sind nie unter dem Deckmantel der Geheimhaltung und der Irreführung auf das Hoheitsgebiet irgendeines anderen Landes verlegt worden.«

Da im Weißen Haus die Angst kursierte, dass die Raketen auf Kuba bagatellisiert werden könnten, musste die eigene Aufrüstung in Europa moralisch davon abgegrenzt werden. Die US-Raketen nahe der sowjetischen Grenze wollte Kennedy damit vorsorglich aus der Schusslinie nehmen: »Diese plötzliche und heimliche Entscheidung, zum ersten Male außerhalb der Sowjetunion strategische Waffen zu stationieren, ist eine absichtlich provokatorische und ungerechtfertigte Veränderung des Status quo, die von unserem Land nicht hingenommen werden kann.«

Mit dieser »Veränderung« begründet er die Notwendigkeit zu entschlossenem Handeln – und er zieht dabei auch historische Register: »Die dreißiger Jahre haben uns deutlich gelehrt: Aggressive Haltung führt, wenn sie unbeschränkt und unwidersprochen wachsen kann, letztlich zum Krieg.« Der Hinweis auf Hitler soll nicht nur Gefahr im Verzug signalisieren, es galt auch, die Sowjetunion einmal mehr als das »Reich des Bösen« zu stempeln, dem es Paroli zu bieten gelte.

»Wir werden nicht verfrüht oder unnötigerweise einen weltweiten

Kernwaffenkrieg riskieren, bei dem selbst die Früchte des Sieges in unserem Munde zu Asche würden. Aber wir werden vor diesem Risiko auch nicht zurückschrecken, wenn wir ihm gegenüberstehen«.

Damit spricht Kennedy die Bereitschaft zum Atomkrieg aus, zumindest als Ultima Ratio. Folgt die Ankündigung des ersten Schrittes: Als erste Maßnahme für die »Verteidigung unserer eigenen Sicherheit und der Sicherheit der ganzen westlichen Hemisphäre« und »um die offensive Aufrüstung zum Halten zu bringen« werde »eine strikte Quarantäne aller für Kuba bestimmtem militärischen Ausrüstungen...« verhängt.

Dann folgt jener Passus, der verdeutlicht, dass dies nur die erste Stufe einer möglichen Eskalation sei. »Falls die offensiven militärischen Vorbereitungen weitergehen und damit die Bedrohung der Hemisphäre noch verstärkt wird, werden weitere Maßnahmen gerechtfertigt sein. Ich habe die Streitkräfte angewiesen, sich auf alle Möglichkeiten vorzubereiten.«

Schließlich erfolgt jene Drohung, die Kennedy aus der Doktrin der massiven nuklearen Vergeltung ableitet und die nun auf Kuba ausgedehnt wird: »Es ist die Politik unserer Nation, jede von Kuba aus gegen irgendein Volk der westlichen Hemisphäre gestartete Atomrakete als einen Angriff der Sowjetunion gegen die Vereinigten Staaten zu betrachten, der einen umfassenden Vergeltungsschlag gegen die Sowjetunion erfordert.«

Diese Warnung kommentiert der Redenschreiber, Ted Sorensen, heute so: »Dies sagt explizit, dass falls die Sowjetunion so dumm sein sollte, die Raketen auf Kuba gegen die Vereinigten Staaten oder irgendein Land der westlichen Hemisphäre abzuschießen, die USA reagieren würden, als ob diese Raketen vom Territorium der Sowjetunion aus abgeschossen worden wären. Das hätte die USA berechtigt, mit einem Atomschlag gegen die Sowjets zu antworten. Mit anderen Worten: Wir tischten ihnen das Gleichgewicht des Terrors auf. Die Sowjets mussten genauso davon abgeschreckt werden, diese Raketen einzusetzen, wie sie auch davon abgehalten werden mussten, Raketen im Inneren des sowjetischen

Territoriums auf die USA zu richten.« Damit war offenkundig Kuba kein begrenzbarer Konflikt: Sollte es zum Einsatz nuklearer Waffen kommen, würde die Sowjetunion in jedem Falle vom Gegenschlag vernichtend getroffen.

Kennedy schloss seine Rede mit einem Appell, dass nur Chruschtschow allein eine Eskalation verhindern könne, indem er seine aggressive Politik rückgängig mache. »ich appelliere an den Ministerpräsidenten Chruschtschow, diese heimliche, rücksichtslose und provokative Bedrohung des Weltfriedens einzustellen... Er hat jetzt eine Gelegenheit, die Welt vor dem Abgrund der Zerstörung zurückzuholen, in dem er zu dem Wort seiner eigenen Regierung zurückkehrt, dass sie keine Raketen außerhalb ihres eigenen Gebietes stationieren will und diese Waffen schließlich aus Kuba abzieht.«

Damit – und dies war die eigentliche Absicht – war der Kremlchef nun am Zug. Redenschreiber Sorensen resümiert: »Chruschtschow hatte nun die Zeit und die Chance zu handeln und damit die Wahl, ob es zum Krieg kommt oder nicht.« Umgekehrt setzten sich die USA damit auch selbst unter Druck. Denn wenn Chruschtschow nicht einlenkte, was dann? Folgt man dem Geist der Rede, blieb dann nur noch die Antwort der Militärs.

Keine Meldung

Um der Rede die gewünschte Durchschlagskraft zu verleihen, bedurfte es weiterhin striktester Geheimhaltung. Das wurde immer schwieriger an jenem Wochenende vor dem großen Auftritt, der am Montag, den 22. Oktober, um 19.00 live übertragen werden sollte. Für die Desinformationspolitik zuständig – so ein Bericht – war eine konspirative Zelle in einem Keller unter dem linken Flügel des Weißen Hauses, wo Sicherheitsberater McGeorge Bundy und drei weitere Mitarbeiter Sorge zu tragen hatten, dass die Pläne der Regierung nicht nach außen drangen. So gab es beispielsweise auch eine Anordnung, dass jeder Beamte im Außen- und Verteidigungsministerium Gespräche mit Journalisten aufzuzeichnen hatte. Kennedy lag sehr viel daran, dass die Presse nicht seine Strategie zunichte machte. Die Sowjets sollten erst dann mit den Erkenntnissen und Maßnahmen konfrontiert werden, wenn die USA gewappnet waren. Doch am Sonntag, dem 21. Oktober, war die Krisenstimmung kaum mehr zu verbergen. Ein Reporter der *New York Times* hatte beobachtet, dass zu viele Lichter noch spät in der Nacht an ungewöhnlichen Plätzen brannten, dass zu viele hohe Regierungsbeamte plötzlich bei Parties und auf Empfängen fehlten. Zudem begann das Weiße Haus, den Kreis der Informierten zu erweitern. Um halb drei am frühen Nachmittag trat der offiziell für Krisenfälle zuständige »Nationale Sicherheitsrat« zusammen.

Auch Washingtoner KGB-Agenten und deren Chef Aleksandr Feklisov entging die Unruhe nicht. Letzterer erinnert sich noch heute an jenen Tag:»Wir waren gerade im Rock Creek Park in Washington, spielten Volleyball und Tennis, als unser TASS-Korrespondent zu mir kam und sagte:›Um das Weiße Haus haben sich zur Zeit sehr viele Reporter versammelt. Dort hält die gesamte US-Regierung eine Sitzung ab.‹« Feklisov alias Fomin bat den TASS-Korrespondenten, auch dorthin zu gehen, um die Sache zu klären, denn es gab Anzeichen, dass es um Kuba gehen könnte.»Dass dort Raketen stationiert waren, wusste keiner genau – selbst wir ahnten davon nichts.« In der Tat war auch der KGB in Washington nicht informiert.

Die großen Zeitungen wie die *New York Times* und die *Washington Post* entwickelten viel Fantasie, um an mehr Informationen heranzukommen. Der Journalist Warren Rogers arbeitete damals bei der *New York Herald Tribune*. Am Abend jenes 21. Oktober ging er in ein Restaurant in Washingtons Stadtteil Georgetown und sah dort an einem Tisch alte Bekannte versammelt:»Ich sah eine Gruppe von Leuten aus dem Außen- und dem Verteidigungsministerium, hohe Beamte aus den Bereichen Karibik, was ja auch Kuba betraf, und Sowjetunion. Weil ich sie kannte, ging ich zu ihnen herüber und fragte:›Hi, Jungs, Was macht Ihr denn alle da am Sonntagabend, zusammensitzen und abendessen?‹ Und sie wurden rot vor Ärger, fühlten sich irgendwie ertappt. Aber sie wollten mir nichts sagen. Daraufhin tätigte ich eine Menge Telefonanrufe und kam, indem ich eins und eins zusammenzählte, zu der Schlussfolgerung, dass da tatsächlich offensive Raketen – möglicherweise nuklear – auf Kuba von den Sowjets in Stellung gebracht wurden. Ich rief in New York an, das Büro des *Herald Tribune*, und diktierte die Geschichte.«

Roger Hilsmann war damals Direktor der Nachrichtenabteilung im US-Außenministerium und für Täuschungsmanöver der Regierung mit verantwortlich. Als ihn die großen Blätter am Tag vor der Rede allzu sehr in Bedrängnis brachten, schaltete er das Weiße Haus ein:»Die *New York Times* und, soweit ich mich erinnern kann, auch die *Washington Post* hatten am Sonntag einiges zusammen für ihre Story.« Zunächst hatten sie nur Vermutungen angestellt, dass es sich entweder um eine Krise in Berlin handeln musste oder mit Kuba zusammen hing.»Und dann haben sie viele Behörden und Leute angeläutet und alles hin und her gewendet – so dass sie am Sonntagabend schon von einer ›Quarantäne‹ wussten.« Da platzte Kennedy der Kragen. Er rief direkt bei den Herausgebern an und legte ihnen ans Herz:»Seht mal, wenn ihr das jetzt veröffentlicht, können die Sowjets handeln und uns zuvorzukommen.« Mit dem vielfältig anwendbaren Argument»nationale Sicherheit« hatte der Präsident die findigen Reporter zum Schweigen gebracht:»Das war wirklich eine Ausnahmesituation und das einzige Mal in meiner siebenjährigen Laufbahn als Verteidigungsminister, dass ein Präsident persönlich zum Hörer griff und den großen Blättern sagte:»Veröffentlicht das nicht!‹«, so der damalige Minister der Verteidigung, Robert McNamara.

Der Tag der Rede

Die amerikanische Presse spekulierte am Montag, dem 22. Oktober, darüber, was auf Kuba und im Weißen Haus wohl ablief. Doch die Öffentlichkeit erfuhr am frühen Morgen lediglich, dass etwas

Besonderes in der Luft lag und dass es etwas mit Kuba zu tun haben könnte. Besonders forsche Zeilen standen im *Herald Tribune*. Warren Rogers sprach konkret von Mittelstreckenraketen auf der Zuckerinsel. Andere Schlagzeilen lauteten:»Kennedy spricht zur Nation«und»Angelegenheit größter nationaler Dringlichkeit«.

Inzwischen war selbst Pressesprecher Pierre Salinger über die Raketen vor der Haustür unterrichtet und stellte sich nun mit wiederhergestelltem Selbstbewusstsein den Anfragen der Medien, ohne allerdings seinen frisch erworbenen Wissensvorsprung gleich preiszugeben:»Ich habe die Vertreter der großen amerikanischen Fernsehstationen sofort in mein Büro ins Weiße Haus bestellt und gesagt: Der Präsident will heute im Fernsehen sprechen. ›Um wie viel Uhr?‹, wurde ich gefragt. ›Um sieben‹, antwortete ich. Sie wollten wissen, worum es sich handelt. Und ich antwortete: ›Um eine Angelegenheit höchster nationaler Sicherheit!‹« Das Weiße Haus wollte selbst den Fahrplan bestimmen und startete nun eine beispiellose PR-Kampagne, um die ganze Welt auf Kurs zu bringen.

Pikanterweise hob um 14 Uhr vom New York International Airport eine Aeroflot-Maschine Richtung Moskau ab, in der sich kein geringerer als Außenminister Gromyko befand. Ahnte er etwas? Im Weißen Haus war man sich nicht sicher und befürchtete, dass Gromyko vielleicht Instruktionen nach Moskau gegeben hatte, um dem US-Präsidenten zuvorzukommen. Die Sorge erwies sich als unbegründet.

Gegen 17 Uhr telefonierte George Ball mit den einflussreichsten Journalisten des Landes. Vor allem die *New York Times* und die *Washington Post* mussten zur Staatsräson gebracht und die Blätter auf die kommenden Tage eingestimmt werden. Nach London, Paris und Bonn wurden am Morgen namhafte Diplomaten und Honoratioren entsandt, die um 18.30 Uhr mit den jeweiligen Regierungschefs zusammentreffen sollten.

Dass man sich euphorischer Zustimmung auch bei nahe stehenden Bündnispartnern keineswegs gewiss sein konnte, hatte Kennedy am Vorabend der Rede erfahren. In einem Telefongespräch mit dem britischen Premierminister Macmillan warnte dieser vor allzu überhasteten Schritten, insbesondere solchen, die den Westen in eine Lage bringen könnten, den ersten Schuss abgeben zu müssen. Von den Möglichkeiten der Diplomatie war die Rede und einer Gipfelkonferenz, bei der man über generelle Abrüstung verhandeln könnte unter Einbeziehung Kubas. Der Hinweis, dass für Europäer die direkte Bedrohung durch sowjetische Nuklearwaffen sowieso zum Alltag gehörte, konnte Kennedy mit Blick auf seine öffentliche Meinung allerdings nicht beruhigen. Kuba war ein Präzedenzfall. Was bei den Bündnispartnern aus der Alten Welt längst Normalität war, wurde in Washington als Krise empfunden. Aber dennoch sollte die Allianz es in den kommenden Tagen nicht an Loyalität gegenüber Washington mangeln lassen, wozu die Rede sicherlich beitrug.

Am Montagnachmittag trafen gegen 17 Uhr die prominentesten Mitglieder aus Senat und Repräsentantenhaus im Weißen Haus ein. Die meisten kamen mit Sondermaschinen der Luftwaffe, einige mussten sogar mit dem Cockpit eines Düsenjägers Vorlieb nehmen. Kennedy wollte die 15-köpfige Delegation umfassend informieren und seine Entscheidung für die Blockade rechtfertigen. Er wirkte erschöpft, als er vor den Kongressmitgliedern die Gründe aufzählte: Er gehe davon aus, dass sich auf der Insel mehr Raketenabschussbasen befänden als man derzeit wisse. Er sei sich nicht mehr sicher, ob sich die Sowjets so besonnen und vernünftig verhalten würden, dass ein Krieg zu vermeiden war. Außenminister Rusk brachte Kennedys Position auf den Punkt: »Offenbar sind die Hardliner im Kreml in der Mehrheit.« Eine Invasion könne den Abschuss von Atomraketen auf die USA zur Folge haben.

Prompt kam Widerspruch. Senator Richard Russell, Vorsitzender des Streitkräfte-Ausschusses, sah in der sowjetischen Aktion einmal mehr den Versuch, die Nerven der US-Regierung zu testen. Seine Ansicht und die einiger Kongresskollegen war, dass sich die USA das nicht gefallen lassen dürften und zurückschlagen müssen – dazu sei jetzt die Gelegenheit. General William Y. Smith erinnert sich: »Eines wird oft vergessen... der Kongress übte viel Druck auf Präsident Kennedy aus, eine Invasion zu starten. Nicht dass Kongressabgeordnete so denken würden wie die Militärs, aber in diesem speziellen Fall dachten sie ganz ähnlich und sagten: ›Schauen Sie, Sie haben gesagt, dass Sie Castro loswerden wollen. Jetzt ist der Zeitpunkt gekommen, wir glauben, dass Sie den Befehl zur Invasion geben sollten‹«.

Kennedy beschwichtigte und betonte, dass die »Quarantäne« eine spätere Invasion ja nicht ausschloss. Doch was die Hardliner unter den Anwesenden in diesem Moment von ihm erwarteten, war in der Tat nichts Geringeres, als einen massiven Angriff auf Kuba, verbunden mit einer amphibischen Landung. Es wird an anderer Stelle noch zu erörtern sein, was das zu diesem Zeitpunkt bedeutet und welche Konsequenzen es gehabt hätte.

Kennedy telefonierte an jenem Tag mit Ex-Präsident Dwight D. Eisenhower, und auch hier fiel das Stichwort. Er sagte dem ehemaligen Weltkriegs-General: »Vielleicht werden wir uns in Kürze mit einer Invasion beschäftigen müssen...«

Darauf Eisenhower: »Von einem militärischen Standpunkt aus betrachtet ist das natürlich eine ganz klare Sache, die jetzt getan werden muss«, die Antwort Kennedys: »Stimmt.« War das nur Beschwichtigung? J.F.K. suchte Rückhalt.

Während des gesamten Tages wurden auch Schritte unternommen, das Ausland in die Kampagne einzubeziehen. Mehr als ein Dutzend von Kennedy unterzeichnete Briefe nahmen ihren Weg zu mehr als vierhundert Adressaten. An die hundert Botschafter in Washington wurden mündlich informiert. Die lateinamerikanischen Staatschefs erhielten die Rede in spanischer Übersetzung mit dem Entwurf einer Resolution, die von der OAS verabschiedet werden sollte. Auch die Gesandten der Militärbündnisse von NATO, SEATO und CENTO wurden eingeweiht.

Außerdem wurde während des gesamten Tages die mediale Übertragungstechnik mobilisiert. Wo immer auf der Welt ein Radio stand – Kennedys Rede sollte überall gehört werden, auch in der hintersten Stube. Wer einen Fernseher hatte, sollte den Präsidenten möglichst live sehen. Vorsichtshalber wurde die Rede auf diverse Ton- und Bildträger kopiert und in mehrere Sprachen übersetzt, um sie um den ganzen Globus zu schicken. So wartete am frühen Abend des 22. Oktober 1962 alles darauf, dass sich der Vorhang endlich hob. Der Star begab sich auf die Bühne, die Drohkulisse für die Premiere stand bereit.

Rätselraten im Kreml

In Moskau nahte der Abend des 22. Oktober schon sieben Stunden früher als in den USA. Und die ersten Nachrichten von einer bevorstehenden Ansprache des US-Präsidenten waren im Kreml bereits

Dobrynin zum Rapport Einem prominenten Gast gewährte man schon eine Stunde vorher Einlass in das Polit-Theater, und zwar für eine ernsthafte Ankündigung des Programms. Um 18 Uhr wurde Botschafter Anatolij Dobrynin zu US-Außenminister Dean Rusk zitiert. Zum ersten Mal erfuhr ein Sowjet, dass die Amerikaner von Raketen auf Kuba wussten. Der peinlich Betroffene Anatolij Dobrynin war als »der Gesandte Moskaus« eine Institution in Washington. Er ist auch heute noch ein temperamentvoller Erzähler, und es klingt märchenhaft, wie die spannendsten Tage seines Lebens ihren Anfang nahmen.

»Ich schloss aus der dringenden Einladung Dean Rusks, dass es irgendein Problem zwischen den USA und der Sowjetunion gab«. Als Dobrynin im State Department auf Dean Rusk zutrat, spürte er sofort, dass er nicht der Gesprächspartner war, mit dem er es sonst zu tun hatte: »Rusk sagte immer Anatolij zu mir, nun auf einmal ganz offiziell ›Herr Botschafter‹, und es war auch noch ein Dolmetscher dabei. Wir hatten uns sonst oft ohne Übersetzer getroffen und miteinander Englisch geredet.«

Diesmal fand der Wortwechsel in eisiger Atmosphäre statt: Rusk sagte, dass der Präsident gleich eine Ansprache halten werde, die Kuba betreffen würde. In ein Gespräch darüber ließ Rusk sich nicht verwickeln: »Er übergab mir den Text, ich überflog ihn und sah Dean Rusk fragend an. Und dann sagte er: ›Herr Botschafter, ich bin nicht vom

eingegangen. Jene Zeitdifferenz würde in den kommenden Tagen noch des öfteren für Turbulenzen sorgen. Chruschtschow hatte sich am Nachmittag mit seinem Sohn Sergej zu einem Spaziergang getroffen, gerade waren sie zur Tür ihrer Datscha eingetreten, als das Telefon klingelte.»Ohne den Mantel abzulegen, ging mein Vater an den Apparat. Ich wartete im Flur auf ihn. Es war ein kurzes Gespräch, anscheinend etwas Unangenehmes. Dann sagte er zerstreut: ›In Washington wird ein wichtiger Auftritt Kennedys für den Abend angekündigt‹«, so Sergej Chruschtschow.

Noch kannte man den Anlass für die Rede an die US-Nation nicht, doch dem Sowjetchef schwante Böses.»Wahrscheinlich haben sie unsere Raketen auf Kuba entdeckt. Etwas anderes kann es eigentlich nicht sein, denn in Berlin ist alles ruhig.«

Präsidenten bevollmächtigt, diese Rede in irgendeiner Weise zu kommentieren.‹ Er gab mir zwei Papiere, eines, worauf stand, dass die Rede in einer Stunde gehalten würde, und eine Botschaft, die an Chruschtschow weitergeleitet werden sollte.«

Man braucht nicht viel Fantasie, um sich vorzustellen, wie Dobrynin sich in diesem Moment fühlte:»Erstaunen, Erschütterung, schlimmste Befürchtungen. Es war ernst. Der Präsident wendet sich an die Nation und lässt ein Schreiben übergeben, in dem er sich beklagt, dass Chruschtschow ihn belügt und dass er verschwiegen habe, dass sich auf Kuba Angriffswaffen befinden.«

Nun begann die Krise erst richtig, und der bislang ahnungslose Dobrynin war für das Weiße Haus als vertrauensvoller Ansprechpartner erst einmal in Ungnade gefallen. Dabei stand die Klimax erst noch bevor! Dobrynin hatte nun die Aufgabe, Kennedys Schreiben nach Moskau weiterzuleiten.

Als Hausherr der sowjetischen Vertretung in Washington machte er sich auch darüber Gedanken, was denn ihm und seinen Mitarbeitern mitsamt Familien bevorstehen könnte:»Ich sagte meinem diplomatischen Korps: ›Von heute an müssen Sie berücksichtigen, dass wir uns in einer äußerst gefährlichen Lage befinden, was unsere Beziehungen zu den USA anbetrifft, auch im Hinblick auf Ihre Familien.‹« Dann erließ

Dann habe Chuschtschow mit dem Kreml telefoniert und eine Order ausgegeben.»Rufen sie alle Mitglieder des ZK-Präsidiums an, den Verteidigungsminister und das Außenministerium. Sie sollen alle in einer Stunde in den Kreml kommen. Und schicken Sie mir einen Wagen!« Dann entschwand Chruschtschow fürs erste. Im Kreml herrschte große Hektik, wie sich die damalige Stenotypistin Anna Gavrilova erinnert.»Nachdem Chruschtschow eingetroffen war, hörte ich ihn hinter den verschlossenen Türen laut schreien, die Stimmung war sehr angespannt.« Immer mehr Meldungen gingen im Kreml ein. Am Abend jenes 22. Oktober berichteten die sowjetischen Geheimdienste, Kennedy habe keinen Militärschlag gegen Kuba befohlen, aber besondere Aktivitäten der Air Force, des Strategic Air Command sowie der Navy seien in der gesamten Kari-

er die Anordnung, dass die Ehemänner von jetzt an regelmäßig ihre Frauen in den Wohnungen außerhalb der Botschaft anzurufen hätten, um sie zu beruhigen.

Das Groteske an dieser Situation war, dass es Dobrynin selbst nicht besser erging als den Kennedys. Kein Wort hatte man ihm zur Stationierung der Raketen auf Kuba gesagt, nicht einmal eine Andeutung hatte Gromyko während seines Aufenthaltes gemacht. Er, der sowjetische Botschafter in Washington, musste von der US-Regierung erfahren, dass sich sein Land in ein Abenteuer von historischem Ausmaß gestürzt hatte.

Noch heute schlägt er im Gespräch die Hände über dem Kopf zusammen:»Wie konnte Moskau mich nicht informieren! Stellen Sie sich vor, was für eine einzigartige Situation das ist, wenn Sie als Botschafter von etwas so wichtigem nichts wissen und dann auf höchster Ebene herbeizitiert werden. Hier ging es doch um einen ganz wesentlichen Vorgang, der sich auf die Beziehungen beider Länder auswirkte. Ein Botschafter muss darüber doch informiert sein.«

Als er Gromyko später zur Rede stellte, wurde er einmal mehr Zeuge von dessen Kaltschnäuzigkeit:»Gromyko tat ganz erstaunt und sagte:›Wie, Anatolij, man hatte Sie nicht informiert, man hätte Sie doch informieren müssen!‹ Wer aber hätte mich denn informieren sollen außer er in seiner Funktion als mein vorgesetzter Minister? Nur er allein!«

bik registriert worden. Ein Bericht des GRU kam abschließend zum Ergebnis:»Ein militärisches Abenteuer der USA in Kuba«sei doch eher»unwahrscheinlich«. Doch Chruschtschow war verunsichert. Er ließ den Blick in die Runde schweifen und blieb bei Verteidigungsminister Malinovskij hängen:»Ich glaube, wir haben unsere Chance verpasst!«Er meinte damit, das Unternehmen könne bis zuletzt geheim gehalten werden. Nun befürchtete er das Schlimmste, vielleicht drohte sogar eine Invasion. Mit der Situation, die nun eingetreten war, so sein Sohn Sergej, hatte er schlicht nicht gerechnet. Krisenstimmung kam auf im ZK-Präsidium. Und die Hoffnung, Kennedy könne die Raketen auf Kuba akzeptieren – auch sie war nun dahin. In dieser unangenehmen Lage rächte sich jetzt die Fixierung auf nur eine Option. Sergej Chruchtschows Recherchen ergaben folgendes Szenario: Malinovskij wollte Stellung nehmen, aber der Kremlchef winkte ab.»Was gibt es schon zu sagen. Setzen Sie sich!« Offensichtlich wollte Chruschtschow sich in diesem Augenblick nicht beraten, sondern laut nachdenken im Beisein seiner Berater. Vielleicht hatte man doch zu hoch gepokert? Verteidigungsminister Malinovskij versuchte es noch einmal:»Ich denke nicht, dass sie sofort etwas unternehmen können.«Er hielt die Ansprache des Präsidenten für einen Wahlkampftrick. Sollte Kennedy tatsächlich eine Invasion auf Kuba ankündigen, benötigten seine Truppen mindestens 24 Stunden, argumentierte Malinovskij, und damit stünde genügend Zeit zur Verfügung, um die erforderlichen Schritte in die Wege zu leiten.

Doch für Chruschtschow schien sich die Sache zu sehr zuzuspitzen, und auf einmal besann er sich auf die eigentlichen Motive der ganzen Kubaaktion:»Es ist doch so. Wir wollten keinen Krieg anzetteln. Wir wollten sie bloß einschüchtern und die anti-kubanischen Kräfte abschrecken.«

Obwohl noch kein Wort von der Rede John F. Kennedys bekannt war, schien das Gespenst des Zauberlehrlings im Kreml umzugehen. Würde man der Geister nicht mehr Herr, die man heraufbeschworen hatte? Vor seinen Augen sah Chruschtschow den großen

Krieg heraufziehen und selbst in der illustren Runde schien es kaum Zweifel daran zu geben, dass die USA einen massiven Militärschlag gegen Kuba beabsichtigten. Chruschtschow räumte Fehler ein. »Wir haben noch nicht wie geplant alle Waffen stationiert, und wir haben den Vertrag mit Kuba nicht öffentlich gemacht.« Im Falle eines Angriffs der Amerikaner sah der Kremlchef nur wenig Spielraum: »Dann werden wir zurückschlagen. Dies kann dann womöglich in einem großen Krieg enden.«

Erst jetzt begann Chruschtschow wirklich über verschiedene Optionen nachzudenken. Die Amerikaner konnten Kuba angreifen. Dann würden die UdSSR ihre Beistandsverpflichtung gegenüber Kuba öffentlich erklären – das aber würde auf eine Konfrontation hinauslaufen. Oder die Amerikaner würden lediglich eine Blockade verhängen und abwarten, aber diese Möglichkeit verwarf Chruschtschow. Er bezweifelte in diesem Moment noch, dass Kennedy so reagieren würde.

Chruschtschow dachte über Alternativen nach, wie sich die Sowjets bei einem amerikanischen Angriff auf Kuba verhalten sollten: Sie konnten sagen, die militärischen Einrichtungen gehörten den Kubanern, und damit den Konflikt auf die Region zu begrenzen. Havanna sollte dann erklären, sie würden die Waffen nur zur Verteidigung einsetzen. Chruschtschow betonte aber gegenüber den Anwesenden, dass er Castro keinesfalls die Kontrolle über die atomaren Mittelstreckenraketen überlassen wolle. Aber die Kubaner könnten die Amerikaner vielleicht abschrecken, indem sie ankündigten, im Falle einer Invasion taktische Atomwaffen einzusetzen. Klang das plausibel? Ein Spiel mit dem Feuer war es auf jeden Fall und keine der Möglichkeiten schien eine befriedigende Lösung zu bieten.

Und wer konnte von ihnen denn wissen, wie genau die Amerikaner informiert waren? War ihnen klar, dass einige Raketen bereits einsatzbereit waren, und was wussten sie überhaupt von den weitaus schwerer zu entdeckenden taktischen Atomwaffen? Vermutlich hat-

»Wir wussten nichts von taktischen Raketen.« (US-Verteidigungsminister Robert McNamara). Für den Fall einer US-Invasion auf Kuba hatte Chruschtschow nukleare Gefechtsfeldwaffen in die Karibik geschickt.

te das Pentagon gar keine Ahnung davon, dass atomare Gefechtsfeldwaffen bereits auf Kuba stationiert waren. Und das bereitete Chruschtschow Sorgen, denn wenn die USA nun eine Invasion planten, taten sie das vielleicht nur, weil sie solche Waffen auf der Insel eben nicht vermuteten. Wenn nun aber die US-Navy, vermutlich nach einem massiven Bombenangriff, Truppen auf die Insel entsenden würde (wie einige US-Militärs und Kongressmitglieder es bereits forderten) – wie sollte man dann mit den taktischen Waffen umgehen? Würde man sie nicht einsetzen müssen, wenn die Sowjets und ihre kubanischen Waffenbrüder keine andere Wahl zur Selbstverteidigung mehr hätten? Nach einem wie auch immer gearteten und wenn auch noch so begrenzten Atomschlag gegen US-Verbände vor Ort wäre der Weg einer nuklearen Eskalation geebnet gewesen. Die Amerikaner hätten sich dann möglicherweise gezwungen gesehen, ihrerseits nuklear reagieren zu müssen. Wo sollte das nur enden?

»Wären taktische A-Waffen gegen US-Invasionstruppen zum Einsatz gekommen, hätte die Welt am Abgrund gestanden.« (Robert McNamara) Manche taktische Sprengköpfe hatten die Zerstörungsgewalt der Hiroshima-Bombe.

Die Luna-Raketen, die mit einem Zwei-Kilotonnen-Sprengkopf bestückt wurden, hatten eine Reichweite von etwa 50 Kilometern. Sie explodierten in etwa 200 Meter Höhe und hinterließen einen Krater von 40 Metern Tiefe. Auf den Gefechtsverlauf hätten sie eine enorme Wirkungen entfaltet: In einem Umkreis von 450 Metern wären alle Panzer zerstört, in einem Umkreis von 900 Metern alle ungeschützten Truppen getötet worden, über weite Kilometer hätte es Tod und Verwundung gegeben. Insbesondere bei amphibischen Landungen hätten diese Waffen eine verheerende Wirkung gegen die Brückenköpfe gehabt. Dann gab es ja noch die Cruise Missiles mit Atomsprengköpfen, die gegen die Navy, zum Beispiel gegen Flugzeugträgerverbände, hätten eingesetzt werden können. 36 der 80 geplanten Sprengköpfe lagerten bereits auf der Karibikinsel.

Chruschtschow verfügte über mehr Wissen und trug deshalb mehr Verantwortung als Kennedy, weil dem US-Präsidenten entscheidende Informationen fehlten. Jeder, der zu dieser Zeit in den USA für eine Invasion plädierte, ging von völlig falschen Prämissen aus – nämlich dass eine siegreiche Operation auf Kuba mit konventionellen Mitteln durchführbar sei. Denn dass die Sowjets wegen eines Angriffs auf Kuba die Mittelstreckenraketen auf die USA abfeuern würden, erschien vielen unwahrscheinlich. Würden die Sowjets wegen Kuba das amerikanische Festland nuklear attackieren, müssten sie einen vernichtenden Gegenschlag auf ihrem eigenen Territorium in Kauf nehmen. Folglich gingen einige der US-Strategen davon aus: »Wenn wir Kuba einnehmen, heißt das noch lange nicht Atomkrieg.« Nun aber liefen die USA in der Tat Gefahr, aus Unwissenheit einen ersten atomaren Einsatz der Sowjets vor Kuba – etwa gegen eine Invasionsflotte – zu provozieren. Starke amerikanische Verbände hätten auf einen Schlag ausgelöscht werden können.

Wenn man überlegt, dass fast zeitgleich zu der Krisensitzung im Kreml John F. Kennedy prominenten Vertretern aus dem Kongress gegenübersaß, die genau das von ihm forderten, nämlich eine Landung auf Kuba! Wäre es nach ihnen gegangen, hätte das den Atomkrieg bedeuten können.

Da das Moskauer Politbüro in der Sitzung am 22. Oktober eine amerikanische Invasion für wahrscheinlich hielt, befahl es dem sowjetischen Kommandeur auf Kuba, General Pliev, seine Truppen in Alarmbereitschaft zu versetzen. Keinesfalls sollte es zum Einsatz der nuklearen Mittelstreckenwaffen kommen. Doch um Pliev die Möglichkeit zur Verteidigung der Insel zu geben, überlegte das Politbüro, ihn in einer zweiten Order autorisieren, bei einer Landung von US-Truppen taktische Atomwaffen einzusetzen.

Verteidigungsminister Malinovskij überzeugte das Politbüro, die Order bis ein Uhr nachts Moskauer Zeit, 18 Uhr Washingtoner Zeit hinauszuzögern, dann würde man mehr über die konkreten Absichten der USA wissen. Der Redetext von Präsident Kennedy sollte abgewartet werden und – je nach Ernst der Lage – das Telegramm abgehen, das Pliev den Einsatz von Luna-Raketen erlaubt oder untersagt hätte.

Vorhang auf!

Um 19 Uhr Washingtoner Zeit hielt Kennedy seine Ansprache, auf die Millionen von Menschen gebannt gewartet hatten. Bis zuletzt war am Text gefeilt worden. Im Oval Office des Weißen Hauses schien Belagerungszustand zu herrschen, die Hälfte des Raumes war zugestellt mit Kameras und Aufzeichnungsgeräten. Vor dem Tisch, an dem Kennedy saß, stand ein Monitor, in dem er sich selbst sehen konnte. Ringsum standen Scheinwerfer. Der an seinen Seiten edel verzierte Holzschreibtisch war mit einem lichtabsorbierenden Molton-Tuch bedeckt, das an den Rändern lieblos mit Kreppstreifen befestigt worden war. Insgesamt wirkte das Ambiente provisorisch, im Gegensatz dazu das Erscheinungsbild des Präsidenten auf dem Fernsehschirm geradezu ehrwürdig. Pierre Salinger hatte sich für den historischen Moment noch etwas besonderes ausgedacht. Er lud neben anderen Journalisten auch den Washingtoner TASS-Korrespondenten ein. Bislang galt am Regierungssitz ein Bann für sowjetische Reporter. Der Mann von der TASS sollte sowohl die Stimmung am Ort der Verlautbarung hautnah miterleben als auch die signalisierte »Entschlossenheit« und »Unbeirrbarkeit« des Präsidenten. Salinger ist heute noch der Meinung, das habe ungeheuren Eindruck auf den sowjetischen Beobachter gemacht, Moskau habe gewiss davon erfahren.

Nun endlich erfuhr die Welt von jener unheimlichen Bedrohung, von »Arglist und Täuschung«, Angriff und notwendiger Verteidigung, Aktion und Reaktion, Schrecken und Abschreckung, Provokation und Sanktion. Es gehe auch um fundamentale Werte, jene der freien Welt, die es zu schützen gelte, wenn nötig unter Opfern: »Der Preis der Freiheit ist stets hoch, aber die Amerikaner haben ihn noch immer bezahlt. Und der Pfad, den wir niemals wählen, ist der Pfad der Kapitulation oder der Unterwerfung. Unser Ziel ist nicht der Sieg der Macht, sondern die Verteidigung des Rechts – nicht Frieden um den Preis der Freiheit, sondern Frieden und Freiheit, hier in dieser Hemisphäre und, wie wir hoffen, in der ganzen Welt. Wenn Gott will, wird dieses Ziel erreicht.«

So wird das US-amerikanische Vorgehen gleichsam zur sakralen Mission stilisiert, die »Gottes eigenes Land« nunmehr zu erfüllen habe. Ein hoher Anspruch angesichts einer Politik der Widersprüche. Von den finsteren »Mungo«-Aktivitäten gegen Kuba und der Vorgeschichte der Stationierung erfährt die Welt freilich nichts. Die Moral schien auf der Seite Washingtons.

Doch es wäre nicht John F. Kennedy gewesen, wenn er der unheimlichen Macht des Bösen nicht doch auch ein Zeichen zur Umkehr in Frieden gegeben hätte, wenngleich nur unter strikten Bedingungen. Bei aller Schwarz-Weiß-Malerei schimmert auch ein Angebot friedlicher Koexistenz zwischen den Zeilen durch. »Ich appelliere an Ministerpräsident Chruschtschow..., seine Politik der Weltbeherrschung aufzugeben und sich an einer historischen Anstrengung zur Beendigung des gefährlichen Rüstungswettlaufes und zur Änderung der Menschheitsgeschichte zu beteiligen.« Kennedy wollte offensichtlich den Strohhalm einer möglichen Einigung hinhalten, aber nur, wenn er nicht unter Zugzwang zu handeln genötigt wäre. »Wir haben in der Vergangenheit Bemühungen unternommen, die Ausbreitung von Kernwaffen zu begrenzen. Wir haben vorgeschlagen, alle Waffen und Militärstützpunkte im Rahmen eines fairen und wirksamen Abrüstungsvertrages abzuschaffen. Wir sind bereit, neue Vorschläge für die Beseitigung von Spannungen auf beiden Seiten zu diskutieren einschließlich der Möglichkeit eines wirklich unabhängigen Kubas, das sein eigenes Schicksal frei bestimmen kann. Aber es ist schwer, diese Probleme in einer Atmosphäre der Einschüchterung zu regeln oder nur zu diskutieren.« Das war zwischen all den starken Worten der Wink mit dem Palmzweig, der bereit lag für den Moment, in dem Chruschtschow das Signal für den Abzug der Raketen geben würde.

Die Welt nach der Rede

Kennedys Stab hatte mit beträchtlichem Aufwand dafür gesorgt, dass die Ansprache des Präsidenten in aller Welt zu hören war. Folglich gab es international nur wenige namhafte Politiker oder Medien, die sich einer Stellungnahme entziehen konnten. Mit Begeisterung für seine Entscheidung durfte er nirgendwo rechnen, auch nicht in der eigenen Hemisphäre, aber zumindest mit Verständnis. Bei den Neutralen auch mit etwas Gegenwind, dann war schon viel erreicht.

In deutschen, französischen und schweizerischen Medien fand der Vorstoß des Präsidenten Zuspruch. Die britische Presse hingegen gab sich reserviert. Bei der Intervention der britischen Truppen im Suezkrieg 1956 waren es die USA, die London vorhielten, die Partner brüskiert, die Vereinten Nationen übergangen, die Welt an den Rand einer militärischen Eskalation gebracht zu haben. Mit gleicher Münze zahlten dies nun der *Manchester Guardian*, die *Daily Mail* oder der *Daily Mirror* heim. Kennedy habe offenkundig »vor einer Anti-Kuba-Hysterie kapituliert.« In London wurden vor der US-Botschaft amerikanische Fahnen verbrannt, was jedoch lediglich als spontane Aufwallung politischer Randgruppen gewertet wurde. Ein deutscher Journalist schrieb später: »Das englische Publikum war nicht überzeugt, dass diese Krise durchgestanden werden musste. Es sah die Aufgabe vielmehr darin, sie beizulegen... Ein Gipfeltreffen oder eine Vermittlung der Vereinten Nationen war angezeigt.« Fernmündlich und -schriftlich warnte auch Premier Macmillan vor übereilten Schritten; nach außen aber stellte sich die britische Regierung uneingeschränkt an die Seite der USA.

Das Pariser Blatt *La Nation* schrieb: »Es ist erklärlich, dass Präsident Kennedy mit einem Problem Schluss machen wollte, das von Tag zu Tag brennender wurde«, wenn auch bedauerlich sei, dass Washington es unterließ, »Europa zu konsultieren«. Paris ging ohnedies nicht davon aus, dass die USA die Bundesgenossen fragen, wenn nationale Interessen auf dem Spiel stünden. Umso mehr lag

»Unsere Meldungen zählen zu unseren Waffen.« (Arthur Sylvester, Pressechef des Pentagon) Von Anfang war das Krisen- auch ein Medienmanagement. John F. Kennedy, seine Frau Jackie und Berater vor einem Fernseher im Weißen Haus.

es im Interesse der Franzosen, durch eine bewusstere militärische Eigenständigkeit Europas die Abhängigkeit von den USA zu vermindern. Gleichwohl billigte de Gaulle Kennedys Vorgehen. Und was geschah an der Nahtstelle der Blöcke, beim Vorposten Bundesrepublik Deutschland? Von der Kubakrise wurde Bundeskanzler Adenauer genauso überrascht wie die gesamte deutsche Öffentlichkeit. Am Abend des 22. Oktober kam der amerikanische Botschafter Dowling zusammen mit einem CIA-Beamten ins Palais Schaumburg und überbrachte dem Kanzler ein Schreiben Kennedys zusammen mit dem Text der Rede. Speziell der Bonner Regierung galten die Worte: »Mich beschäftigt insbesondere der mögliche Zusammenhang dieses geheimen und gefährlichen Vorgehens mit der Lage in Deutschland und Berlin.« Das zeigt einmal mehr, wie schnell die geteilte Stadt auch bei dieser Krise zwischen Ost und West in die »Schusslinie« geraten konnte.

Außenminister Schröder und Kanzlerberater Osterheld mussten

das Zimmer verlassen, als Adenauer die U-2-Fotos präsentiert wurden. Am nächsten Tag richtete der Kanzler in aller Form eine Botschaft an Kennedy, in der er dessen Vorgehen vorbehaltlos billigte. Seinem Außenminister machte Adenauer heftige Vorwürfe, hatte der in Washington während seines Aufenthalts vor wenigen Tagen etwa nicht seine Ohren gespitzt?

Am folgenden Tag erhielt der Bundeskanzler noch einmal prominenten US-Besuch. Der frühere US-Außenminister Dean Acheson sprach während seiner Rundreise durch Westeuropas Hauptstädte auch bei Adenauer vor. Ihm gegenüber plädierte der Kanzler nicht nur für eine sofortige Beseitigung und Besetzung der Raketenbasen auf Kuba, sondern auch für ein Vorgehen gegen Fidel selbst.

»Man solle speziell Castro ins Visier nehmen«, erinnert sich Adenauers ehemalige Chefsekretärin und Biographin an die Worte ihres Chefs, »um Chruschtschow die Gelegenheit zu geben, sich zurückzuziehen und das Gesicht zu wahren. Castro sei der Bösewicht. Ich glaube, dass war der Hintergedanke Adenauers. Er war ein Fuchs, wissen Sie«. Und gar nicht zimperlich, im Spektrum zwischen Tauben und Falken neigte er eindeutig zu Letzteren. Die *BZ* in Westberlin schrieb, »Bonns Haltung zur Kubakrise ist klar. Bundeskanzler und politische Parteien bekundeten gestern übereinstimmend Solidarität mit den USA. Der Bundeskanzler sagte in einer Erklärung wörtlich: ›Die Bundesrepublik ist selbstverständlich bereit, jedes Risiko mitzutragen. Die Lage ist ernst. Möglicherweise sind Rückwirkungen auf Berlin zu befürchten.‹«

Und da man nicht wusste, was Moskau wirklich wollte, rechnete man auch in Washington im Zweifel mit dem Schlimmsten. »Es war möglich, dass mit den Raketen auf Kuba von uns Zugeständnisse in Westberlin erpresst werden sollten. Wir hielten es für äußerst wahrscheinlich, dass die Sowjets unsere Kuba-Blockade mit einer neuen Berlin-Blockade beantworten würden. Also haben wir Vorsorge getroffen, um für eine neue Luftbrücke gerüstet zu sein, und wollten sowohl Westberlin als auch Westdeutschland auf diesen Notfall vorbereiten«, so Ted Sorensen.

Welche Gedanken den Berliner Regierenden Bürgermeister Willy Brandt bewegten und seinen engsten Mitarbeiter und Sprecher Egon Bahr, was sich die Menschen in der geteilten Stadt und in Westdeutschland dachten, darüber wird noch zu berichten sein. So viel aber stand fest:»Wenn die Elefanten tanzen, gehen die Mäuse am besten zur Seite. Und das war nun wirklich ... ein potenzieller Kampf der Giganten, bei dem es galt, nicht zermanscht zu werden«, so Egon Bahr.

Wie aber war die Stimmung in jenem Land, dessen Präsident die Rede gehalten hatte? Ein noch im Krisenjahr im Auftrag des Außenministeriums erstellter Bericht, der Sieverts-Report, schildert die Stimmung jenes Tages in der US-Administration:»Niemand habe ganz ausschließen wollen«, heißt es wörtlich,»dass heißblütige Kubaner die Raketen nach der Rede des Präsidenten in einem Anfall von Irrationalität gegen die USA abfeuern würden oder dass die Sowjets ihrerseits präventive Maßnahmen ergreifen würden.« Die amerikanischen Atomstreitkräfte befanden sich in der höchsten Alarmstufe. Insofern sei keineswegs auszuschließen gewesen, dass die»nördliche Hemisphäre kurz vor ihrer Einäscherung stand.«

Was die Bevölkerung betraf, so rückte sie angesichts der Krise eng zusammen. Wann gab es schon eine solche Bedrohung in solcher Nähe? In Straßenumfragen stellten sich die Menschen in patriotischer Haltung hinter den Präsidenten. Die Politik schloss Burgfrieden – doch wohl mit der Auflage, dass Kennedy die Gefahr beseitigt und die USA möglichst als strahlender Sieger aus dem Konflikt hervorgehen.

Die Angst vor dem Atomtod griff um sich. Die Bürger der USA waren nukleare Gefahr aus nächster Nähe – anders als die Europäer – nicht gewohnt.

»Ich wohnte am Ende der 16th Avenue. In dieser Straße gibt es viele Kirchen, zwölf insgesamt. Normalerweise fielen die mir gar nicht weiter auf, aber an diesem Tag strömte das Volk nur so hinein, betete, flehte Gott an, dass es keinen Krieg geben sollte. Man begann, sich mit Lebensmitteln einzudecken, einige hatten Luftschutzkeller, man begann Luftschutzkeller mit Lebensmitteln auszustatten, einige reiche Familien flohen in den Westen, oder ins Zentrum der Vereinigten Staaten, Aufregung, Angst, als könnte gleich ein Krieg beginnen«, erinnert sich der Washingtoner KGB-Chef Feklisov, der schon von Berufs wegen die Stimmung im Lande zu erkunden hatte.

Und wie war die Lage in Moskau? Dort kam die Ankündigung der Rede zu spät, um noch den Weg in die Zeitungen zu finden. So erfuhren die Sowjetbürger nur etwas vom Tage vor Kennedys Auftritt: von »Kriegshysterie in Washington« war da die Rede und von einer »Flottenkonzentration vor Kuba«. Allerdings war dem TASS-Reporter nicht entgangen, dass der Präsident seine Wahlkampagne unterbrochen hatte und ein reges Treiben um das Weiße Haus herrschte. Ähnliches hatte er ja dem KGB-Mann Feklisov berichtet. Erst am 24. Oktober sollte es in russischen Zeitungen geharnischte Sätze hageln: »Die herrschende Klasse Amerikas hat die Maske abgeworfen und erscheint vor der ganzen Welt als militaristische Ver-

Unwissenheit schützt vor Angst   Die meisten Menschen in der Sowjetunion erfasste keineswegs die panikartige Stimmung, die in den kommenden Tagen im Westen mancherorts um sich greifen sollte. Im Gegensatz zu ihrem Bruder Sergej erfuhr Rada Chruschtschowa nichts von der Politik ihres Vaters. Sie wusste in den Krisentagen nicht mehr als ein Zeitungsleser: »Wir waren damals eine eher unpolitische und in sich geschlossene Gesellschaft. Da gab es bestimmte offizielle Verlautbarungen der Zeitung und natürlich hat uns das beunruhigt. Wir waren auch gewohnt, zwischen oder hinter den Zeilen zu lesen. Aber das berührte uns nicht so sehr. Einen Zustand der Hysterie, wie er dann in Amerika herrschte und wie es mir US-Bürger später erzählten, gab es bei uns nicht. Ich weiß nicht, ob es besser oder schlechter ist, weniger zu wissen und dadurch auch weniger Angst zu haben. Manchmal denke ich, es ist leichter, wenn bestimmte Dinge gar nicht an einen herankommen.« Diese Haltung dürfte damals für die Mehrzahl der Men-

brecherbande.« Selten habe irgendein Land der Welt »so ungeheu-
erliche und verräterische Aggression gegen ein wehrloses Nachbar-
land verübt«. Die Balken-Überschriften forderten: »Unbedingter
Widerstand gegen die Aggression der Kriegshetzer.« Eine heftige
Konfrontation war also in den kommenden Tagen zu vermuten.
Und die Lage auf Kuba? Dort schlug die Kennedy-Rede freilich
hohe Wellen. Manche Kubaner, die von der Ankündigung der Rede erfahren hatten, lauschten gebannt den Radioapparaten. Das
Regime konnte es nicht verhindern: Die »Voice of America« be-
nutzte Mittelwellensender, um die Insel mit ihren Nachrichten in
Spanisch zu überziehen. So war Kennedys Ultimatum an Chruschtschow bald ein offenes Geheimnis. Und mehr noch: Am Ende der
Quarantäne-Rede richtete sich Kennedy direkt an die Kubaner, rief
gar zum Sturz des Despoten auf. »Viele Male in der Vergangenheit
hat sich das kubanische Volk erhoben, um die Tyrannen zu vertreiben, die ihm die Freiheit raubten. Und ich zweifle nicht daran, dass
die meisten Kubaner heute die Zeit herbeisehnen, wenn sie wirklich frei sind – frei von fremder Herrschaft, frei, ihre eigenen Füh-

schen in der Sowjetunion kennzeichnend gewesen sein, wie auch andere Zeitzeugen bestätigten.
   Der Leningrader Jewgenij Pashchenko stellt demnach eher eine
Ausnahme dar:»Menschen, die sich, wie ich, für Politik interessierten,
spürten, was vor sich ging. Dem Volk wurde natürlich nur eine einzige
Sicht auf die Dinge vermittelt, niemand wusste davon, dass auf Kuba
Atomwaffen stationiert wurden, aber das konnte man aus den Verlautbarungen der sowjetischen Regierung herauslesen. Mich hatte besonders ein Film erschüttert, der zu Beginn der 60er gezeigt wurde
und von Hiroshima handelte. Ich stellte mir nun vor, dass in den ersten
Minuten des Krieges alles zerstört werden wird, dass man sich nirgendwo verstecken kann, dass wir alle sterben – und ich war damals
Pionier, habe nicht an Gott geglaubt, aber habe jeden Abend gebetet.
Dafür, dass ich morgens wieder aufstehen kann. Das ist mir bis heute
gegenwärtig.«

rer zu wählen, frei, ihr eigenes System zu bestimmen, frei, ihr eigenes Land zu besitzen, frei zu reden, zu schreiben und zu verehren, ohne Furcht vor Erniedrigung.«

Vielen im Land mag Kennedy damit aus der Seele gesprochen haben, aber der Mehrheit bei weitem nicht. Eher schien es, dass die Menschen aufgrund der Bedrohung von aussen zusammenrückten. Darauf baute Castro. Jeorge Risquet, ein Vertrauter Raúl Castros, berichtet: »Wir gingen in dieser Nacht zu Fidel, er war sehr aufgeregt, er war dabei, die verschiedenen Maßnahmen zu diktieren, war nicht beunruhigt, führte aber auch keine Freudentänze auf«, und er hielt eine 90-minütige Gegenrede im kubanischen Fernsehen. Die Straßen Havannas waren ungewöhnlich leer. Kuba, so der Comandante en jefe, würde niemals abrüsten, solange die USA ihre Aggressionspolitik betrieben. Die Stationierung offensiver Raketen auf der Insel stellte er jedoch in Abrede und erklärte vielmehr: Wir werden uns die Waffen besorgen, die wir wollen, und müssen keinem Imperialisten dafür Rechenschaft ablegen. Ähnliches würde auch in seinem Artikel in der Zeitung *Revolución* stehen. Nach der Rede ihres Máximo Líder gingen Tausende Kubaner mit Fackeln auf die Straße und sangen die Nationalhymne. »Patria o muerte!« – des Schlagwortes bedienten sich sogar Telefonistinnen zum Gruße, bevor sie ihre Vermittlungsbemühungen unternahmen.

Die kubanischen Medien berichteten am kommenden Tag nicht über die Stationierung sowjetischer Raketen, aber über einen drohenden Angriff der USA auf Kuba. Bald sollte auf der Insel das Petroleum knapp werden. Prominente riefen zu Blutspenden auf. In einem Interview sagte Castro: »Wir waren fest entschlossen, gegen die piratenhaften, heimtückischen und aggressiven Aktionen der USA zu kämpfen. Ein Zurückweichen gab es für uns nicht. Um die Wahrheit zu sagen: Es kam uns überhaupt nicht in den Sinn, nachzugeben.« Die verbalen Schwingungen zeugen auch heute noch von Opferkult und Heroismus: »Weder die Familie Castro noch die Familien des kubanischen Volkes haben Angst vor irgendjemandem. Wir, eine kleine Insel, sind sehr entschlossen. Wovor sollten wir Angst haben«, sagt Fidels Bruder Ramón. Der Dichter Joaquín G. Santana relativiert:»Ich glaube, ein großer Teil der Bevölkerung war sich der bevorstehenden Katastrophe nicht bewusst«.

In der Presse der blockfreien Staaten gab es die üblichen antiwestlichen Stimmen – manche warfen Kennedy Kanonendiplomatie vor. Doch es gab auch Kritik an beiden Großmächten, welche die Welt offenkundig als ihr Eigentum betrachteten. In Lateinamerika aber schien Kennedy seinem Ziel, wichtige Meinungsführer auf seine Seite zu ziehen, sehr nahe gekommen zu sein. Und daran lag ihm viel. Ein deutscher Beobachter schrieb: Selbst die»fast berufsmäßig yankee-feindlichen Zeitungen und Organisationen sahen plötzlich eine Gefahr, die in ihren Augen noch größer sein konnte als die Vorherrschaft der Vereinigten Staaten: die Gefahr,

Kundschafter Bobby Die sowjetische Botschaft in Washington wappnete sich am Tag nach der Rede für den Ernstfall. Das hieß: Kontrolle der Notstromaggregate, Ausgangssperre für Botschaftsangehörige, Einsammeln geheimnisträchtiger Dokumente.

Für einen Auftritt vor der UNO befand sich gerade in diesen Tagen das Leningrader Symphonieorchester und ein Ensemble des Bolschoiballetts auf Tournee in den USA. KGB-Männer schwärmten aus, um den Künstlern Sicherheitsinstruktionen zu übermitteln. KGB-Mann Feklisov koordinierte die Maßnahmen in Washington:»Unsere Botschaft stellte eine Wachmannschaft auf. Wir nahmen natürlich an, dass man in die Botschaft eindringen würde, wenn ein Krieg ausbricht. Deshalb brachten wir zusätzliche Schlösser und Riegel an unseren Türen an, insbesondere dort, wo Räume mit Geheimmaterial waren. Außerdem bereiteten wir die Vernichtung von Geheimdokumenten vor. Einige von den Papieren, die wir nicht mehr benötigten, wurden jetzt schon vernichtet, zum Teil auch verbrannt«. Die dadurch verursachte Hektik entging den CIA-Spitzeln vor Ort natürlich nicht und schien für eine Eskalation der Krise zu sprechen.

Es war schon spät am Abend des 23. Oktober, als sich eine einsame Limousine mit verdunkelten Scheiben ihren Weg zur sowjetischen Bot-

dass Südamerika zum Aufmarschgebiet eines Krieges, zum Spielball der Interessen werden könnte. Atombomben und Raketen im Karibischen Meer, eine russische Basis auf Kuba – das war die Negierung all dessen, wofür sie in den letzen vierzig, ja hundertvierzig Jahren gekämpft haben... Die Russen brachten nach Amerika zurück, was man seit 1820 dort ausrotten wollte«, den Kolonialismus in anderen Worten. In vielen Zeitungen war zu lesen, der Kommunismus habe den Bogen überspannt. In Brasilien, Chile und Mexiko – also Ländern, in denen Castro viel Sympathien genoss – erklärten die Regierungen nach den Enthüllungen sogar, wenn Havanna seine Atomraketen nicht aufgeben wolle, sei notfalls Waffengebrauch erforderlich.

Am Morgen nach Kennedys Rede trat die Organisation Amerikanischer Staaten zusammen. Außenminister Rusk legte eine Reso-

schaft bahnte. Der Insasse war niemand anderes als Justizminister Robert Kennedy. Zuvor, um 19 Uhr abends, hatte sein Bruder John F. im Rahmen einer Zeremonie im Weißen Haus die *Proclamation of Interdiction* unterzeichnet. Um 20 Uhr erklärte Verteidigungsminister McNamara, dass die Blockade ab 10 Uhr des darauffolgenden Tages in Kraft treten werde.

Unter diesen Vorzeichen kam es nun zu einem bizarren Treffen. Die Gesprächspartner kannten einander gut, Bobby Kennedy und Anatolij Dobrynin. Es war schon spät, Bobby Kennedy war aufgeregt, geradezu in Rage, und gestikulierte heftig. Er betonte, dass der Präsident nichts von dem Besuch wisse. Dobrynin meint:»Er tat aber nur so, als ob der Präsident ihn nicht gebeten hätte, als wolle er nur seine eigenen Beobachtungen an mich weitergeben. Robert Kennedy sagte mir, der Präsident sei äußerst empört, dass ich, der Botschafter, ihn belogen hätte. Chruschtschow, Gromyko und ich, alle hätten gelogen.«

Dobrynin hatte, ähnlich wie Sergeij Bolschakow, mitunter auch als »Backchannel« für die Kennedys fungiert, denn neben den amtlichen Verlautbarungen gab es immer wieder auch mit dem Botschafter vertrauliche Gespräche über heikle Themen:»Bobby Kennedy warf mir

lution vor, die alles, was bislang über den Tisch der OAS ging, an Brisanz in den Schatten stellte. Washington berief sich auf den Vertrag von Rio aus dem Jahr 1947, als es die Partner ersuchte, über Kuba die »Quarantäne« zu verhängen. Zwei Drittel der Staaten stimmten zu, ohne dass es zu den sonst üblichen Feilschereien kam. Die US-Regierung hatte somit das erwünschte Mandat erhalten, die Blockade offiziell und mit internationalem Rückhalt auszuführen. Aus den Hauptstädten der NATO, CENTO und SEATO-Staaten gingen ebenfalls zustimmende Telegramme ein. Dies war eine Basis, mit der der »Quarantäne«-Plan auch für dramatische Debatten auf UNO-Ebene gewappnet war. Die Herolde des Ex-Comm konnten jedenfalls zufrieden auf ihre Arbeit blicken. Die Auswertung der internationalen Stimmen ergab eine positive Bilanz für Kennedy. Selbst ein weltweit viel beachtetes Blatt der neu-

vor, den Backchannel als Instrument der Täuschung missbraucht zu haben – obwohl ich von den Raketen doch gar nichts wusste!« Die US-Regierung aber zog gar nicht in Erwägung, dass ein so hochrangiger Sowjetvertreter völlig im Dunkeln tappen konnte.

Das Problem für Dobrynin bestand nun aber darin, dass Moskau auch nach der Rede Kennedys keine konkreten Anweisungen und Informationen an die Washingtoner Botschaft geschickt hatte. Bobby hakte nach: »Welche Anweisung haben Sie denn Ihren Schiffskapitänen gegeben, die mit Kurs auf Kuba unterwegs sind?« Daraufhin antwortete Dobrynin nur in Kenntnis der TASS-Meldung: »Soweit ich weiß, haben unsere Kapitäne nach wie vor die Anweisung, Kurs auf Kuba zu halten. Und sie werden sich von keinerlei Drohungen abschrecken lassen. Denn das wäre ja Piraterie, auf offener See die Schiffe eines anderen Staates anzuhalten. Das käme ja geradezu einer Kriegserklärung gleich, wenn sie die Schiffe auf offener See einfach stoppen!« Damit lehnte sich der Botschafter weiter aus dem Fenster als Moskau zu dieser Zeit lieb sein konnte. Robert Kennedy schüttelte nur den Kopf und sagte abwinkend: »Ich weiß nicht, wohin das führt. Aber wir werden Ihre Schiffe stoppen.« Es war ein pessimistischer Abgang.

tralen Schweiz, die *Neue Zürcher Zeitung* bezog eindeutig Stellung: Die Sowjetunion vertrete »den Gedanken der Weltrevolution, des Sturzes ihr nicht genehmer Ordnungen« und habe »ihre aggressiven Absichten gerade durch ihr Vorgehen in Kuba vor aller Welt bewiesen«.

Countdown zum Dritten Weltkrieg

Kuba gegenüber liegt die amerikanische Insel Key West. In keiner Gegend der USA waren in diesen Tagen so viele Waffen stationiert wie auf diesen 18 Quadratkilometern im Atlantik. Selbst der Traumstrand mit seinem lupenweißen Sand unter wogenden Palmen war für die Öffentlichkeit gesperrt. Verteidigungseinheiten der Armee hatten sich hier mit ihren Boden-Luft-Raketen postiert.

Pilot Richard Heyser erinnert sich:»Ich hatte Angst, dass die Halbinsel Florida im Meer versinkt, soviel Heer-, Marine- und Air-Force-Material hatte man hierher geschafft. Man konnte kaum durch Orlando fahren, und sicherlich war das nicht nur hier so.«

Von der Basis Boca Chica aus starteten Düsenjäger ständig zu Kampfpatrouillen über Floridas Küstengewässern. Den ganzen Tag über trafen auf dem Rollfeld riesige Transportmaschinen ein. Sie spieen Soldaten aus, Matrosen, Fallschirmjäger, Waffen – und starteten wieder, um noch mehr herbeizuschaffen. Flugzeuge der taktischen Luftstreikräfte drehten Schleifen über Florida.

Vom Stützpunkt Guantánamo auf Kuba wurden am Tag der Rede Angehörige der Soldaten ausgeflogen. Dreitausend Frauen und Kinder sollten die Garnison verlassen. Sie hatten eine Stunde Zeit zum Packen, nur ein Koffer pro Person. Aufnahmen vom Transport zeigen verängstigte Gesichter.

In aller Welt wurden die US-Streitkräfte in Alarmbereitschaft gesetzt. Mit der Rede des Präsidenten sollte auch hier die militärische Geheimnistuerei ein Ende haben, sollte der anderen Seite klar gemacht werden, dass sie einen schlafenden Riesen provozierte.

Zum ersten Mal seit seiner Einführung 1958 ließ Verteidigungsminister Robert McNamara das Bereitschaftssystem DefCon (Defense Condition) auf Alarmstufe 3 setzen, ausgenommen waren lediglich die US-Luftstreitkräfte in Europa. DefCon 1 bedeutete Kriegseinsatz. Das größte Vernichtungspotenzial unterstand dem Strategischen Luftkommando (SAC). Der Alarm galt nun mehr als 900 Bombenflugzeugen, meist vom Typ B-52, mit nuklearer Fracht. Fast 200 B-47 Bomber wurden auf zivile und militärische Flugplätze verteilt. Entscheidend aber war die Zahl der Flugzeuge, die sich in der Luft befanden. Die Zahl der Starts verfünffachte sich auf 66 Flüge täglich. B-52 Bomber kreisten, ausgerüstet mit Atom- und Wasserstoffbomben, ständig entlang bestimmter Längengrade um das sowjetische Territorium. Logbücher mit der Anleitung zur Startvorbereitung der Interkontinentalraketen wurden ausgegeben. Über hundert dieser IRBMs mit dem Ziel Sowjetunion, mehr als 50 auf U-Booten stationierte Polaris-Atomraketen, unzählige weitere Atomwaffen verschiedenster Art in Europa und im Pazifik standen unter Defcon 3-Alarm. Und das war erst der Anfang.

General Ellie G. Shuler jr. war damals B-52 Wing-Commander, später in leitender Funktion im Hauptquartier der strategischen Luftstreitkräfte. Er erinnert sich an die Stimmung damals: »Etwa 24 Stunden, bevor Präsident Kennedy seine Rede hielt, bekamen wir den ersten Hinweis, dass etwas passieren würde. Wir erhielten die Order, unsere Flugzeuge klarzumachen, beluden sie mit Treibstoff und Waffen. Als der Präsident dann im Fernsehen sprach, klebten wir förmlich an den Bildschirmen. Danach wussten wir, dass es sich um Kuba drehte und dass es ernst wurde.«

Was empfindet man in einem solchen Moment? »Ich hatte Familie. Mein Sohn wurde im April 1962 geboren. Man machte sich natürlich große Sorgen um die Angehörigen. Nach Kennedys Rede sagte ich zu meiner Frau, sie solle ein Überlebenspaket schnüren: Decken, Medikamente, alles mögliche solle sie ins Auto packen, um jederzeit losfahren zu können. Sie sollte die Nachrichten verfolgen und einen kühlen Kopf bewahren. Ich glaube, viele meiner

Kollegen gaben ihren Frauen den gleichen Rat.« Die Angst kreiste aber nicht nur um die Familie. Was würde bei einem Gegenschlag geschehen, wenn atomare Detonationen einige US- Metropolen verwüsteten? Gleich an zweiter Stelle galt die Sorge dem Staatsoberhaupt – bei Ellie G. Shuler jr. zumindest:»Was würde geschehen, wenn es Washington, wenn es unseren Präsidenten treffen würde? Ihn, den Obersten Befehlshaber auszuschalten, wäre einer Enthauptung gleichgekommen, denn er war der einzige Mensch, der dem SAC befehlen konnte, einen Nuklearkrieg zu führen. Wir waren so sehr um ihn besorgt, dass ausgefeilte Operationen geplant wurden, um ihn jederzeit ausfindig machen zu können.«

Nur einmal hatte Shuler Ähnliches erlebt.»Die einzige Erfahrung, auf die wir zurückblicken konnten, war jene, die wir während der ersten Berlinkrise gemacht hatten. Aber selbst damals hatten wir nicht alle Flugzeuge startklar gemacht. Also war es diesmal besonders ernst. Während der Kubakrise verdoppelten wir die Anzahl der B-52, die in der Luft ständig in Bereitschaft waren.«

Und wie stellten sich die Sowjets auf den möglichen Schlagab-

Nukleare Luftflotte Damals konnte das Strategic Air Command etwa 1 500 Flugzeuge mobilisieren, B-47, B-52 und B-58-Bomber. Was sich an Flugzeugen nicht in der Luft befand, konnte innerhalb einer 15-minütigen Vorwarnzeit starten. Ein Teil der Streitkräfte wurde bewusst dezentralisiert, auf Zivilflughäfen verteilt oder unverzüglich auf die Operationsbasen in Europa, Nordafrika und im Pazifik verlegt, um weniger angreifbar und gegebenenfalls vor Ort verfügbar zu sein. In der Luft befindliche Bomber wurden großer Höhe aufgetankt. Übungen wurden eingestellt, Trainingsflüge nicht mehr gestattet.

»Unsere B-52 Bomber waren«, so Shuler,»scharfgemacht wie eine durchgeladene Pistole, voll beladen mit Treibstoff und Waffensystemen. Die Ziele waren zugeteilt, und wir waren bereit, Krieg zu führen.« Über 60 B-52-Bomber stiegen täglich auf, um die Bomberflotte ständig kampfbereit zu halten. In den kommenden vier Wochen (spä-

tausch ein? Wie sahen sie die militärischen Vorkehrungen der USA? Sowjetgeneral Anatolij Gribkov erinnert sich: »Als unser Geheimdienst meldete, dass die nuklearen Streitkräfte der USA in Alarmbereitschaft versetzt wurden, war uns klar, dass es in allernächster Zeit zu militärischen Konflikten kommen wird. Kennedy ordnete eine Mobilisierung von ich glaube 200 000 Mann zusätzlicher Truppen an.« Gleich nachdem Kennedy die Blockade verkündet hatte, sei, so Gribkov, in Havanna ein chiffriertes Telegramm mit der Unterschrift des »Direktors« (Verteidigungsminister Malinovskijs) eingetroffen: »Es steht eine Aggression seitens der USA bevor. Treffen Sie alle Maßnahmen, um eine Invasion gemeinsam mit den kubanischen Truppen abzuwehren.« Die auf der Insel stationierten sowjetischen Soldaten stellten sich auf Krieg ein: Sie hoben Schützengräben aus und begannen die 42 leichten Il-28-Bomber zu montieren. Auch in der Sowjetunion und bei den Bündnispartnern stellte man sich auf den Konflikt ein. Seit Mitte September galt für die sowjetischen Atomstreitkräfte erhöhte Alarmbereitschaft. Voller Alarm bedeutete praktisch Kriegsvorbereitung.

ter auch unter DefCon 2) blieben die Flugzeuge insgesamt 47 000 Stunden in der Luft und legten eine Strecke von 32 Millionen Kilometern zurück: Immer wieder dieselben Routen über Europa und der Arktis, um ganz nah am Feindesland zu sein. »Diese Einsätze dauerten 24 oder 25 Stunden«, erinnert sich Shuler an seine Flüge, »während du die Route abflogst, die vorgeschrieben und mit einem Zeitplan versehen war, veränderte sich deine Zielauswahl. Wir wurden normalerweise zweimal in der Luft betankt, man übernahm jedes Mal etwa 65 000 Liter Treibstoff, je nachdem, wo man sich befand. Schließlich erreichte man einen Punkt an seiner Route, an dem man sich auf den Heimweg machte und an dem eine andere B-52 starten und dich ersetzen würde.«

Es waren jene Maschinen, die im Falle eines Krieges einen vernichtenden Schlag gegen die Sowjetunion ausführen sollten. »Natürlich umfasste die Zielauswahl zuallererst die strategischen Raketenbasen

Verteidigungsminister Malinovskij telegraphierte an Marschall Gretschko, den Oberbefehlshaber der Warschauer-Pakt-Streitkräfte:»Rufen Sie alle Kommandeure der Warschauer-Pakt-Staaten zusammen und lassen Sie die Boden-, Wasser- und Luftstreitkräfte alarmieren«. Am kommenden Tag würde das ZK-Präsidium den Urlaub der sowjetischen Soldaten streichen und die Entlassung Wehrpflichtiger aussetzen, die ihre Dienstzeit beendet hatten.

An Castro schickte Chruschtschow die Nachricht, er werde nicht klein beigeben, sondern sich für alle Eventualitäten rüsten. In Havanna befahl der Máximo Líder seinem Volk, sich auf die Abwehr amerikanischer Invasionstruppen vorzubereiten. Er verkündete die allgemeine Mobilmachung und berief 350 000 Männer und Frauen ein. Damit war die Truppe größer als die Bundeswehr. Der heutige Erziehungsminister und damalige Student Fernando Vecino sagt:»Man muss betonen, dass die Mehrheit der mobilisierten Kräfte nicht zur regulären Armee gehörte, sondern Mitglieder der Reservestreitkräfte, der Milizen waren. Das hieß, dass unsere Truppen hauptsächlich aus Arbeitern, Bauern, Studenten gebildet wur-

und die Langstreckenflugzeuge der Sowjetunion – eben jene Einheiten, die in der Lage waren, die Vereinigten Staaten zu treffen.« Andere Elemente in der Zielauswahl waren Befehlsstellen, generelle Militärziele und zuletzt Industrieanlagen.

Die Aufgabe der Bomberbesatzungen lautete: Wenn der Befehl kommt, muss alles präzise wie ein Uhrwerk laufen:»Wenn man zum Beispiel Einsatzbereitschaft in der Luft hatte und man bekam den Befehl ›Go-Go‹ – hieß das, man sollte sein Ziel bombardieren – dann mussten drei Besatzungsmitglieder den Funkspruch dekodieren.« Die drei waren der B-52-Kommandant, der Pilot und der Radarnavigator, sie mussten voll und ganz darin übereinstimmen, dass der betreffende Befehl ein Angriffsbefehl war. Es gab also eine Mehrfachsicherung – »wenn keine Übereinstimmung herrschte oder wenn der Funkspruch formal nicht korrekt war, dann führte man den Befehl nicht aus, dann gab es eben keinen Angriff.«

den. Damals herrschte eben großer Patriotismus, unser nationales Territorium war in Gefahr«.

Unklare Befehle

Angesichts so gewaltiger Streitkräfte, die gegeneinander mobil machten, stieg das Risiko einer militärischen Konfrontation stündlich. Nur in Europa waren die Frontlinien klar abgesteckt, die Grenzen zwischen den Blöcken klar erkennbar. Wie aber würde es in den kommenden Tagen aussehen, da sich zu Wasser und in der Luft, jenseits von Hoheitsgebieten, gegnerische Kräfte einander näherten? Risiken barg auch die unklare Befehlslage bei einzelnen Akteuren.

Captain Charles R. Calhoun, Kommandant einer Flottille von vier Blockadeschiffen, später im Planungsstab des Pentagon, erinnert sich, wie überstürzt er in den Einsatz geschickt wurde und wie unklar seine Befehle waren. Es begann zwei Tage vor der Kennedy-Rede: »Ich hatte gerade den Besatzungen sämtlicher Zerstörer meiner Schwadron Landgang gewährt – es war gegen elf Uhr morgens am 20. Oktober –, und ich war kaum zwanzig Minuten zu Hause, als das Telefon klingelte.« Am anderen Ende meldete sich ein Captain. Der sagte, er rufe im Auftrag des Oberkommandieren der Atlantikflotte, Admiral Dennison, an, der wissen wolle, wie viele Schiffe Calhoun sofort losschicken könnte. »Vier und weitere vier binnen weniger Tage«, antwortete Calhoun. Darauf befahl der andere, sofort mit zwei Schiffen auszulaufen. Alle weiteren Orders sollte es auf See geben, Geheimhaltung hatte nach wie vor höchste Priorität. Calhoun fragte, ob er nicht die landgängigen Matrosen aufspüren solle. Doch die Öffentlichkeit durfte unter keinen Umständen Verdacht schöpfen, und deshalb wurde ihm davon abgeraten. Calhoun sollte einfach auslaufen und sich nicht um seine Crew sorgen – um die würde man sich kümmern und sie nachschicken. Eines aber wollte Calhoun noch wissen: »Wenn ich an der Seeboje im Charleston-Kanal vorbei bin, dreh' ich dann nach Norden oder nach Süden?‹« Nach Süden, wurde ihm beschieden.»In dem Moment war ich mir ziemlich sicher, dass wir uns auf den Weg Richtung Kuba machen sollten.«

Eine Frage, die sich in diesen Tagen wohl Tausende Soldaten stellten, hieß: Wie sag' ich's meiner Familie? –»Die Nachricht von unserer überstürzten Abfahrt schlug zu Hause voll ein. Meine Frau und meine damals 16 Jahre alte Tochter freuten sich auf ein gemeinsames Wochenende, weil ich gerade erst von einem längeren Törn zurückgekommen war«, erzählt Calhoun. Und dann konnte er nur noch sagen, dass es ihm leid täte, aber schon nicht mehr, wohin er führe und wie lange er wegbleiben würde. Schließlich griff er sich zwei Uniformen im Schrank und den Seesack. Gab es düstere Vorahnungen?»Das war ein ganz schwerer Abschied. In diesem Fall waren meine Frau und meine Tochter besonders unglücklich.«

Dem Kapitän blieb jedoch wenig Zeit für Abschiedsszenen. Sofort lief sein Schiff, die»Vesole«, aus dem Hafen von Charleston aus. Kurz hinter der beschriebenen Boje öffnete er den Umschlag mit dem Einsatzbefehl, der detaillierte Instruktionen enthielt.»Und die waren handfest: Im Kern führte der Einsatzplan alle notwendigen Schritte auf, die im Zusammenhang mit einer Invasion Kubas standen: Der Plan sah die Herstellung der vollen Gefechtsbereitschaft vor, genauer gesagt: die Schiffe bezogen jetzt ihre Positionen, die sie in die Lage versetzen sollten, die Landung durchzuführen, wenn der Befehl dazu kam.« Die Vorwarnzeit für die Invasion schrumpfte damit auf ein Minimum:»Der Einsatzplan deckte alle Einzelheiten für einen tief gestaffelten Angriff auf Kuba ab – mit allen notwendigen Schiffen, Heeres- und Luftwaffen-Einheiten. Und das bedeutete, dass auch Flugzeugträger, Schlachtschiffe, Kreuzer, Zerstörer und Transportschiffe beteiligt waren. Alles in allem ungefähr 100 Marineschiffe. Mir war klar, dass es nur wenige Stunden brauchen würde, um diese Armada in Position zu bringen.«

Jede Einheit, jedes Schiff hatte ihre festgelegte Rolle in dem riesigen Szenario – wie ein Rädchen im Getriebe. Dann kam eine Ankündigung, die weitere Klärung versprach: Durch die Medien sickerte durch, dass der Präsident der Vereinigten Staaten an diesem Abend (22. Oktober) eine Ansprache hält. Dann war es soweit. Die Mannschaften hörten gebannt zu. Calhoun:»Unmittelbar nach der Rede starrten wir uns gegenseitig an und versuchten herauszufinden, was das jetzt genau für uns hieß. Denn wir standen ja an der vordersten Frontlinie und hatten den Präsidenten klar sagen hören, dass wir Schiffe Richtung Kuba abfangen sollten.« Genaue Befehle für diesen Fall führten die Schiffe allerdings nicht mit. Als Kommandierender über mehrere Zerstörer war Calhoun nun ein gefragter Mann:»Commander, was mache ich, wenn ein Schiff Richtung Kuba auf uns zu kommt und es nicht anhalten will?«, so der Kapitän der »Vesole«. Da Calhoun keinerlei Ausführungsbestimmungen von der Marine für einen derartigen Fall in den Händen hielt, sagte er dem Kapitän:»Sie haben doch soeben den Präsidenten der Vereinigten Staaten gehört, der doch immerhin Oberbefehlshaber unserer Streitkräfte ist und der klar erklärt hat, dass sämtliche Schiffe mit Kurs auf Kuba abzufangen seien.« Wenn John F. Kennedy geahnt hätte, wie rasch die Seemänner seine Ankündigung in die Tat umsetzen wollten! »Wir hatten genug Mittel und Waffen, die wir einsetzen konnten. Wenn es also dazu käme, würden wir zuerst die Kanonen in Stellung bringen und dem Kapitän auf der anderen Seite signalisieren, dass wir bereit wären zu feuern. Wenn ihn das nicht beeindrucken sollte, würden wir ihm zunächst einen Schuss vor den Bug setzen, falls das auch nichts nützte, würden wir in sein Ruder schießen.«

Gelegenheit dafür sollte sich bald bieten, wie Calhoun feststellen musste. Kaum 20 Minuten später erreichte ihn ein Funkspruch des Käpitäns vom Schwesterschiff »Newman K. Perry«. Der teilte mit, dass er Kontakt zu einem Frachtschiff hätte, das auf direktem Weg nach Kuba wäre, und er es nun abzufangen gedächte. Calhoun war nun doch mulmig zumute:»Ich riet ihm noch zu warten und bemühte mich sofort um eine Verbindung mit unserem Kommandeur, Admiral McElroy, der in seinem Hauptquartier in Key

West saß.« Und glücklicherweise gelang ihm nicht nur, den Admiral per Funk zu erreichen – was bei einer Entfernung von gut 170 Kilometern beileibe nicht selbstverständlich war –, sondern ihm auch die Dringlichkeit zu verdeutlichen. Auch dieser riet zum Abwarten.»Ab da begann ich mir auszumalen, was jetzt in Key West vor sich ging. Ich konnte mir lebhaft vorstellen, wie Admiral McElroy mit besorgtem Blick zum roten Telefon griff und mit Norfolk, dem Hauptquartier der Atlantikflotte, sprach, Meldung machte und drängte, dass nicht mehr viel Zeit bliebe, bis die ›Perry‹ das andere Schiff aufbrächte. Meine lebhafte Vorstellungskraft versetzte mich auch nach Norfolk, wo irgendein armseliger Offizier vom Dienst entgeistert das Gespräch entgegennahm und wie er dann alles in Bewegung setzte, um Admiral Dennison zu fassen zu kriegen, um diesem wiederum zu übermitteln, was ihm soeben berichtet worden war.« Ungefähr hier endeten Calhouns Überlegungen, hier half nur noch Fantasie weiter. Nach gut zehn Minuten bekam er schließlich eine Antwort aus Key West. Und die Anweisung des Admirals war klipp und klar: Keine Schiffe aufbringen, keine Konfrontation riskieren, bis es konkrete Befehle gab. Und auch für alle zukünftigen Fälle hieß es: abwarten, bis spezielle Anweisungen eintreffen.

Ex-Commander Calhoun ist sich sicher, dass die Navy haarscharf daran vorbeischlidderte, ungewollt einen Krieg auszulösen:»Alles Mögliche hätte passieren können. Bestimmt tausendmal habe ich mir die verflixte Situation vom 22. Oktober vor Augen gehalten. Ich hätte zweifellos dem Kommandeur der ›Perry‹ den Befehl gegeben, das Schiff abzufangen und hätte mich dabei auf der sicheren Seite gewähnt – auf der Basis dessen, was der Präsident gesagt hatte. Dann hätte alles weitere in den Händen von Bill Shepard gelegen, dem Skipper der ›Perry‹.«

Für den Navy-Veteranen, der in vorderster Linie diese Entscheidung zu treffen hatte, waren die fehlenden Ausführungsbestimmungen ein»unvorstellbares Manko in der Planung«: Die Einsatzregeln für die»Quarantäne« wurden vom Präsidenten und seinen Beratern erst am Abend des 23. Oktober konkretisiert, einen Tag erst nach ihrer Ankündigung. »Es ist durchaus möglich, dass sich aus dieser Situation ein folgenreicher internationaler Konflikt hätte entwickeln können. Glücklicherweise ist das nicht geschehen – aber es hat mich damals sehr beschäftigt«, lautet Calhouns Fazit.

Chruschtschow antwortet

Wie aber wurde im Kreml die Rede des Präsidenten aufgenommen? Die erste Stunde des 23. Oktober war bereits verstrichen, da sollte sich in Moskau das Rätsel lüften. In Washington schrieb man noch den 22., und es ging auf 19.00 Uhr zu. Nikita Chruschtschow erhielt aus der amerikanischen Botschaft eine Kopie von Kennedys Ansprache nebst Begleitschreiben. Gegen halb drei Uhr nachts wurde Chruschtschows Referent Trojanovskij zum Telefon gerufen,

Ein russischer Samson? Mythen ranken sich um seinen Namen: Oleg Penkovskij – ein hochrangiger sowjetischer Abwehroffizier, der die Seiten gewechselt hatte und sowohl der amerikanischen CIA als auch dem britischen Geheimdienst SIS seit April 1961 als sprudelnde Quelle für geheime militärische Informationen diente. Er lieferte die sowjetischen Militärhandbücher und Aufnahmen von Truppenparaden, mit deren Hilfe Dino Brugioni und andere Experten des NPIC die Waffen auf Kuba identifizieren konnten. Die Spionageabwehr des KGB aber schöpfte Verdacht, ließ den abtrünnigen Mitarbeiter aber nur beschatten, um eventuell weitere NATO-Agenten aufzuspüren. Dass Hauptmann Penkovskij auch Informationen zur streng geheimen Kuba-Stationierung an die USA weitergeben konnte, ist unwahrscheinlich. Für den KGB jedoch bestand am Tag der Kennedy-Rede jedenfalls kein Zweifel mehr, dass der verräterische »Maulwurf« geplaudert hatte. Höchste Zeit, ihn festzunehmen.

Für den Fall drohender Verhaftung hatte der Spion spezielle Codes

um die dechiffrierten Zeilen von Botschafter Dobrynin aus Washington aufzunehmen. Wer allerdings erwartet hatte, die Kennedy-Rede würde im Kreml wie eine Bombe einschlagen, irrte. Gemessen an den Befürchtungen, die man dort nur wenige Stunden vorher gehegt hatte, wirkten die Worte des US-Präsidenten bei aller ultimativen Deutlichkeit wie eine vorläufige Entwarnung, denn sie bedeuteten vorerst keinen Krieg. »Als Kennedy keine Invasion ankündigte, war das wie eine Einladung zu Verhandlungen«, interpretiert Sergej Chruschtschow die Haltung seines Vaters. Die Blockade-Option habe aus dessen Sicht vor allem Zeitgewinn bedeutet und die Möglichkeit, das Spiel weiter zu treiben. Er schlug vor, »ohne Verzug zu antworten und unsere Entschiedenheit zum Ausdruck zu bringen, auf Gewalt mit Gewalt zu reagieren und zu betonen, dass unsere atomare Faust nicht schwächer ist als die amerikanische.« Chruschtschow entwarf an diesem Abend zwei Antwortschreiben. Die erste an Präsident Kennedy, in der er die Blockade als Verstoß gegen internationales Recht

vereinbart, die er anderen westlichen Agenten per Telefon übermitteln wollte. In der Tat gelang es Penkovskij noch vor der Festsetzung, das Signal auszulösen. Und nun beginnt die Legende: Der Delinquent habe nicht das Zeichen für:»ich bin verhaftet«, sondern auch das für eine militärische Eskalation:»Krieg unausweichlich, ein sowjetischer Angriff steht unmittelbar bevor!« gegeben und damit die Welt womöglich in die Gefahr eines Atomkriegs gebracht. Denn hätte die CIA dies für bare Münze genommen, hätte in der Tat ein präventiver Erstschlag seitens der USA zur Debatte gestanden.

Doch hat laut geheimdienstlicher Quellen beider Seiten der vermeintliche Amok-Spion ein solches Signal nie gegeben. Und ohnedies war ja der Vorgang irgendwo in den Hochsicherheitstrakten der CIA verpufft. Den russischen Samson, der wie jene Figur des alten Testaments den Tempel ein- und die Feinde in den Tod mitreißen wollte, gab es offensichtlich nicht. Nur den tragisch gescheiterten Spion.

verurteilte und erklärte, sowjetische Schiffe würden die Blockade nicht beachten. Die andere war jene an Fidel Castro, dem er versicherte nicht einzuknicken. Danach fuhr Chruschtschow nicht nach Hause, sondern übernachtete in seinem Büro:»Ich wollte bereit sein, um sofort reagieren zu können«, sagte er später.

Es wurde verabredet, den Entwurf für den Brief an Kennedy am Morgen um 10 Uhr noch einmal vorzulegen. Ansonsten galt es, Aufsehen zu vermeiden.»Die Krise hat begonnen, all diese Journalisten und Diplomaten und Spione beobachten uns. Lasst uns zeigen, dass wir nicht nervös sind. Keiner von Euch fährt vom Kreml aus mitten in der Nacht nach Hause. Sie sollen denken, wir liegen alle in den Betten«, habe Chruschtschow den Anwesenden befohlen. Der Kremlchef selbst ging in seine Arbeitsräume, dort stand ein Diwan bereit. Seine Stellvertreter hatten ebenfalls das Privileg, über ein Sofa zu verfügen. Die anderen Präsidiumsmitglieder mussten auf den Sesseln im Sitzungssaal ausharren.

Im Gegensatz zu Kennedy, der das ExComm am 23. Oktober zum offiziellen Krisenstab erklärte, berief der Kremlchef kein Gremium eigens für die Kubakrise. Im Zentrum der Sowjetmacht fielen große Entscheidungen ohnedies in kleinem Kreis, ohne das in der Demokratie übliche Ringen um Mehrheiten. So waren es auch jetzt nur Mitglieder des ZK-Präsidiums, Ressortminister und höchste Militärs, die mitreden durften. Das letzte Wort hatte freilich der Kremlchef, der aus alter Tradition mit weniger Widerspruch rechnen durfte als sein Gegenüber in Washington. Zum engsten Kreis zählten Chruschtschows Stellvertreter Anastas Mikojan, Frol Kozlov, Leonid Breshnev, Aleksej Kossygin – sie waren Mitglieder des ZK-Präsidiums, Außenminister Gromyko und Verteidigungsminister Malinovskij nahmen als Vertreter der entscheidenden Ressorts teil, manchmal auch Marschall Birjuzov als Oberbefehlshaber der Strategischen Luftstreitkräfte.

Am Morgen des 24. legten Chruschtschows Referenten den redigierten Text des Antwortbriefs an den US-Präsidenten vor. Er wurde fast unverändert angenommen. Die sowjetische Nachrichtenagentur TASS gab die Botschaft in verschärfter Form heraus: Man dächte nicht daran, sich dem Ultimatum zu beugen und sich das Recht auf freie Seefahrt nehmen zu lassen, es handle sich um »Piraterie« und eine »Verrücktheit« des »degenerierten Kapitalismus«. US-Botschafter Foy Kohler wurde im sowjetischen Außenministerium vorstellig und erhielt die Texte. In Chruschtschows Brief an Kennedy hieß es: »Ich muss offen sagen, dass die von Ihnen in Ihrer Ankündigung erwähnten Maßnahmen eine ernsthafte Bedrohung für den Frieden und die Sicherheit der Völker darstellen. Die Verfassung der Vereinten Nationen und die internationalen Normen geben nicht einem einzigen Staat das Recht, in einem internationalen Gewässer eine Überprüfung von Schiffen vorzunehmen, die Kuba anlaufen möchten. Wir können den Vereinigten Staaten nicht das Recht der Kontrolle über Waffen zugestehen, die die Republik Kuba zur Stärkung ihrer Verteidigungsfähigkeit benötigt.«

Was Chruschtschow offenkundig nach wie vor vermied, war ein offenes Eingeständnis der Raketenstationierung und weiterhin sprach er von Waffen, die, »welcher Gattung sie auch angehören, ausschließlich zu Verteidigungszwecken bestimmt« sind. Zum Abschluss formulierte er eine Drohung, die nebulös genug gehalten war, um sich nicht auf bestimmte – womöglich militärische Schritte – festzulegen. »Ich hoffe, dass die Regierung der Vereinigten Staaten Verstand zeigen wird und von den durchzuführenden Handlungen Abstand nimmt, die zu katastrophalen Folgen für den Frieden in der ganzen Welt führen können.«

So stand im Resümee des ersten Krisentages in Moskau: Zeit gewinnen. Da keine akute Invasionsgefahr bestand, gab es auch keinen Anlass, General Pliev per Weisung den Einsatz taktischer Atomwaffen zu gestatten. Hätte es konkrete Anzeichen für eine Invasion gegeben, wäre ihm die Erlaubnis möglicherweise erteilt worden – mit den schon beschriebenen Risiken. So aber hatte Verteidigungsminister Malinovskij in der Nacht zum 23. Oktober ein streng geheimes Telegramm an General Pliev auf Kuba senden lassen.

Dies ermächtigte ihn zwar, »unverzüglich Maßnahmen zur Erhöhung der Gefechtsbereitschaft und zur Abwehr des Gegners mit den gemeinsamen Kräften der kubanischen Armee und allen Kräften der sowjetischen Streitkräfte« zu ergreifen, aber »ausgenommen der Mittel (General) Statsenkos und aller Güter (Oberst) Beloborodovs« – das hieß, die atomaren Sprengköpfe hatten bis auf Widerruf in den Silos zu bleiben.

Chruschtschow kam es vor allem darauf an, dass der Aufbau der Mittelstreckenraketen weiter voranging, um dem ursprünglichen Ziel des Fait accompli wenigstens so nahe wie möglich zu kommen. »Die Bauarbeiten für die Abschussrampen mussten fortgesetzt werden. Mit erhöhtem Tempo. Dadurch würden die Amerikaner schon in einigen Tagen in die Situation versetzt werden, die mein Vater von Anfang an geplant hatte. Noch immer hoffte er, dass sich Kennedy mit der unangenehmen Nachbarschaft abfinden würde«, referiert Sergej Chruschtschow die Gedanken seines Vaters.

Etwa 30 Schiffe befanden sich noch auf Kurs Richtung Kuba. Darunter der mit Atommunition vollgestopfte Frachter namens »Aleksandrovsk«, der 24 nukleare Sprengköpfe für die SS-5-Langstrecken-Raketen sowie die 44 noch ausstehenden für die FKR-Cruise Missiles an Bord hatte, daneben vier Frachter, die Trägersysteme für die SS-5-Langstreckenraketen transportierten, außerdem vier Foxtrott-U-Boote, die mit je einem atomar bestückten Torpedo ausgerüstet waren. Chruschtschow beschloss, die »Aleksandrovsk« und die vier U-Boote sollten Kurs auf Kuba halten, die anderen vier Schiffe mit den SS-5-Trägern umkehren in Richtung Sowjetunion. Damit wurde das Risiko eines Zusammenstoßes mit der US-Navy zwar gemindert, aber die »Aleksandrovsk« war eine Höllenmaschine auf Karibiktrip. Es bestand jedoch Hoffnung, dass sie dem Blockadenetz entwischen konnte. Weitere Schiffe waren unterwegs, Tanker beispielsweise. »Um die hatten die Militärs besonders Angst«, berichtet Sergej Chruschtschow, »sie führten Öl mit sich, normalen Treibstoff, aber auch Raketentreibstoff. Schließlich wurde entschieden, sie sollten ihren Weg fortsetzen.« Natürlich sollte von alledem nichts nach außen dringen. Und auf keinen Fall sollte Panik in der Bevölkerung aufkommen. Die ausländischen Beobachter sollten den Eindruck gewinnen, als handhabe man die Angelegenheit im Kreml wie eine Routine-Angelegenheit im Kalten Krieg.

Schon seit Wochen stand für die Kreml-Prominenz ein Theater-Besuch auf dem Plan. Im legendären »Bolschoj« wurde *Boris Godunov* in einer amerikanischen Inszenierung gegeben. Auf der Ebene des gegenseitigen Ensemble-Transfers schien die friedliche Koexistenz zu gedeihen. Chruschtschow entließ die Politbüromitglieder nicht aus der Pflicht, er wollte, dass man in den USA von dem Auftritt erfuhr. Nach der Vorstellung lud er die amerikanischen und die sowjetischen Schauspieler in die frühere Zarenloge ein. Den berühmten amerikanischen Bass hatte er sogar in der Garderobe aufgesucht: »Champagner wurde gereicht. Sie stießen auf den Frieden und die ganze Welt an, auf die freie Stimme und einen freien Himmel über dem Kopf«. Sergej Chruschtschow sagt: »Das sollte ein Zeichen sein: ›Schaut her, trotz der Blockade unterhalten wir uns mit einem amerikanischen Sänger!‹«

Die Blockade

Immer wieder nahmen US-Flugzeuge den Frachter »Aleksandrovsk« ins Visier, andere überflogen dessen Zielhafen auf Kuba, Mariel. Wenn das mit Atommunition vollgestopfte Schiff nicht in den »Blockade-Gürtel« hineingeraten wollte, gab es nur eine Lösung: die Umleitung in den Hafen von La Isabela. Gerade noch rechtzeitig gelang der Coup. Ein Schiff mit so eindeutiger Ladung hätte nicht nur die Bedingungen für eine Aufbringung idealtypisch erfüllt, die Fracht hätte auch aller Welt vor Augen geführt, welch zerstörerisches Potenzial da auf die Zuckerinsel geschickt wurde.

»Nur ein erster Schritt...« US-Präsident Kennedy bei der Unterzeichnung der Blockadeanordnung.

Es gab auch sonst noch genügend Sowjetschiffe, die Kurs auf Kuba nahmen, wenngleich ohne Raketenteile. Kennedy hatte in seiner Rede am 22. Oktober angekündigt, nur solche Schiffe fielen unter die Maßnahmen, »die Ladungen mit Angriffswaffen« mit sich führten. McNamara fügte hinzu: »und dazugehöriges Material.« Doch wo verlief eigentlich genau die Blockade-Linie? Zu-

**»Wir waren für alle Fälle gerüstet – die Blockade und die Invasion.«
(US-Captain Charles R. Calhoun)** Am 24. Oktober ging 800 Kilometer um
Kuba der Blockadegürtel nieder.

nächst plädierten die US-Admiräle für einen Radius von 1440 Kilometern um Kuba. Doch um Chruschtschow mehr Zeit zu lassen,
folgte Kennedy dem Rat, ihn enger zu fassen: 800 Kilometer. Die
Festlegung erfolgte jedoch ohne Benachrichtigung der Sowjets,
was erst zwei Tage später nachgeholt wurde. Nun war sie also lokali-
sierbar, die potentielle Konfliktlinie auf See. Stand nun der gewalt-
same Zusammenstoß bevor? Würden die Sowjets versuchen, die
Blockade zu durchbrechen? Chruschtschow hatte ja in seinen Verlautbarungen dergleichen angekündigt. Und das wiederum würde
Washington nicht akzeptieren können, wollte es nicht an Glaubwürdigkeit verlieren.

Nur eines war sicher: Wo auch immer der erste Schuss fallen
würde, es war der Anfang eines Abenteuers mit ungewissem, vielleicht tödlichem Ausgang. Dessen war man sich im Weißen Haus
bewusst und deshalb grübelte Verteidigungsminister McNamara

173

darüber nach, wie er das potenzielle Schlachtfeld Karibik begrenzen konnte. Nicht von ungefähr sollten die ersten 24 Stunden der Blockade zu den spannendsten der ganzen Krise werden. Eine riesige Armada hatte die US-Navy zusammengezogen. Die Admirale Anderson und Dennison verfügten über fast 2 000 Schiffe in den Gewässern um die Zuckerinsel. 240 Flugzeuge zur Observation gingen an den Start. Für das Abfangen und Durchsuchen sowjetischer Frachter lagen 46 Schiffe in Bereitschaft. Vor Ort zuständig war Vizeadmiral Ward, 30 000 Mann standen ihm für den Blockade-Einsatz zur Verfügung. Und nachdem einige Kapitäne, wie Captain Calhoun schilderte, schon nach der Kennedy-Rede zur Tat schreiten wollten, galt es, die Befehlslage so eindeutig wie nur möglich zu fassen, sollte es nicht zu unerwünschten Zusammenstößen kommen.

»Es war damit zu rechnen, dass das erste sowjetische Schiff am kommenden Tag die Blockadelinie erreicht«, erinnert sich Robert McNamara. »Also wollte ich vom kommandierenden Flottenadmiral Anderson wissen, wie unsere Marine darauf reagieren würde. Er meinte, er würde das Schiff stoppen lassen. ›Auf welche Weise?‹, fragte ich. Er antwortete, er würde es ihnen einfach befehlen. ›Und in welcher Sprache soll das geschehen, in Englisch oder in Russisch?‹ hakte ich nach. Daraufhin wurde Anderson sehr ungehalten. Ich vermutete, dass kein einziger Matrose an Bord war, der russisch konnte. Und woher wollten sie überhaupt wissen, dass die Russen Englisch sprachen? ›Was also macht ihr, wenn die euch nicht verstehen?‹, bohrte ich weiter. Anderson verwies auf die internationalen Flaggenzeichen. Aber wenn sie darauf noch immer nicht reagieren würden? ›Dann werden wir ihnen einen Schuss vor den Bug verpassen.‹ Da hat's mir gereicht, und ich sagte: ›Sie werden ohne meine ausdrückliche Genehmigung keinen einzigen Schuss auf irgend etwas abgeben, ist das klar?‹ Darauf machte Anderson seine berühmte Bemerkung, dass die Marine schließlich seit den Tagen von John Paul Jones Blockaden durchführe. Wenn ich sie nur in Ruhe ließe, würden sie die Angelegenheit erfolgreich über die Bühne bringen.« Noch einmal stellte McNamara seine Position klar: »Ohne meinen Befehl, der direkt vom Präsidenten kommt, wird überhaupt nicht geschossen! Wir wollen hier schließlich keinen Krieg anfangen.« McNamara erklärte, dass dies keine Blockade im üblichen Sinne sei, sondern vielmehr »ein Austausch von Signalen zwischen Kennedy und Chruschtschow«.

Für die Politiker war es also Politik, aber für die Militärs? Admiral Anderson würde sich erst daran gewöhnen müssen, dass »Zivilisten« aufgrund des ungeheuren Risikos mehr als je zuvor in die militärische Steuerung einzugreifen beabsichtigten. Kennedy rechnete dabei sehr wohl mit dem Unmut der Militärs: »Es herrschte die Angst, dass die Navy bei der »Quarantäne« ihre eigene Wege gehen und einen Zwischenfall verursachen könnte, der einen Krieg wahrscheinlicher machte«, so Arthur Schlesinger, »deshalb reagierten Kennedy und McNamara sehr verärgert, als Admiral Anderson einwandte, die Einsatzregeln wären behindernd.« In der Tat reagierten viele Militärs erbost: »Das Manko dieser Administration«, sagt Calhoun, habe in der »Dominanz der zivilen Entscheidungsträger gelegen: das wirkte sich auf sämtliche militärische Belange aus, das heißt, alle Angelegenheiten wurden von Washington aus bis ins Detail geregelt.«

Eine weitere Aussage McNamaras verdeutlicht, worin der Konflikt zwischen den Politikern und den Militärs begründet lag: »Admiral Andersons Job war es, Kriege zu führen. Der Job des Präsidenten und auch der meinige war es, Kriege zu verhindern. Und darum bemühten wir uns. Wir wollten die Raketen loswerden – ohne Krieg.« Auch wenn der Gegensatz in der Realität nicht so eindeutig gewesen sein mag, Spannungen waren vorprogrammiert, und immer wieder sollte sich die Frage stellen, ob die Politiker die militärischen Maßnahmen wirklich steuern konnten. Außerdem mussten nun der Präsident und das ExComm über heikle Fragen entscheiden: Wie sollte man sich verhalten, wenn sowjetische Kapitäne eine Durchsuchung verweigerten und weiter ihren Kurs hielten? Was sollte geschehen, wenn sich die Besatzungen der Schiffe gewaltsam widersetzten?

Aus der Sicht des ehemaligen Sowjetbotschafters in Washington zählte die mögliche Konfrontation auf See zu den gefährlichsten Momenten der Krise. »Da waren wir zum ersten Mal dem Krieg so nahe gerückt wie niemals zuvor in der Geschichte unserer Beziehungen. Das war der gefährlichste Punkt, zumindest was einen physischen, ja bewaffneten Zusammenstoß anbetraf«

U-Boot-Gefahr

Die größte Gefahr aber ging, wie wir heute wissen, nicht von den Schiffen aus, die sich Kuba näherten, sondern von den sowjetischen U-Booten mit Kurs auf die Zuckerinsel. Spekuliert wurde zunächst auf US-Seite, ob sie nicht primär dazu dienten, atomare Sprengköpfe für die Raketen zu transportieren. Doch die eigentliche Bedrohung waren ihre Torpedos, die sie gegen die Blockade-Flotte hätten richten können. Im Zweiten Weltkrieg hatten wenige Dutzend deutsche U-Boote mehr als 600 Schiffe vor der Küste Amerikas versenkt, man kannte also die Wirkung dieser Waffe. Große Marine-Einheiten mit Flugzeugträgern machten sich jetzt – zwanzig Jahre später – auf den Weg, um die submarinen Eindringlinge aufzubringen. Es war die umfassendste U-Boot-Jagd seit der Wende im Atlantik 1942.

Wurde ein sowjetisches U-Boot entdeckt, warf die US-Marine kleine Sprengkörper. »Unsere Anti-U-Boot-Kräfte verwenden kleine Übungswasserbomben, nicht um das U-Boot zu beschädigen oder zu zerstören, sondern um ihm zu signalisieren, dass es auftauchen soll.«, erklärt Garthoff.

Ein in die Enge getriebenes U-Boot aber war eine Gefahr, die niemand einschätzen konnte. Würde die Eskalation womöglich auf See, vielleicht sogar unter Wasser ausgelöst? Am Morgen des 24. Oktober ging ein U-Boot zwischen den Frachtern »Gagarin« und

»Komiles« in Stellung. U-Boot und U-Boot-Abwehr lagen sich lauernd gegenüber. Wie sollten sich die Kapitäne verhalten? In Washington war man sich bewusst, dass das Krisenmanagement auf Wasser gebaut war.

Robert Kennedy sollte später notieren:»Ich glaube, der Präsident wurde in diesen Minuten von tiefsten Zweifeln geplagt. Stand die Welt am Rande der Vernichtung? War es unsere Schuld? Hätte noch irgend etwas anderes getan oder besser nicht getan werden sollen? Er hob die Hand und legte sie über seinen Mund. Er ballte sie zur Faust und öffnete sie wieder. Sein Gesicht wirkte durchfurcht, seine Augen fast grau, mit gequältem Ausdruck.« Dann habe sein Bruder John gefragt:»Gibt es noch irgendeine Möglichkeit, wie wir den ersten Zusammenstoß mit einem russischen U-Boot umgehen könnten?« Es gebe»keine Alternative. Die Marine hat Anweisung, Feindseligkeiten, wenn irgend möglich zu vermeiden, aber wir müssen darauf vorbereitet sein und damit rechnen«, habe McNamara erwidert.

Über seine persönlichen Empfindungen schrieb Robert Kennedy:»Ich hatte den Eindruck, dass wir am Abgrund standen und keinen Ausweg mehr hatten... Tausend Meilen von uns entfernt, im weiten Raum des Atlantischen Ozeans, wurden nun Entscheidungen getroffen. Der Präsident hatte die Richtung bestimmt, aber er konnte das weitere Geschehen nicht mehr beeinflussen. Wir konnten nur noch warten.«

Die Situation hatte sich also bereits dramatisch zugespitzt, und dennoch war die Lage noch kritischer, als beide Kennedys und das ExComm damals ahnten:»Heute wissen wir, dass die U-Boote der F-Klasse für ihren Auftrag mit einem atomar bestückten Torpedo zusätzlich bewaffnet worden waren – für den Fall, dass es zum Krieg kam«, sagt Verteidigungsexperte Garthoff kopfschüttelnd.

Jedes U-Boot vom Typ»Foxtrott« war mit 22 Torpedos bewaffnet. Je einer davon hatte einen Atomsprengkopf. Und die Kapitäne dieser U-Boote sollen die Ordner gehabt haben, im Falle einer taktischen Auswegslosigkeit, diese einzusetzen. Robert

»Wir waren in der Situation von Duellanten.« (U-Boot-Kommandant Nikolaij Schumkov) Sowjetische U-Boote hatten einen Nukleartorpedo an Bord, ohne dass die USA davon wussten.

McNamara erinnert sich heute mit Schaudern an jenen Moment, als US-Schiffe sowjetische U-Boote in Bedrängnis brachten, ja sogar zum Auftauchen zwangen. Ein atomarer Torpedo vermochte eine ganze Flugzeugträgereinheit zu versenken, was Tausende von Toten nach sich gezogen hätte. Dazu Robert McNamara:»Es ist unglaublich, aber wir erfuhren erst Jahre später, dass das U-Boot tatsächlich einen Torpedo mit nuklearem Sprengkopf trug. Für mich ist das unfassbar. Ebenso, was wir dann auch noch erfuhren, dass der U-Boot-Kommandant offenkundig keine Verbindung mit Moskau hatte und üblicherweise auch keine bestand. Unter diesen Umständen hatte er die Erlaubnis zu feuern, wenn er es für nötig hielt. Er allein hätte einen nuklearen Weltkrieg auslösen können. Wir standen kurz davor. Das ist kein Krisenmanagement, um einen Atomkrieg zu verhindern, das war einfach Glück.« Soweit seine Zwischenbilanz der Krise am 24. Oktober. Einer der U-Boot-Kommandanten hat uns seine Geschichte aus jenen Tagen erzählt (vgl. Kasten). Wie groß die Gefahr des Einsatzes von Atomtorpedos wirklich war, ist umstritten. Laut Sergej Chruschtschow waren die U-Boot-Kommandeure vom Stabschef der Flotte mindestens dazu ermächtigt worden – für den äußersten Notfall. Nach anderen Aussagen war die Befehlslage an konkrete Weisungen aus Moskau gebunden. Schon allein die Anwesenheit der Waffen war jedoch ein großes Risiko. Es gab noch weiteres, ebenso wenig kontrollierbares Konfliktpotenzial. Ein Spionageboot der CIA kreuzte in jenen Tagen auf Sichtweite in Küstennähe. Jederzeit hätte es deshalb zu einem Feuergefecht kommen können. Auch das entzog sich der Kenntnis des ExComm. Ein anderes Risiko stellten die von Kennedy am 23. Oktober angeordneten Tiefflüge über Kuba dar. Ging es auch hier in erster Linie um Aufklärung aus der Luft,

Duell auf hoher See   Im Interview berichtet der U-Boot-Kommandant Nikolaj Schumkov von seiner heiklen Mission:

Wie lautete Ihr Auftrag?»Wir sollten vor Kuba in Bereitstellung gehen und weitere Befehle abwarten.«

Funktionierte die Verbindung nach Moskau?»Manchmal war es so, dass wir auf Empfang schalteten, aber gar keine Kommandos kamen.«

Am 22. Oktober hielt Kennedy seine »Blockade-Rede«, woher haben Sie den Inhalt erfahren?»Nicht von Moskau. Bis zum 20. Oktober herrschte rege Unterhaltung im Funkverkehr der Amerikaner Sie unterhielten sich ganz frei. Dann plötzlich, am 21. Oktober, begann der Äther zu schweigen. Zu dieser Zeit stießen wir auch schon mit der Nase auf die amerikanischen Schiffe.«

Und Informationen aus Moskau gab es keine?»Nein, wir erfuhren das meiste erst später – auch, dass Chruschtschow den USA androhte, wenn es zu Akten der Piraterie komme und zu einer Durchsuchung unserer Schiffe, erteile er den U-Booten den Befehl, Schiffe zu

so musste das für die kubanischen und sowjetischen Truppen am Boden bedrohlich wirken und hätte sie provozieren können, das Feuer zu eröffnen. »Diese Flugzeuge, die über uns hinwegflogen, beleidigten uns, aber noch gab es den Befehl zum Schießen nicht.«, sagt der damalige Milizionär Fernando Dávalos. Für den Fall des Beschlusses sah die US-Luftwaffe einen Angriff auf die Abwehrstellungen vor – war ein solcher Schlagabtausch dann noch begrenzbar?

Für Washington stellte sich nun zur Halbzeit der Krise die entscheidende Frage: Würde die Blockade greifen? Nach den barschen Worten Chruschtschows musste man im ExComm davon ausgehen, dass die Linie durchbrochen wird. Und sollten sich die ersten Drohungen der USA nicht als leer erweisen, musste Kennedy gegebenenfalls handeln.

versenken. Das hat er gesagt, als wir schon in der Nähe Kubas waren.«

Und davon wussten Sie nichts? »Nein, wir hatten keine Order und wussten auch nicht, was er da sagte.«

Wurden Sie von US-Verbänden verfolgt? »Auf unserem Kurs wurden Anti-U-Boot-Verbände eingesetzt: ein Flugzeugträger, dem etwa zehn bis zwölf Zerstörer oder Fregatten zugeordnet sind.

Kam es zur direkten Konfrontation? »Die Nacht vom 25. auf den 26. Oktober wurde uns fast zum Verhängnis, beinahe wäre es zu einer Tragödie gekommen. Im Inneren unseres U-Boots war zu hören, wie über uns ein Schiff hinwegstampfte. Und dann eine Explosion. Der folgte eine zweite Explosion an Deck des U-Boots – es schien, als sei eine Bombe explodiert. Das Schiff stampfte vorbei, und jetzt gab es eine Explosion backbord. Das heißt, insgesamt drei Explosionen.«

Hielten Sie das für einen Angriff? »Es war eine Explosion von drei Granaten, ohne dass es zu Zerstörungen kam. Gemäß der internationalen

Auge in Auge

Sowjetbotschafter Dobrynin, in punkto Information von Moskau schmählich im Stich gelassen, musste sich in Sachen Blockade ganz auf das US-Fernsehen verlassen: »Es war eine ungeheure Spannung. Wir sahen, dass der Zeitpunkt für einen Zusammenstoß auf See immer näher rückte. Alles wurde im Fernsehen gezeigt, die Kameraleute filmten aus Flugzeugen und Hubschraubern. Wir sahen, wie unsere Schiffe näher kamen. An ihren Flanken kreuzten amerikanische Kriegsschiffe, die sie bis zu jener imaginären Linie begleiteten. Wir saßen also da und fieberten: jetzt sind es noch zehn Seemeilen, jetzt nur noch fünf Seemeilen. Wissen Sie, das war so, wie wenn man einen spannenden amerikanischen Western anschaute. Natürlich war uns über-

Regeln konnte das auch die Aufforderung zum Auftauchen für ein U-Boot sein.«

Fühlten Sie sich bedroht? »In dem Moment, als das amerikanische Schiff über unser U-Boot hinwegfuhr, betrug der Abstand zu uns etwa zehn Meter. Wenn ich anderthalb bis zwei Minuten später abgetaucht wäre, hätte uns das Schiff in zwei Teile zerschnitten.«

Hätten Sie auch ohne Befehl Moskaus Ihre Waffen eingesetzt? »Um ein Haar, natürlich: Wenn er auf dich zukommt, um dich zu rammen – da musst du dich zurückhalten, um nicht zu befehlen, die Torpedos auf jemanden auszurichten und loszuschießen. Faktisch befanden wir uns zu dieser Zeit mit den Amerikanern in einem Duell. Man weiß, dass der gewinnt, der zuerst losschießt.«

Später entschieden Sie sich dann, aufzutauchen. »Ich tauchte auf, damit das Periskop sichtbar wurde, es war heller Tag. 50 Meter backbord von mir entfernt befand sich ein Zerstörer. Auf dem Deck des Zerstörers stand ein Stativ mit einem Fotoapparat, und sie fotografierten uns. Von uns gingen zwei Mann auf die Brücke, der Signal-

haupt nicht danach, jetzt fangen die Cowboys gleich an zu schießen, so dachten wir.«

Doch weder schoss irgendein Cowboy auf irgendeinen russischen Bären noch zeigte ein solcher seine Zähne. Denn noch am
Morgen des 24. Oktober, wenige Minuten nach der dramatischen Debatte über die Aufbringung sowjetischer U-Boote, ging
im ExComm die Meldung ein, dass vierzehn von 22 Schiffen, die
bislang Kurs auf Kuba gehalten hatten, abdrehten. Heute weiß
man, dass die CIA schon fast 18 Stunden vorher darüber informiert wurde. War sich der Geheimdienst unsicher? Oder warum
zögerte er die Nachricht auf Kosten der angespannten Nerven
im Krisenstab hinaus? Später gab es Spekulationen darüber, dass
der CIA an einer frühen Deeskalation der Krise nicht gelegen
war.

Im Weißen Haus jedenfalls wurde das Abdrehen von Sowjetschif-

maat und ich. In Turnhosen. Unsere Uniform an Bord bestand aus
Turnhosen.«

*Sie standen einander Auge in Auge gegenüber, und es geschah
nichts?* »Ich habe großen Respekt vor den amerikanischen, vor allem
aber unseren Kommandeuren, denn wir befanden uns in einer äußerst angespannten Lage. Und alle haben diese Selbstbeherrschung
gezeigt. Keiner hat es darauf angelegt, Waffen einzusetzen. Diese
Selbstbeherrschung hat sehr dazu beigetragen, dass kein Krieg ent-
facht wurde. Hätte auch nur irgend jemand zu den Waffen gegriffen,
dann wäre eins zum anderen gekommen. Das Resultat hätte man sich
ausmalen können.«

Bestand die Gefahr, dass der atomare Torpedo zum Einsatz kam? »Die
offizielle Order lautete, dass dieser nur auf ausdrücklichen Befehl des
Verteidigungsministers in Moskau eingesetzt werden darf.«

Gab es nach Rückkehr Konsequenzen? »Unsere Befehlshaber machten
uns Vorwürfe, weil wir aufgetaucht waren und uns nicht gewehrt hatten. Aber dann hätten wir allesamt nicht mehr gelebt.«

fen mit großem Aufatmen quittiert und als Teilerfolg gewertet. Was die Ausschuss-Mitglieder nicht wissen, höchstens ahnen konnten – dass in der Tat auch Raketenteile die Rückreise antraten:»Die zwei Regimenter für die SS-5 befanden sich auf dem Ozean, als die Blockade begann«, berichtet Gribkov,»die Schiffe lagen etwa 48 Stunden lang auf der Stelle, dann kam der Befehl zur Umkehr. Deshalb waren auf Kuba nur SS-4-Raketen stationiert und keine Langstreckenraketen. Zwar waren deren Sprengköpfe auf Kuba, aber die Startrampen kehrten um.«

Viel wichtiger war dem ExComm der psychologische Effekt, das scheinbare Einlenken der Sowjets auf See, ein offenkundiger Punktgewinn im Raketen-Poker. Außenminister Rusk sagte:»Wir standen Auge in Auge, und die anderen haben geblinzelt.« Der legendäre Ausspruch hatte seine Vorgeschichte: In Georgia spielte der junge Rusk mit anderen Kindern immer wieder jenes Spiel: Man starrte sich mit weit aufgerissenen Augen an, und wer als erster zwinkerte, hatte verloren. Aus Moskauer Sicht sah das freilich anders aus.»Wir haben alles auf der Insel, was wir brauchen; der Rest wäre lediglich Beiwerk. Dafür lohnt es sich nicht, die Amerikaner zu provozieren«, sagte Nikita Chruschtschow. In der Tat hatten die Sowjets Zeit gewonnen, denn unvermindert setzten sie den Aufbau der Raketen auf der Insel fort. Was die Blockade-Gegner auf US-Seite von Anfang an befürchteten, schien nun einzutreten.

Zudem bestätigte die CIA, dass einige sowjetische Tanker weiter Kurs auf Kuba hielten, wenn auch mit verlangsamter Fahrt. Aufs neue entbrannte der Streit im ExComm, wie vorzugehen sei. Die Falken plädierten für Anhalten und Durchsuchen, Kennedy, McNamara und Dean Rusk hielten dagegen. Im Marinekontrollzentrum herrschte am Morgen des 25. Oktober Hochspannung. Nur noch wenige Minuten würde es bis zur ersten Berührung zwischen einem sowjetischen und einem amerikanischen Schiff dauern. Doch nachdem sich die»Bukarest« als sowjetischer Öltanker zu erkennen gab, durfte sie passieren. Eine Durchsuchung fand nicht statt, und man vertraute der mündlichen Aussage:»Keine verdächtige Ladung an Bord.«

Lediglich die Hardliner um Kennedy hätten gerne genauer gewusst, was die »Bukarest« wirklich geladen hatte. War wirklich nur Öl oder, wie Sergej Chruschtschow andeutet, auch Raketen- oder Flugzeugtreibstoff an Bord? Paul Nitze, der Stellvertreter McNamaras, sagte später:»Wir hätten, so meine ich, das Schiff jagen und entern und damit der ganzen Welt beweisen sollen, dass alles, was die Russen uns bis dahin gesagt hatten, lauter Lügen waren.«

Es sei aber um etwas anderes gegangen, hält dem der frühere Verteidigungsminister Robert McNamara entgegen:»Wir haben dieses eine Schiff durchgelassen, weil wir befürchteten, dass Chruschtschow möglicherweise nicht genug Zeit geblieben war, um all seinen Kapitänen klare Anweisungen zu geben – oder weil vielleicht gerade die Funkverbindung zu eben diesem Frachter nicht zustande kam, der jetzt schon vor der Küste Kubas kreuzte.«

McNamara und Kennedy plädierten deshalb für ein behutsames

Befehl zum Entern Am Morgen des 26. Oktober drohte scheinbar eine erneute Konfrontation, etwa 300 Kilometer nordöstlich von Nassau, Bahamas. Auf US-Seite war ein Zerstörer im Einsatz, der das internationale Flaggezeichen »Oskar November« hisste. In der Seemannssprache hieß das »beidrehen«. Dieses Signal galt nun dem von den Sowjets gecharterten Schiff »Marukla«. Die ganze Nacht über hatte der US-Zerstörer den Frachter beobachtet. Nun gab der Präsident persönlich den Befehl:»Entern und durchsuchen!« Wie würden die Sowjets reagieren? Folgendes geschah:

7 Uhr 24: Entermannschaft steht bereit.

7 Uhr 29: Der US-Zerstörer lässt Beiboot zu Wasser.

7 Uhr 32: Die »Marukla« senkt Bordleiter.

7 Uhr 50: Entermannschaft meldet:»Sind an Bord der ›Marukla‹, keine Schwierigkeiten zu erwarten.«

Vorgehen, weil sie Chruschtschow nicht in eine Ecke drängen wollten, aus der er keinen Ausweg mehr gehabt hätte. So ließ man wenig später auch das Passagierschiff »Völkerfreundschaft« aus der
DDR und ein weiteres Tankschiff passieren. Beide Seiten hatten also ein wenig nachgegeben: »Wir ließen einige Schiffe umkehren,
um nicht zu provozieren, dafür ließen sie einige von uns durch«,
sagt Sergej Chruschtschow rückblickend.

Stimmen aus Bonn

Von der anderen Seite des Atlantiks gab es von einem der Bundesgenossen besonders ermutigenden Zuspruch. »Adenauer meinte,
dass die Amerikaner zu lange geschlafen und auch nicht energisch
genug reagiert hätten. Eine Blockade reiche nicht; das Wichtigste
sei, die Raketen wegzubekommen und die Basen zu besetzen.
Dann könnten die Amerikaner die drohende Niederlage in einen
Erfolg verwandeln, und es könne zu einer richtigen Wende kommen.« So die Überlieferung des außenpolitischen Beraters des ers-

11 Uhr: Das Schiff ist durchsucht, kein Kriegsmaterial an Bord.

Die »Marukla« darf die Fahrt fortsetzen. Dass diese Schiffskontrolle vor
allem der Kosmetik diente, bestätigt Captain Calhoun: »Wir wussten
von vornherein, dass der Frachter, der vom Zerstörer ›Kennedy‹ gestoppt wurde, keine Raketen an Bord hatte. Das war klar. Und es ist
auch wahrscheinlich, dass der Zerstörer ›Kennedy‹ nur wegen des Namens ausgewählt wurde, damit er diese Durchsuchung publikumswirk-
sam ausführt.«
    So kam die Marine doch noch auf ihre Kosten – wenigstens symbo-
lisch. Den Falken im Weißen Haus genügte das nicht. Bei aller Erleichterung darüber, dass die Blockade offenkundig respektiert wurde und
die Sowjets ihre Waffenlieferungen stoppten, blieb die Frage nach
dem weiteren Aufbau der Raketen auf der Insel.

185

ten deutschen Bundeskanzlers, Horst Osterheld. Und das waren keine Worte hinter vorgehaltener Hand, das bekam in jenen Tagen kein geringerer zu hören als der ehemalige US-Außenminister Dean Acheson auf seiner Europa-Reise. Und dem US-Botschafter, Chester Dowling erklärte Adenauer, er sei für beides: die Bombardierung und die Invasion. Auch »der Alte« aus Rhöndorf wusste nicht, wie groß das nukleare Risiko einer Landung damals war.

Der ehemalige Regierungssprecher Karl-Günther von Hase sagt: »Die Bundesregierung hatte ein vitales Interesse daran, dass Amerika – wenn ich das mal primitiv formulieren darf – als Sieger aus dem Konflikt hervorgeht. Ein voller Rückzug oder eine demütigende Niederlage für die USA in dieser Frage wäre auch für unsere Politik sehr gefährlich gewesen«.

In Adenauers Umfeld galt die alte Regel: Von Kommunisten lässt man sich nicht erpressen, und Verhandlungen führt man nur, wenn keine andere Wahl bleibt. Vor diesem Hintergrund überraschte die strikte Haltung des Kanzlers nicht.

Die Gebrüder Kennedy freuten sich über so viel Ansporn, entsprach die harte Linie doch ihrem öffentlichen Konzept. Prompt wurde die Haltung des Kanzlers brieflich gelobt. Insgeheim mussten sie sich jedoch wundern, dass ausgerechnet aus der verwundbaren Bundesrepublik eine solche Stimme kam. Wenn die Lage eskalierte, zählten die beiden deutschen Staaten zu den ersten potentiellen Opfern eines Flächenbrandes. Berlin war die Achillesferse des Westens, das deutsche Territorium Aufmarsch- und Zielgebiet in einem Krieg, der nuklear enden konnte.

Doch die Bundesregierung sah in Kuba womöglich Felle davon schwimmen. Stets hatte sie im Ost-West-Konflikt auf eine Politik der Stärke gesetzt und auf möglichst effektive militärische Abschreckung gedrängt. Die Übermacht der Sowjets aufgrund ihrer konventionellen Waffen, mit all den Panzern, Soldaten und der Artillerie in Europa war enorm. Insofern behielt sich die NATO gemäß ihrer bisherigen Doktrin »Massive Vergeltung« eben diese vor. Damit einher ging die Drohung, auch bei einem bedrohlichen konventionellen Angriff notfalls als erste Macht Nuklearwaffen einzusetzen. Diese Drohung aber war nur dann wirkungsvoll, wenn sie auch glaubwürdig war. Und hier wurde Kuba virulent. Bislang erschien das nukleare Übergewicht der USA so gewaltig, dass ein sowjetischer Erst- oder Zweitschlag gegen die Vereinigten Staaten aufgrund der Unterzahl einem Selbstmordkommando gleichkam. Was aber, wenn nun die Atomraketen auf Kuba blieben, sich die nukleare Balance zugunsten Moskaus verschob. Würde das die Psychologie der Abschreckung nicht untergraben?

Im Jahr 1960 hatte der damals im Ruhestand befindliche General Maxwell Taylor in einem Buch unter dem Titel »Die zitternde Trompete« geschrieben, dass keine Atommacht der Welt bei Gefahr der Zerstörung des eigenen Landes seine Nuklearwaffen zur Verteidigung der Bundesgenossen einsetzen werde. Bundesverteidigungsminister Franz Josef Strauß hatte dies aufmerksam registriert und den von Kennedy wieder ins Amt berufenen Taylor damit konfrontiert, worauf dieser erwiderte: »Was ich in meinem Buch sagte, war meine persönliche Meinung. Ich bin jetzt Vorsitzender der Joint Chiefs of Staff, und was Sie als verbindliche Verteidigungsplanung kennen, ist auch für mich verbindlich.«

Dennoch musste die Kubaaufrüstung Bonn nachdenklich stimmen und alte Zweifel an der Doktrin der »Massiven Vergeltung« schüren. Das immer wieder befürchtete Gleichziehen der Sowjets bei den strategischen Waffen schien nun schlagartig Realität zu werden. So hatte Strauß schon früh dafür plädiert, die Atomstreitmacht des Westens zumindest ansatzweise auf mehrere Schultern zu verteilen und dass Briten und Franzosen neben den USA wenigstens über kleine Kontingente verfügen. Die Bundeswehr sollte zumindest Trägersysteme für taktische atomare Sprengköpfe erhalten, also nukleare »Teilhabe«.

Diese war auch während der Kuba-Krise gegeben. Damit war die zweite Republik freilich keine Atommacht. Die Verfügungsgewalt – auch über die taktischen Waffen – lag bei der NATO, namentlich der USA, »praktisch hatten nur die Amerikaner die Schlüssel, um

die Geschütze gefechtsbereit zu machen« erinnert sich Generalleutnant a.D. Schnez,»die Deutschen hätten zielen müssen, hätten
auch fliegen müssen, auch Bomben abwerfen müssen«. Aber
scharf machen konnten die Waffen nur die Amerikaner.

Bedingt abwehrbereit

Doch nicht nur das Thema Raketen und Kuba dürfte dem Bundesverteidigungsminister während der Krise Kopfzerbrechen bereitet
haben. Denn ganz unvermittelt wurde auch die Hansestadt Hamburg zu einem besonderen Schauplatz jener Tage. Ein Nachrichten-
magazin geriet in die Schusslinie der Justiz.»Auf eine merkwürdige
und vertrackte Weise war die größte Menschheitskrise mit einer relativ bescheidenen Krise in der Bundesrepublik verbandelt worden«, stellt der *Spiegel*-Herausgeber 35 Jahre später fest. In der
Nacht vom 26. auf den 27. Oktober 1962 erfolgte auf Anordnung
des Ermittlungsrichters beim Bundesgerichtshof in Karlsruhe die
Durchsuchung der *Spiegel*-Redaktionsräume in Hamburg und
Bonn. Neben Rudolf Augstein wurden mehrere leitende Redak-
teure dem Haftrichter vorgeführt. Augstein selber sei in Kuba, hieß
es an offizieller Stelle, womöglich um die Aura des „Verrats" zu unter-
suchen. Sein Stellvertreter und Militärexperte des Magazins Conrad
Ahlers hingegen weilte tatsächlich im Ausland, befand sich in Süd-
spanien auf Urlaub. Er wurde vor Ort vorläufig festgenommen und
beim Eintreffen in Frankfurt am Main von der deutschen Polizei
verhaftet. Dass sich Verteidigungsminister Franz Josef Strauß
höchstpersönlich bei der Heimholung des *Spiegel*-Mannes einschal-
tete, wurde erst später bekannt. Hintergrund war folgender: In der
Spiegel-Ausgabe vom 10. Oktober 1962 hatte Ahlers über ein NATO-
Manöver vom September berichtet und dabei die Bonner Verteidi-
gungspolitik heftig kritisiert. Der *Spiegel* wurde verdächtigt, sich
rechtswidrig militärische Geheimnisse verschafft und diese unter
Gefährdung der inneren und äußeren Sicherheit preisgegeben zu

»Deutschland hätte zu den ersten Schlachtfeldern gezählt.«
(Sergej Chruschtschow) Auf dem Boden der Bundesrepublik stationierte
taktische US-Nuklearwaffe »Matador«.

haben. So stand ein nicht unmaßgeblicher Teil der Augstein-Mannschaft unter dem Verdacht des publizistischen Landesverrats, der landesverräterischen Betätigung und der aktiven Bestechung. Manche Zeitgenossen meinten, die Verhaftung fände nicht zufällig während der Kubakrise statt. Jedenfalls stellte sich bald als Tatsache heraus, was Strauß anfangs leugnete. Er hatte sich unter Umgehung ansonsten üblicher Dienstwege persönlich für Ahlers sofortige Verhaftung eingesetzt.

Die Hintergründe der *»Spiegel*-Affäre« würden hier den Rahmen sprengen. Für die damalige Atmosphäre bezeichnend waren vielmehr bestimmte Passagen des Artikels, der zum Gegenstand des Anstoßes wurde. Er trug den Titel »Bedingt abwehrbereit«. Die *Spiegel*-Käufer am 10. Oktober konnten lesen, womit sie rechnen mussten, wenn in Europa ein Atomkrieg tobte – ohne zu ahnen, dass nur zwölf Tage später die Bedrohung akut werden würde.

Das Horrorszenario ging aus dem Bericht über die im September abgehaltene NATO-Übung »Fallex 62« hervor, den Ahlers verfasste. Dieses Planspiel ging von einem sowjetischen Atomüberfall auf Militäranlagen der NATO aus – gefolgt von einem westlichen Gegenschlag. Wörtlich hieß es in dem Beitrag: »Der Dritte Weltkrieg begann an jenem Freitag vor fast drei Wochen in den frühen Abendstunden. Die Manöverleitung ließ eine Atombombe von mittlerer Sprengkraft über einem Fliegerhorst der Bundeswehr explodieren. Weitere Anschläge gegen die Flugplätze und Raketenstellungen der NATO in der Bundesrepublik, in England, Italien und der Türkei folgten. Etwa zwei Drittel der westlichen Atomwaffenträger blieben intakt. Die 14-tägige Spannungszeit, die dem russischen Papierangriff vorausging, war von der NATO genutzt worden, um ihre Raketen zu tarnen und einen Großteil ihrer Flugzeuge ständig in der Luft zu halten oder auf vorbereiteten Ausweichplätzen zu stationieren. Aber auch der sofortige Gegenschlag dieser NATO-Verbände konnte die rote Aggression nicht im Keim ersticken. Der Osten behielt genügend Divisionen und Atombomben, um seinen Angriff voranzutreiben. Nach wenigen Tagen waren erhebliche Teile Englands und der Bundesrepublik völlig zerstört. In beiden Ländern rechnete man mit zehn bis fünfzehn Millionen Toten. In den Vereinigten Staaten, die inzwischen von mehreren sowjetischen Wasserstoffbomben getroffen wurden, waren die Verluste noch größer. Das Chaos war unvorstellbar.«

So viel zum Szenario, das *Spiegel*-Leser und alle, die sich von ihnen berichten ließen, vor Augen hatten. Nicht nur, dass von zig Millionen Toten die Rede war, auch der Zivilschutz, Bevorratung, ärztliche Versorgung und sanitäre Vorkehrungen hatten sich als völlig unzureichend erwiesen. Hinzu gesellte sich das Bild von einem totalen Verkehrschaos und dem Zusammenbruch wichtigster Kommunikationssysteme. Auch die Vorbereitungen zur Mobilmachung der Bundeswehr und ihre Kampfstärke schienen unter der Bedingung einer atomaren Kriegführung und eines energischen Angriffs des Warschauer Pakts ungenügend – deshalb »bedingt abwehrbereit«.

Hamstern und Horten

So konnten sich die Bundesbürger ausmalen, was passieren würde, sollten es die beiden Großmächte auf einen nuklearen Schlagabtausch ankommen lassen. Wenige Stunden nach Ankündigung der Quarantäne-Rede Kennedys waren laut einem Bericht »fast sämtliche Lebensmittelgeschäfte im Bonner Prominentenviertel auf dem Venusberg ausverkauft«. Wieder einmal hieß es in Deutschland Hamstern und Horten. Apotheken meldeten erhöhten Absatz von Verbandpäckchen und Brandsalbe, auch Kalktabletten waren gefragt, da Kalk angeblich gut gegen radioaktives Strontium sei. Im Hamburger Viertel St. Pauli, hieß es, sei die Nachfrage für Revolver und andere Schusswaffen gestiegen. Vor allem auf Supermärkte und Selbstbedienungsläden gab es einen regelrechten Ansturm. Grund dafür mag nicht nur das umfangreichere Sortiment gewesen sein, »die Menschen fürchteten einen erneuten Ansturm der Russen und scheuten sich doch, bei ihrem Krämer als Hamster erkannt zu werden«, hieß es im *Spiegel.*

Solchen Kaufrausch aber gab es auch nach Ausbruch des Koreakrieges und während der Suezkrise 1956, weniger allerdings beim Mauerbau '61. Beim Ausbruch der Karibikkrise gab es nicht nur Kauf-, sondern auch Goldrausch. Die Deutsche Gold- und Silberscheideanstalt setzte ihren gesamten Lagerbestand ab und notierte Vorbestellungen für zwei Millionen Mark, der Preis für 20-Mark-Goldstücke zog an, und ein paar kluge Zeitgenossen transferierten Teile ihres Barvermögens sogleich in die Schweiz. Freilich blieben auch die Börsen nicht verschont. Die westdeutschen Kurse sanken auf einen neuen Tiefstand. Es gab seinerzeit zwar noch keinen DAX, dafür aber den so genannten FAZ-Index, der innerhalb von zwei Tagen von 193,38 Punkte auf 133,46 Punkte fiel. Stark betroffen war auch die Volksaktie, damals VW.

»Gibt es Krieg?« fragte die *Münchner Abendzeitung.* Eine Antwort gab die Hamburger *Zeit:* »Krieg ist seit Montag möglich.« Menschentrauben bildeten sich vor Zeitungskästen, und überall, wo es einen

Fernseher gab, herrschte gespannte Geselligkeit. Manche mochten sich an den Krieg erinnert fühlen, als im Radio Sondermeldungsfanfaren ertönten. Sogar die Bundespost geriet in den Sog der Krise. Ihrem telefonischen Nachrichtendienst musste sie zusätzliche Rufnummern zuteilen, weil die Leitungen blockiert waren. Auch das Bundesministerium des Innern (BMI) trat in Aktion. Minister Höcherl ersuchte die Landesregierungen, mindestens einen Beamten des höheren Dienstes für den Zivilschutz rund um die Uhr in Bereitschaft zu halten. Hessen verhängte gar eine Urlaubssperre für Beamte des betreffenden Ressorts. Aus München berichteten Reporter, dass das Stadtoberhaupt nach zwei Sondersitzungen verfügt habe,»im Rathaus an einem noch geheimgehaltenen Ort ein Sofa aufzustellen, damit in jeder künftigen Weltkrise an der Isar immer ein Fachmann, und sei er im Pyjama«, auch während der Nacht zur Verfügung liege. Und wie stand es um die Zivilschutzmaßnahmen? Kein Land der Welt war wirklich gegen einen Nuklearkrieg gewappnet, auch nicht die Bundesrepublik. Die Vorkehrungen dienten höchstens zur Beruhigung der Nerven – oder auch nicht. In Bielefeld und Hamburg tönten in jenen Tagen auf einmal die Sirenen. Menschenaufläufe waren die Folge. Die Ursache lag in einer technischen Störung. Die Luftwarnämter hatten technische Überprüfungen der Sirenen angeordnet. Dabei wurden versehentlich Alarme ausgelöst.

Das BMI hatte die Berlinultimaten Chruschtschows und den Mauerbau zum Anlass genommen, entsprechend dem militärischen»Mobilmachungskalender« auch einen Zivilen Alarmplan (ZAP) aufzustellen. Dieser sollte den Verwaltungen als Leitfaden dienen. Ein Beamter des Innenministeriums war eigens zum Auswärtigen Amt und zur deutschen NATO-Vertretung nach Paris abgeordnet worden. Die ursprünglich bei der Deutschen Forschungsgemeinschaft eingerichtete Kommission zum Schutz der Zivilbevölkerung gegen ABC-Angriffe wurde 1962 beratend beim Bundesminister des Innern tätig. Zahlreiche NATO-Übungen hatten peinliche Lücken offenbart, auch in der Notstandsgesetzgebung. Bonn hatte in Westberlin wegen der alliierten Rechte nicht die Souveränität, und im Bund reichte der

Arm des Notgesetzes auch nicht weit. Auch hier hatten die Sieger-mächte Vorbehaltsrechte für den Krisenfall, zum Schutz ihrer eigenen Truppen. Die große Debatte über die »Notstandsgesetzgebung« stand noch aus, sie kam Jahre später mit der Großen Koalition. Anfang der sechziger Jahre gab es nur ein Paket von Entwürfen »einfacher« Gesetze und vorsorgliche »Notverordnungen«, die allerdings mit der Verfassung nicht in Einklang standen. Sie lagen für den Ernstfall in den Panzerschränken des BMI, etwa vierzig so genannte »Schubladen«-Gesetze. Das war brisant, denn immerhin ging es auch um die Einschränkung von Grundrechten im Verteidigungsfall.

Bei so viel Provisorien war guter Rat teuer, als die Kubakrise zu eskalieren drohte. In der Nacht zum 24. Oktober, als sich entscheiden sollte, ob die sowjetischen Frachter in der Karibik beidrehen oder gewaltsam von den USA gestoppt würden, machten sich Bonner Sonderkuriere auf den Weg. Im Gepäck hatten sie den schon weitgehend ausgereiften Entwurf des Zivilen Alarmplans und zahlreiche Exemplare von Schubladengesetzen. »Ihr Auftrag war, die Dokumente in die Landeshauptstädte und von dort zu den Bezirksregierungen zu bringen – damit im schlimmsten Fall überhaupt ein halbwegs geregeltes staatliches Reagieren möglich war«, heißt es im Erinnerungsbuch des BMI. »Wohl keiner der Beteiligten wird diese Stunden vergessen«, steht dort weiter. Für den riesigen Bunker der Bundesorgane im Aartal existierten damals nur Pläne, der Baubeginn erfolgte nach der Kubakrise. Die Regierung aber wollte selbstverständlich beschwichtigen. Als entschieden wurde, die noch nicht ausgereiften Notstandsgesetze wenigstens im Kabinett eiligst zu beraten, wiegelte Bundespressechef Karl-Günther von Hase ab, dies stehe »nicht mit der akuten Lage« in Verbindung.

Deutsch-Deutsche Schicksale

Tage der Angst vor dem Dritten Weltkrieg sind vielen Menschen in Erinnerung geblieben. Und die Kubakrise gehört zu den einpräsamsten Ereignissen des vergangenen Jahrhunderts, was wir in Interviews in den Alten und Neuen Bundesländern feststellten. Mein Kollege Ekkehard Kuhn, der am 3. Oktober 1962 heiratete, kann sich noch heute an alle Einzelheiten erinnern. 1945 hatte er die Flucht erlebt, in den fünfziger Jahren floh er aus der DDR. Eine ganze Kiste Sekt war den beiden Frischvermählten vom Fest geblieben. Am 23. Oktober, am Tag nach Kennedys Rede, begannen sie Abend für Abend – einem Countdown gleich – Flasche für Flasche zu köpfen. »Wir dachten wirklich, dass unsere Tage gezählt waren.« Die Zeitzeugin Ute Hermann erinnert sich, wie ihre Mutter sie auf den Tisch setzte und ihr unter Tränen sagte: »Kind, es gibt wieder Krieg«.

In die DDR schwappten die Informationen vom Westen herüber: »Wir hatten Westfernsehen in Erfurt damals und bekamen diese Luftaufnahmen aus Kuba zu sehen«, erinnert sich Heidelore Koppenhagen. Ihr künftiger Mann Wolfgang war damals Feldwebel bei der NVA: »Es gab Urlaubsbeschränkung, und da dachten wir ›Was ist denn nu schon wieder los?‹«. Die erste Schlussfolgerung beider aus der nahenden Krise lautete: Eheschluss. »›So, jetzt heiraten wir‹, haben wir uns gesagt«. Dann kam der Alarm, erhöhte Gefechtsbereitschaft, mitten in der Nacht: »Mein Mann ist hoch geschreckt, hat sich auf gut deutsch in die Uniform geschmissen, auf sein Moped gesetzt und weg war er«. Ein Treffen gab's nur noch am Kasernentor. Wolfgang Koppenhagen berichtet, wie die Truppe eingeschworen wurde, was seiner Frau die Tränen in die Augen trieb: »Da kam er von einer Veranstaltung im Club der Kaserne, wo die Stimmung angeheizt war, und viele haben da geschrieen ›Auf nach Kuba‹, wir waren beide schockiert, ich fragte mich, ›sehen wir uns überhaupt wieder?‹, bin nach Hause gefahren und habe fürchterlich geheult.«

Schlimm war es dort, wo Familien geteilt waren, wo es Söhne gab, die in den gegnerischen Armeen dienten; der eine in der NVA, der andere in der Bundeswehr. »Wir dachten, um Gottes willen, die werden doch nicht aufeinander schießen müssen.«

Werner Dengler, damals Leutnant bei einem Fernmeldebataillon der Bundeswehr, machte eine ganz spezielle Erfahrung mit so genannten alten Kameraden:»Zunächst einmal waren zwei Kompaniechefs, Weltkriegsteilnehmer, plötzlich verschwunden. Die meldeten sich dann nach zwei bis drei Stunden aus Rothenburg/Hannover. Die müssen irgendwelche Angstzustände bekommen haben und ließen ihre Kompanien da am Lüchow-Dannenberger Zipfel, nahe der DDR-Grenze zurück – die waren plötzlich führungslos.« Bei dieser einen Fluchtbewegung blieb es nicht:»Es war dunkel, und Zivilisten, die ja diesen hektischen Aufbruch der Soldaten mitbekamen und sicher ständig Radio hörten, brachen ebenfalls auf und schlossen sich den Fahrzeugen Richtung Westen an«, berichtet Dengler.

Nach einem Erfahrungsbericht des damaligen Generalinspekteurs der Bundeswehr, Friedrich Foertsch, wurden während der Kuba-Krise weder von der NATO, noch von nationaler Seite offizielle Bündnis-Alarmstufen oder -Maßnahmen ausgelöst. Für die Bundeswehr, so der damalige Verteidigungsminister Franz Josef Strauß in seinen Memoiren, wurden lediglich Vorbereitungen zur Einberufung von 50 000 bis 60 000 Reservisten getroffen. Laut Foertsch wurde ein ständiges Alarm- und Lagezentrum eingerichtet, Maßnahmen für verstärkten Objektschutz eingeleitet und logistische Vorbereitungen für den Ernstfall vorangetrieben. Alles in allem zeigte sich die Absicht, die Lage nicht weiter zu dramatisieren.

Der neuralgische Punkt aber war und blieb Berlin. Das bereitete nicht nur in Washington und Bonn, sondern vor allem vor Ort selbst Kopfzerbrechen. Im Schöneberger Rathaus, Amtssitz des Westberliner Regierenden Bürgermeisters, häuften sich die Krisensitzungen. Willy Brandt und seinem Freund und Sprecher Egon Bahr war bewusst, dass Chruschtschow die geteilte Stadt in der Krise als Druckmittel zur Ablenkung oder Vergeltung benutzen konnte. Die USA warnten vor einer neuen Berlinblockade und prüften Möglichkeiten für eine neue Luftbrücke. Brandt ließ Kennedy mitteilen, dass er alle Entscheidungen Washingtons in Bezug auf Berlin akzeptieren würde. Egon Bahr erinnert sich lebhaft an die aufregenden Tage im Schöneberger Rathaus: »Vielleicht müssen wir uns demnächst warme Socken und Unterhosen mitbringen«, habe Brandt ihm gesagt. Es gab allerdings noch ganz andere Pläne. »Ernsthaft überlegten wir zum ersten Mal, ob in einer Situation, in der es um alles geht, wir über alle erreichbaren Sender zum Aufstand in der Zone aufrufen sollten.« Nicht nur die Bürger, sondern auch die Volksarmee. Die NVA-Soldaten sollten »Befehle zum Einsatz gegen Berlin verweigern und die Gewehre umdrehen. Wir waren 1962 überzeugt, ein solcher Aufruf wäre befolgt worden, hätte mindestens ein Instrument unbrauchbar gemacht und sowjetische Streitkräfte gebunden, vielleicht hätte man für Verhandlungen wichtige Stunden gewonnen. 1990 hat mir der Oberbefehlshaber einer der drei Teilstreitkräfte der NVA das sogar bestätigt.«

Dass derlei Ideen im Westberliner Rathaus kursierten, wirft ein Licht auf die heikle Lage in der Stadt damals. Es kam nicht von ungefähr, dass Schüler und Studenten aus Westdeutschland, die sich in Berlin aufhielten, von ihren Eltern aufs Heftigste bedrängt wurden, sich schnellstens auf die Heimreise zu begeben. Der Westberliner Hans-Jürgen Feder hingegen stellte sich darauf ein, mit seiner Familie die Stellung zu halten: »Mutter sagte zu Vater: ›Bau im Keller ein Regal, wir wollen Lebensmittel einlagern‹. Wir holten Konserven, aber auch Streichhölzer und Kerzen, denn das war ja im Zweiten Weltkrieg schon ungeheuer wichtig, weil wir ja kein Strom mehr hatten in Berlin.« Erinnerungen an schlimme Zeiten wurden wach.

Sie konnten ja nicht wissen, dass Chruschtschow zu dieser Zeit gar nicht daran dachte, irgend etwas gegen Berlin zu unternehmen. Als Gromykos Stellvertreter Kusnezov ihn fragte, ob man angesichts der US-Blockade nicht in Berlin aktiv werden müsse, sei der Kremlchef explodiert: »Da haben wir das eine Abenteuer noch nicht überstanden, da kommen Sie mir schon mit dem nächsten«, berichtet Oleg Trojanovskij.

Eklat vor der UNO

Als weltumspannende Organisation zur Kriegsverhütung und zur Wahrung des Friedens war die UNO aufgerufen, zur Kuba-Frage Position zu beziehen, zumindest den Krisen-Kontrahenten ein internationales Podium zu bieten. Selbstverständlich konnte keine Seite davon ausgehen, sie könne irgendwelche Sanktionen gegen den anderen durchsetzen, denn der Weltsicherheitsrat umfasste seinerzeit fünf ständige Mitglieder (neben Nationalchina, die USA, Frankreich, Großbritannien und die Sowjetunion, die zugleich Protagonisten der Ost-West-Kontroverse waren. Hinzu kamen sieben nicht-ständige Mitglieder, die für jeweils zwei Jahre aufgrund eines regionalen Verteilungsschlüssels gewählt wurden. Eine Schwäche dieses Gremiums hatte sich von Anfang an offenbart und trat insbesondere während des Kalten Krieges deutlich zu Tage. Beschlüsse im Sicherheitsrat waren praktisch nur in den Fällen möglich, die nicht direkt die vitalen Interessen einer der Großmächte tangierten. Durch ein Veto konnten etwa die UdSSR oder die USA jede Resolution verhindern. Während der Koreakrise konnte die Volksrepublik China nur deshalb offiziell zum Aggressor erklärt werden, weil die Sowjets dem Rat demonstrativ fern blieben (was sich dann für sie als taktischer Fehler herausstellen sollte. Grund für den Boykott war, dass Maos Regime noch nicht als Vertretung für China akzeptiert war.) So war die erste friedenserhaltende Aktion der UNO eine primär von der USA getragene militärische Unterstützung Südkoreas. Mehr als zehn Jahre danach, im Kubakonflikt, waren Schuldzuweisung nicht nur schwieriger, sondern nun standen sich die beiden Großmächte direkt gegenüber.

Sowohl Kennedy als auch Castro nutzten im Vorfeld der Krise die UN-Vollversammlung als Forum. Die USA warnten Castro vor einer räumlichen Verteilung offensiver Waffen, der Máximo Líder ließ seinen Präsidenten das Gespenst vom drohenden Dritten Weltkrieg an die Wand malen, wonach die Kubaner sich notfalls auf ihre »unabdingbaren Waffen verlassen« könnten. Nach der Kennedy-Rede wurde es allerdings ernst. Der UN-Sicherheitsrat in New York trat zu einer Sondersitzung zusammen. Washington und Moskau legten am darauffolgenden Tag Resolutionen vor. Der US-Text enthielt die Forderung nach einem sofortigen Abbau der Angriffswaffen unter internationaler Kontrolle als Vorbedingung für eine Aufhebung der Blockade und für Verhandlungen. Die Sowjets verurteilten ihrerseits die Blockade und verlangten ihre Aufhebung als Vorbedingung für Verhandlungen. Es kam zur Abstimmung, die einmal mehr zeigte, wie wenig das Gremium für derart heikle Beschlüsse taugte.

Wer der UNO eine Rolle zuweisen wollte, musste es also geschickt angehen. Dies versuchte der damalige birmanische UN-Generalsekretär Sithu U Thant (1961-1971). In gleichlautenden Schreiben bat er Kennedy und Chruschtschow, zum einen die Blockade und mögliche Angriffspläne, zum anderen die Waffentransporte und Raketenaufbau für jeweils zwei Wochen auszusetzen, um so Zeit für notwendige Verhandlungen zu schaffen. Chruschtschow

Stevenson versus Sorin Der US-Gesandte Stevenson fragte den UN-Botschafter Moskaus Valerian Sorin im Sicherheitsrat:»Lassen Sie mich Ihnen eine einfache Frage stellen: Leugnen Sie, Botschafter Sorin, dass die UdSSR Mittelstreckenraketen und Interkontinentalraketen auf Kuba aufgestellt hat und noch immer aufstellt. Ja oder nein? Warten Sie nicht erst die Übersetzung ab. Ja oder nein?«

Das war eine für UN-Verhältnisse sensationell stramme Anfrage. Normalerweise gab zuerst jede Seite meist in epischer Breite eine Stellungnahme ab, bevor nach der nicht minder epischen Übersetzung die andere Seite zur Gegenrede ausholen durfte. Anfangs versuchte Sorin sich noch zu wehren:»Ich bin hier nicht in einem amerikanischen Gerichtssaal, Sir, und deshalb möchte ich keine Frage beantworten, die mir wie durch einen Ankläger vorgetragen wird. Sie werden ihre Antwort schon rechtzeitig erhalten.«

Danach aber Stevenson:»Sie stehen vor dem Gericht der Weltöffentlichkeit, und Sie können jetzt gleich antworten: Ja oder nein? Sie

fiel es später leicht, dieser Bitte Folge zu leisten, denn die Waffen befanden sich ja bereits auf Kuba und weitere Lieferungen hatte er ohnedies zurückgerufen. Die USA würden zwar den Geist des Schreibens begrüßen, den Vorschlag jedoch ablehnen:»Die Bedrohung des Frieden sei durch die heimliche Stationierung von Angriffswaffen entstanden, und diese gelte es zunächst zu beseitigen.« Doch erst am Tag darauf kam es zum theatralischen Höhepunkt vor der UNO. Auch am 25. Oktober hatten die Sowjets in keiner Erklärung die Tatsache eingestanden, dass sich offensive Waffen auf Kuba befanden. Nun kam es im Sicherheitsrat zum Duell zwischen dem US-Gesandten Stevenson und dem UN-Botschafter Moskaus Valerian Sorin (vgl. Kasten).

Dessen Dementi wurden als weiteres Schüren des Konflikts gewertet, und die UNO-Ebene war damit fürs erste paralysiert. Kein Forum der Welt würde jetzt noch eingreifen können. Kennedy und Chruschtschow waren nun in erster Linie auf sich gestellt, an ihren Entscheidungen hing der Frieden der ganzen Menschheit.

haben gesagt, es gibt dort keine Angriffswaffen, und ich will wissen, ob ich recht gehört habe.«

Darauf Sorin, der pikanterweise in jener Sitzung auch noch präsidierte:»Wollen Sie gütigst in Ihrer Rede fortfahren. Ich werde zur rechten Zeit antworten.«

Stevenson:»Wenn das Ihre Entscheidung ist, dann bin ich bereit, auf meine Antwort zu warten, bis die Hölle einfriert. Ich kann aber auch die Beweise hierher bringen.«

Nach einem Moment beklemmender Stille wollte Sorin zur Tagesordnung übergehen:»Das Wort hat der Vertreter von Chile.«

Aber der chilenische Botschafter verzichtete gerne auf seinen Redebeitrag:»Herr Vorsitzender, ich will Ihnen gern das Wort abtreten, damit Sie dem Vertreter der Vereinigten Staaten antworten können.«

Da holte Stevenson schon zum nächsten Schlag aus:»Ich bin noch nicht zu Ende.« Und dann kam es zu einer Weltpremiere, der Enthüllung der Fotos, aktuelle Aufnahmen vom Vortage, die eindeutig die Ra-

Vermittlung durch den Vatikan

Papst Johannes XXIII. kannte das Grauen der Schlachtfelder. Im Ersten Weltkrieg diente er zunächst als Sanitätsunteroffizier, bald darauf durfte er seine geistliche Berufung als Militärkaplan wahrnehmen, wobei er wiederum vor allem Verwundete zu betreuen hatte. Das prägte ihn für sein Leben. Immer hob er hervor, es sei die Pflicht eines jeden seelsorgerischen Amtes, auch für den Weltfrieden einzutreten. Als im Oktober 1962 in Rom Bischöfe aus aller Welt um die Zukunft der Kirche rangen, spitzte sich die Krise zwischen Moskau und Washington gerade zu. Johannes XXIII. hatte das Zweite Vatikanische Konzil einberufen – gegen scharfen Widerstand seiner Widersacher –, auf dem er die Öffnung der katholischen Kirche gegenüber der modernen Welt auf die Tagesordnung gesetzt hatte. Er konnte nicht ahnen, dass sich zum innerkirchlichen Disput ein weltpolitischer gesellen würde. Staatssekretär Tar-

ketenbasen auf Kuba zeigten. Ein Raunen ging durch den Saal. »Hoffentlich können wir das Geplänkel jetzt beenden«, sagte Stevenson, »unsere Aufgabe ist es nicht, eine Debatte nach Punkten zu gewinnen, sondern den Frieden zu retten. Wenn Sie das wollen, sind wir dabei.«

Und nun machte Sorin einen Fehler: Er bezweifelte die Echtheit der Bilder, was die Sowjetunion vor aller Welt bloß stellte und sie als Lügner dastehen ließ. Hätte der Botschafter hier nicht einlenken müssen? Und wieder sind wir an einem Punkt der Unfassbarkeit angelangt. »Er wusste nichts von den Raketen, genau wie unser Botschafter Dobrynin, er wusste es nicht. Das war alles die Folge der Geheimhaltung. Dobrynin in Washington, Sorin in New York waren beide durch nichts und niemanden instruiert. Und als die Amerikaner sie nach den Raketen fragten, haben sie ehrlich geantwortet«, bestätigt Anatolij Gribkov. Dobrynin empfand Mitgefühl für Sorin, der sich in einer noch schlimmeren Situation als er selbst befand: »Dass er auch noch öffentlich sprechen musste, das wurde mir erspart. Ich traf mich nur mit Rusk und Kennedy, er aber musste in aller Öffentlichkeit etwas sagen, was dann nicht stimmte«.

dini informierte den Papst über die drohende Kriegsgefahr im Atlantik.

Loris Capovilla, der Sekretär Johannes XXIII., erinnert sich, wie sich der Papst schon anlässlich der Berlinkrise um die Welt sorgte: »Sein Finger kreiste auf der Karte über Berlin, und er sagte, dass es doch wohl nicht möglich sei, dass wegen einer Stadt noch einmal ein Krieg ausbrechen würde.« Wiederholt hatte Papst Johannes beteuert, zur Wahrung des Friedens in der Welt jedes Opfer auf sich zu nehmen. Nun war der Augenblick gekommen, da er seine moralische Autorität in die Waagschale werfen konnte. Kennedy war nicht nur der erste katholische Präsident der USA, er wusste auch um die Sympathie, die Chruschtschow für Johannes XXIII. empfand – wohl auch wegen der gemeinsamen proletarischen Herkunft – und beschloss, dieses Vertrauen für die Rettung des Friedens zu nutzen. Aus dem Weißen Haus heraus ließ er über geheime Kanäle den Papst um Vermittlung bitten. Capovilla erinnert sich mit großer Anerkennung »an den hervorragenden amerikanischen Universitätsprofessor und Verleger Norman Cousins, der nun auf Bitten Kennedys in die Rolle des Vermittlers schlüpfte«.

Am 23. Okobter, also einen Tag nach seiner Rede, rief der US-Präsident bei dem renommierten Herausgeber (Saturday Review) an. Cousins befand sich gerade auf einer Tagung in Andover, bei der auch russische Teilnehmer zu Gast waren. Die Worte Kennedys klangen dramatisch: »Die Situation ist unkontrollierbar. In sechs Stunden muss man vielleicht den Knopf drücken, und das würde bedeuten, dass alles zu Ende ist, es könnte 1,2 Milliarden Tote geben.«

Norman Cousins beschäftigte sich schon seit Jahren mit Fragen nuklearer Bedrohung. Schon 1945 erschien sein Buch »Der antike und der moderne Mensch«, in dem er sich mit der Gefahr der Atombombe auseinander setzte.

Auch Cousins sah in Papst Johannes XXIII. in Rom den Menschen, der berufen war, die Krise zu entschärfen. Der unkapriziöse Kirchenfürst besaß großes Charisma und moralische Autorität. Cousins besprach sich in Andover mit dem belgischen Dominikanerpater Felix Morlion, der in Rom eine freie internationale Universität gegründet hat. Morlion war von Cousins Vorschlag einer päpstlichen Vermittlung begeistert. Er wollte den Protokoll-Chef im Vatikan, Monsignore Igino Cardinale – einer der engsten Mitarbeiter des Papstes – in der Angelegenheit ansprechen. Kurz nach dem Telefonat mit Cardinale lag die Antwort aus Rom vor: Der Papst sei bereit zu intervenieren. Ein Ausweg für Kennedy: Eine über alle Zweifel erhabene Institution tat für ihn den ersten Schritt. Er konnte sein Gesicht wahren.

Die beiden russischen Vertreter, die an der Tagung teilnahmen, Shumeiko und Feodorov, Freunde Chruschtschows, wurden eingeweiht. Für sie war es das erste Mal, dass sie mit einem katholischen Priester sprachen. Sie wiederum baten Morlion, an Chruschtschow zu schreiben, was dieser auch mit wohlklingenden Worten tat:»Wir glauben ernsthaft, dass Sie den Frieden lieben und dass Sie nicht akzeptieren werden, Millionen von Menschen aufgrund politischer Machtverhältnisse zu töten.«

Am 24. Oktober, Mittwochmorgen, wurde der Papst informiert, dass der Moment des Handelns gekommen sei. Loris Capovilla sagte zu Johannes XXIII.»John F. Kennedy will keinen Krieg, und Herr Chruschtschow will ihn sicher auch nicht – aber da gibt es die politischen Faktoren: der gute Wille auf der einen Seite, die Ausfälle, Polemiken und Drohungen auf der anderen Seite. Das könnte aus den Händen gleiten«.

Nach Gebeten in seiner Privatkapelle kehrte der Papst an seinen Schreibtisch zurück. Zu vorgerückter Stunde bereitete Johannes XXIII. die Botschaft an die Staatsmänner vor. In seinem Appartement beriet er sich mit Monsignore Cardinale. Das Licht im Staatssekretariat brannte die ganze Nacht. Heerscharen von Übersetzern warteten auf den Text. Am Morgen des 25. Oktober wurde die chiffrierte Botschaft an Washington und Moskau geleitet, dann hielt er die Ansprache an 800 portugiesische Pilger, die ihm nun als Weltform dienten:»Der Papst spricht immer gut von allen Staatsmännern, die sich von allen Seiten einsetzen, die alles tun, um zusammenzufinden, damit in Wirklichkeit der Krieg vermieden wird und ein wenig vom Frieden auf die Menschlichkeit übergeht. Wie dem auch sei, nur der heilige Geist kann dieses Wunder erfüllen ...« Um 12 Uhr mittags verbreitete Radio Vatikan die Rede.

Zur selben Zeit steuerten sowjetische Schiffe auf die Sperrzone im Atlantik zu. Beschwörend klang der Friedensappell an die Welt:»Ich flehe die Staatsoberhäupter an, sich dem Schrei der Menschheit nach Frieden nicht zu verschließen. Mögen sie alles tun, was in ihrer Macht steht, um den Frieden zu retten. Auf diese Weise werden sie die Schrecken eines Krieges vermeiden, dessen entsetzliche Folgen niemand voraussagen könnte. Mögen sie weiter verhandeln.«

Kennedy begrüßte den Appell. Am darauffolgenden Tag veröffentlichte die *Prawda* den Aufruf des Papstes auf der ersten Seite in vollem Wortlaut – ein klares Zeichen. Am kommenden Tag sollte Chruschtschow selber einen bemerkenswerten Brief an das Weiße Haus abschicken. Und später sollte er einmal sagen, die Botschaft des Papstes sei »der einzige Hoffnungsschimmer« gewesen. Kennedys Vertrauter Norman Cousins sprach von einem »der unwahrscheinlichsten Triumvirate in der Geschichte: ein amerikanischer Präsident, ein Kommunist, ein Papst, zusammengeführt durch die Verwundbarkeit der Zivilisation gegenüber der modernen Vernichtungsmacht«.

Es ist schon bezeichnend, wie die beiden Großmächte neben Täuschung, Bluff und Drohgebärden eine gemeinsame Plattform suchten, wo sie ohne Gesichtsverlust mit der anderen Seite kommunizieren konnten. Doch würden den Worten des obersten Hirten auch Taten der Politiker folgen? Der Höhepunkt der Krise stand noch bevor.

Die Raketen in der Türkei

Die Chance für eine Lösung schien nunmehr in einem Land zu liegen, wo die Stimme des Papstes weniger Gehör fand, in der Türkei, an der Nahtstelle zwischen Orient und Okzident. Hier waren 15 US-Raketen stationiert, die dem Kreml ein Dorn im Auge waren. Über deren Zukunft aber hatte ein katholischer US-Präsident zu bestimmen. Der Name jener Raketen entstammte dem vorchristlichen Götterhimmel, »Jupiter«. Dass ausgerechnet in diesen Tagen die feierliche Übergabe der Waffen an die türkische Armee stattfand, war der ExComm-Runde nicht bewusst.

Und in der Weltöffentlichkeit trat genau das ein, was Kennedy so sehr befürchtet hatte. Eine ganze Reihe internationaler Beobachter schaute an den Bosporus und begann Vergleiche zu ziehen. Sowohl der österreichische Bundeskanzler Bruno Kreisky als auch der renommierte amerikanische Kolumnist Walter Lippmann machten einen für Washington peinlichen Vorschlag: die Entfernung der Mittelstreckenraketen auf Kuba gegen den Abzug der Jupiter-Waffen. Und am gleichen Tag, dem 25. Oktober, war auch in der Londoner *Times* zu lesen: »Wie steht es mit den amerikanischen Raketenstützpunkten nahe der sowjetischen Grenze?« Trotz aller Unterschiede, bestünden doch genug Ähnlichkeiten, um diese Frage aufzuwerfen. Es sei immerhin möglich, so die *Times* weiter, dass die USA und die Sowjets »eine Vereinbarung erwägen, bei der jede Seite einen oder zwei vorgeschobene Stützpunkte aufgibt«.

Die offizielle Position Washingtons, die auch in Kennedys Rede anklang, stand dem diametral entgegen. Doch wie sollte man der Welt erklären, dass die Raketen auf Kuba etwas anderes waren als die von den USA stationierten auf türkischem Gebiet? Dazu Verteidigungsexperte Garthoff: »Der Unterschied war natürlich, dass unsere Stationierungen allen öffentlich bekannt waren, dass sie das Ergebnis von zwischenstaatlichen Vereinbarungen waren. Hätten Kuba und die Sowjetunion einen offiziellen Beistandsvertrag geschlossen, in dem die Sowjets die Stationierung aller Waffentypen auf Kuba zugesagt hätten, wäre es schwierig für die Vereinigten Staaten gewesen, dagegen etwas zu unternehmen.« Ist die Bedrohung vertraglich fundierter Raketen tatsächlich eine andere als die einer geheimen Stationierung? Dass sich die US-Administration dabei auf dünnem Eis befand, muss ihr bewusst gewesen sein, dennoch stemmte sie sich weiterhin mit viel Mühe gegen den aus ihrer Sicht unzulässigen Vergleich. Nur wenn die Kuba-Stationierung als flagrantes Unrecht dastand, waren drastische Drohgebärden und Maßnahmen überhaupt gerechtfertigt.

Ein offener Tauschhandel kam nicht in Frage, denn das würde bedeuten, dass man erpressbar sei. Außerdem hatte man ja ultimativ den Abzug der Sowjet-Raketen gefordert als Voraussetzung für Verhandlungen. Sollte man dahinter zurückgehen? Und sollte man den türkischen Militärs die Waffen gleich wieder abnehmen, nachdem man sie ihnen übergeben hatte? Dagegen sprach das Gebot gegenseitiger Solidarität innerhalb des NATO-Bündnisses. Welchen Eindruck würde es hinterlassen, wenn die USA um der eigenen Sicherheit willen Raketen bei den Partnern abzogen, die ja zu deren Schutz dort standen? Die Jupiter-Raketen waren Symbol US-amerikanischer Bündnistreue und Ausdruck der strategischen Verbundenheit zwischen Europa und Nordamerika. Sie auf sowjetischen Druck zur Disposition zu stellen, hieß Solidarität aushöhlen.

So wurde das Thema Türkei auch in der ExComm-Runde heiß diskutiert. Schon am Mittwoch, dem 17. Oktober, hatte der als liberal geltende Adlai Stevenson, Botschafter der USA bei der UNO, an den Präsidenten geschrieben und für einen diplomatischen Vorstoß Richtung Moskau plädiert. Stevenson war der Auffassung, dass sich Kennedy nicht selbst unter Zugzwang setzen sollte. Zwar war auch er der Meinung, dass die Raketen wieder abgebaut werden müssen. Doch er schlug diplomatische Sondierungen vor einer Androhung militärischer Maßnahmen oder einer Blockade vor. Auch sprach er von den Jupiter-Raketen als möglichem Tauschobjekt – denn früher oder später würde sich Washington der Debatte nicht entziehen können, womit er Recht behalten würde.

Anzumerken ist, dass Adlai Stevenson in den fünfziger Jahren

»Was der Präsident nicht auf sich nehmen wollte, ließ er seinen Bruder ausführen.« (Journalist Charles Bartlett)   John und Bobby Kennedy im Gespräch vor dem Oval Office.

der große parteiinterne Widersacher Kennedys war. Seine Position als US-Botschafter bei der UNO galt als Abstellgleis. Er wurde von vielen ExComm-Teilnehmern misstrauisch beäugt – man stellte ihm regelrecht Aufpasser zur Seite, zum Beispiel Arthur

Schlesinger jr. Zwei Tage vor Kennedys Rede konkretisierte Stevenson seinen Plan, was angesichts der Stimmung im ExComm, gelinde gesagt, waghalsig war. Für die Bereitschaft zum Abzug der Sowjet-Raketen mitsamt des militärischen Personals solle die USA Gegenleistungen in Aussicht stellen: Garantie der Unantastbarkeit Kubas und Gewaltverzicht, UN-Überwachung der Raketenbasen nicht nur in Kuba, sondern auch in der Türkei; dies in dem festen Willen Washingtons, die Existenz von Raketenbasen in aller Welt als grundsätzlich »verhandelbar« zu erachten; schließlich Räumung des US-Militärstützpunktes Guantánamo und Stationierung einer UN-Friedenstruppe auf Kuba. Und dies alles im globalen Bemühen um einen »Vertrag über atomare und allgemeine Abrüstung«.

Stevenson hielt jede Form von Ultimatum an die Sowjets für gefährlich und warnte davor, sie zu demütigen und in die Enge zu treiben. Er wollte sie auch im Sinne eines Fortschritts internationaler Entspannungsbemühungen als Partner auf gleicher Augenhöhe respektieren. Doch John F. Kennedy wies den Vorschlag zurück mit dem Hinweis, die Stützpunkte in der Türkei und Italien stünden nicht zur Disposition. Von manchem ExComm-Hardliner wurde Stevenson als Ketzer gebrandmarkt, später würde auch ein Teil der Presse über ihn herfallen und ihn als Beschwichtigungspolitiker diskreditieren.

Robert Kennedy soll hinter vorgehaltener Hand gefragt haben, auf welcher Seite Stevenson eigentlich stehe. Dessen Aufpasser Schlesinger erinnert sich, wie Bobby ihm sagte: »Wir werden am Ende verhandeln müssen, aber Adlai Stevenson will schon gleich am Anfang Zugeständnisse machen.« Für die Kennedys galt zunächst harte Kompromisslosigkeit. »Ich wurde an die Seite Stevensons geschickt, um sicherzustellen, dass er mit dieser Linie übereinstimmte, aber damit gab es keine Schwierigkeiten«, sagt Schlesinger. Das hinderte die Brüder nicht daran, hinter der Fassade eigene geheimdiplomatische Sondierungen voranzutreiben.

Backchannel Diplomatie

Auch der Krisenstab ExComm war ein Forum, das Kennedy bedienen musste. ExComm war ein Spiegelbild der amerikanischen Gesellschaft – mit all ihren Widersprüchen und Fronten, Hardlinern und Liberalen. Der richtige Zeitpunkt, der Inhalt und die Form der Positionierung von Themen spielten eine wichtige Rolle. Wer zu früh den Kompromiss suchte, lief Gefahr, zum Umfaller gestempelt zu werden. Was ein Adlai Stevenson auszusprechen wagte, hätte für Kennedy Selbstdemontage bedeutet.

Kennedy hatte sich, nachdem am 20.Oktober die Entscheidung für die Blockade gefallen war, dennoch Gedanken gemacht, was geschehen würde, wenn die Maßnahme nicht greift und eine schärfere Gangart notwendig würde. Gegenüber dem britischen Botschafter und persönlichen Freund David Ormsby-Gore brachte Kennedy Dinge zur Sprache, die man ihm im Krisenstab übel genommen hätte. Da sinnierte er über militärische Gefahren und darüber, dass die Raketen entlang der sowjetischen Grenze ohnedies bald wertlos seien (die Umrüstung auf U-Boot-gestützte Polaris-Raketen lief auf Hochtouren). Insofern seien die amerikanischen Jupiter-Raketen womöglich doch die geeignete Verhandlungsmasse für einen Kompromiss mit Chruschtschow.

Nicht nur John F. Kennedy, auch sein Bruder Robert dachte offenbar darüber nach. Im Justizministerium diskutierte er mit seinen Beratern noch vor der Blockade die Türkei-Option. Zugleich stellte er jedoch klar, das ein offenes Tausch-Angebot etwa über die UN als Zeichen der Schwäche gedeutet würde. Aber schloss das ein geheimes Signal Richtung Kreml aus? Unser Spezialist Aleksandr Fursenko und sein amerikanischer Ko-Autor, der Historiker Timothy Naftali, haben in ihrer Publikation eine ganze Reihe von Indizien gesammelt, dass Washington nämlich bereits einen Tag nach Kennedys Rede, am 23. Oktober, Moskau eine geheime Offerte lanciert habe. Womöglich wurde trotz des Vertrauensbruchs der Backchannel über den GRU-Mann Georgij Bolschakov reaktiviert. Während die Kennedys offiziell die Türkei-Idee kritisch betrachteten, geriet sie zum Gegenstand von Hintertreppendiplomatie.

Georgij Bolschakov schaute am Morgen nach der berühmt-berüchtigten Rede aus dem Fenster und sah dabei zu, wie die Washingtoner Polizei die sowjetische Botschaft abriegelte. Zuletzt hatte er am 5. Oktober mit Bobby Kennedy gesprochen und ihm – ohne sich bewusst zu sein, dass er von Moskau instrumentalisiert wurde – einmal mehr die Mär von den Defensiv-Waffen aufgetischt. Plötzlich klingelte das Telefon, am anderen Ende meldete sich der Journalist Frank Holeman von den *Daily News*. Holemann, den Bolschakov kannte, aber längere Zeit nicht gesehen hatte, schlug ein Treffen vor. An einem solchen Tag konnte das kein Zufall sein. Holeman erklärte, jemand im Justizministerium, möglicherweise der Bruder des Präsidenten, sehe die Raketen auf Kuba als sowjetische Antwort auf die Jupiter-Raketen in der Türkei und denke deshalb über einen Handel nach. Mit seinem Stab jedenfalls habe der jüngere Kennedy darüber diskutiert. Hatte Bobby Holeman geschickt?

Neben Holeman gab es noch einen zweiten Zuträger aus dem Kennedy-Umfeld, der sich nun an Bolschakov wendete, Charles Bartlett. Er war ein renommierter Journalist, dessen Familie mit den Kennedys aus Bostoner Tagen gut bekannt war. Über ihn hatte J.F.K. 1953 Jackie, seine spätere Frau, kennengelernt. Auch er soll gegenüber Bolschakov Andeutungen eines möglichen Tauschgeschäfts gemacht haben, darauf deuten zumindest sowjetische Quellen, auch wenn er dies heute dementiert. Womöglich lag hier ein Missverständnis vor. Jedenfalls wurden laut dieser Dokumente Holemans Ausführungen durch Bartlett bestätigt.

Doch diese wichtigen Informationen leitete die GRU in Washington zunächst nicht nach Moskau weiter, sondern erst später. Das war eine fatale Entscheidung, denn die Informationen hätten möglicherweise das Signal sein können, die Krise früher zu beenden. Stattdessen bahnten sich andere, weitaus dubiosere Botschaften ihren Weg in den Kreml.

Grübeln im Kreml

Am 24. Oktober ahnte man noch nichts von derlei geheimen Unterredungen. Nikita Chruschtschow hatte ja den meisten Schiffen auf dem Weg nach Kuba die Umkehr befohlen, das Risiko schien nunmehr begrenzt. Dennoch fieberte der Kremlchef jeder Nachricht von der Blockade-Front entgegen und war wie der Präsident im Weißen Haus erleichtert, dass es in den ersten Stunden nicht zum Zusammenprall kam. Natürlich waren die Truppen des Warschauer Paktes alarmiert, aber die sowjetischen nuklearen Streitkräfte standen keineswegs in so fortgeschrittener Bereitschaft wie die amerikanischen.»An diesem Tag rief der Konstrukteur der ersten Mars-

Der Fall Warren Rogers Schauplatz war der Nationale Presse Club in Washington D.C., genauer gesagt dessen Bar, am Mittwoch, 24.Oktober, spätabends. Die Hauptperson: der Zeitungsreporter Warren Rogers vom *New York Herald Tribune*. Tatsächlich zählte Rogers zu den Reportern, die früher als andere über offensive Waffen auf Kuba spekulierten.

Am Tag nach der Rede fand eine Pressekonferenz im Pentagon statt, bei der festgelegt wurde, welche Reporter die Marineeinheiten bei kommenden Operationen begleiten durften. Warren Rogers gehörte zu den Auserwählten. Am 24. Oktober abends traf er sich mit seinem Bürochef Robert Donovan, um die Lage zu besprechen. Dann kam es zu dem konspirativen Gespräch in der Presseclub-Bar. Donovan und Rogers orderten während ihrer Unterhaltung mehrere Glas Bier.»Es sieht so aus, dass ich dabei bin«, sagte Rogers und meinte damit eine mögliche Landung auf Kuba:»Ich brauche einen Vorschuss, 400 Dollar«, sagte Rogers.»Kein Problem, kannst sie morgen abholen«, erwiderte Donovan.

sonde, Koroljov, ganz verstört den Vater an«, berichtet Sohn Sergej. Diese Sonde sollte an diesem Tag gestartet werden. Doch die Militärs aus dem Generalstab hatten kurzfristig befohlen, den kosmischen Träger durch eine Interkontinental-Rakete zu ersetzen. Chruschtschow dachte kurz nach, beruhigte dann aber den Konstrukteur. »Regen Sie sich nicht auf, arbeiten Sie weiter, die Militärs haben überreagiert. Der Start zum Mars ist wichtiger als eine weitere ballistische Rakete in Gefechtsbereitschaft. Das ordne ich an!«. Auch nach außen setzte Chruschtschow Signale, um den Eindruck einer Eskalation zu vermeiden. Zu den schroffen Worten, die er in den ersten Verlautbarungen an Kennedy gerichtet hatte, gesellten sich verbindliche Gesten. Das Treffen mit dem legendären Bass-Interpreten Jeremy Hynes im Bolschojtheater zählt ebenso dazu wie die Einladung an einen prominenten Handelsreisenden. William E. Knox, Präsident von Westinghouse International Company, war gerade in Moskau, und obwohl er gar keinen Termin mit

Es gab einen Zeugen des Gesprächs, einen Barkeeper namens Johnny Prokov – litauischer Emigrant, der schon seit 1959 dort hinter dem Tresen stand und die Sowjets hasste, weil er die Gräuel nach der Besetzung der Baltenrepubliken 1939 nicht vergessen konnte. Als er nun von den geplanten Aktivitäten gegen Kuba hörte, war er so aufgeregt, dass er sie gleich dem erstbesten sowjetischen Gast erzählte, und das war Anatolij Gorski von der TASS – vielleicht wollte er ihn auch ganz bewusst provozieren. Prokov berichtete

Der gesprächige US-Journalist Warren Rogers

von dem Gespräch zwischen Donovan und Rogers und dass offenkundig schon am kommenden Tag eine Invasion gegen Kuba starten werde. Ob der Barmann ahnte, das Gorski auch KGB-Mann war? Der je-

Chruschtschow hatte, bestellte ihn dieser in den Kreml. Denn er wollte gegenüber einem Amerikaner seine Bereitschaft erklären, sich mit Kennedy zu treffen – egal ob in den USA, in der Sowjetunion oder auf neutralem Territorium. Auch dem britischen Philosophen und Rüstungsgegner Bertrand Russell schrieb Chruschtschow:»Die Frage von Krieg und Frieden ist so vital, dass wir ein Treffen auf höchster Ebene in Betracht ziehen sollten, um die Probleme zu diskutieren.«

In Washington wurde das zwar registriert, doch solange der Aufbau der Raketen voran ging, herrschte Alarmstimmung. Die Öffentlichkeit und Teile des ExComm beharrten auf einer Politik der Stärke und der Präsident zog mit. Diese Haltung war im Grunde nachvollziehbar, wenn sie nur nicht dazu führte, dass irgendwo der erste Schuss fiel. Das damit verbundene Risiko war jedenfalls riesig. Dennoch – zu leugnen ist nicht, dass die entschlossene Haltung der USA auf Chruschtschow Eindruck machte. Die Vorstel-

denfalls gab die interessanten Neuigkeiten gleich an seinen Chef Aleksandr Feklisov weiter. Was Prokov und anscheinend die sowjetische Botschaft nicht wussten: Rogers war kein wirklicher Insider im Verteidigungsministerium wie etwa Bartlett bei Dean Rusk. Vielmehr war er aufgrund seiner forschen Art bei Verteidigungsminister McNamara nicht sonderlich gelitten.

Immerhin prüfte der KGB/Washington am 25. Oktober die Quelle »Rogers«. Als dieser seinen Wagen in der Tiefgarage des Willard-Hotels abstellte, sprach ihn ein Angehöriger der Sowjet-Botschaft an, der im Auftrag des KGB nachfragte, ob er denn wirklich der Überzeugung sei, dass Kennedy einen Angriff plane:»Das ist so sicher wie die Hölle.« Damit aber war die Prüfung noch nicht abgeschlossen. Am Nachmittag lud der erste Sekretär der Botschaft, Georgij Kornienko, den Journalisten zum Mittagessen ins Occidental ein, das einschlägige konspirative Restaurant, in dem allerlei Intrigen ihren Lauf nahmen. Ausführlich erzählte Rogers auch ihm, dass im Weißen Haus die Entscheidung, Castro zu erledigen, gefallen sei, dass die Pläne bereits bis ins letzte Detail

lung, dass sich Kennedy mit der Stationierung abfinden könnte, war längst illusorisch. Jetzt überlegte der Kremlchef vielmehr, ob nach einer Phase der Drohungen nun die Zeit reif war für einen politischen Handel. Sollten die Raketen auf Kuba nicht zu halten sein, ging es daran, über einen Preis für den Abzug nachzudenken. Es ist unklar, welche Informationen aus den Backchannel-Aktivitäten am 25. Oktober im Kreml vorlagen. Tatsache ist jedoch, dass sich an jenem Morgen etwas änderte. Als Chruschtschow Kennedys Antwortschreiben auf seinen harschen Protestbrief erhielt, vermochte er kein Einlenken zu erkennen. Der US-Präsident warf dem Kreml erneut Täuschung vor, betonte, dass »nicht ich es war, der für die erste Herausforderung in diesem Fall gesorgt hat, und dass im Hinblick darauf die Aktivitäten auf Kuba die Reaktionen notwendig gemacht haben, die ich angekündigt habe.« Kein Wort über ein Gipfeltreffen, das Chruschtschow angestrebt hatte. Kein Zeichen für einen Kompromiss. Dem Kremlchef erschien der Brief

feststünden und dass der Angriff in jedem Moment losgehen könnte. Für Rogers war es offenbar ein Spiel: »Es war eine sehr lange Unterhaltung. Er wollte mich ausquetschen und so viele Informationen wie möglich aus mir herausholen. Ich hatte mich mit niemanden in der Administration abgesprochen, ich wollte die Sowjets einfach ein bisschen erschrecken, wollte ihnen einfach sagen, wie ernst ich die Situation sehen würde. Also sprach ich mit ihm empathisch und sehr klar, über den Tisch gelehnt, und versuchte so dramatisch zu sein, wie ich nur konnte. Und ich sagte zu ihm: ›Präsident Kennedy meint, was er sagt. Wenn Sie diese Raketen da aus Kuba nicht abziehen, dann riskieren Sie eine Invasion, dann riskieren Sie Vergeltungsschläge, und zwar nicht gegen Havanna, sondern gegen Moskau. Und er macht keine Witze.‹«
Rogers fand das Gespräch unterhaltsam und interessant. Das fanden auf andere Weise auch die Botschaftsangehörigen, die eilends ihren »Invasions«-Bericht nach Moskau schickten. Mehr als 30 Jahre würde Rogers keine Ahnung haben, welche Konsequenzen seine »gute Unterhaltung« nach sich ziehen würde.

so, als akzeptiere das Weiße Haus bloß eine völlige Kapitulation der Sowjets.

Als Chruschtschow die Kreml-Runde für den Tag eröffnete, gingen alle davon aus, er behalte seine bislang unnachgiebige Haltung gegenüber dem US-Präsidenten bei. Doch Chruschtschow überraschte das Politbüro mit einer völlig neuen Strategie. Nun wollte er die Krise entschärfen und war bereit, die Raketen auf Kuba abzubauen – allerdings sollte dies nicht sofort geschehen. Er wollte noch abwarten, ob Kennedy nicht doch nachgeben würde. Mit einem baldigen Angriff der USA rechnete Chruschtschow zu diesem Zeitpunkt nicht – dafür war schon zu viel Zeit verstrichen. Instinktiv mag der Kremlchef jedoch auch gespürt haben, dass die USA nicht über ihren Schatten würden springen können, dass er mit der Errichtung einer Atomfestung vor ihrer Haustür zu hoch pokerte. Er sah die Zwänge, denen Kennedy unterlag. Vor allem aber muss ihm klar gewesen sein, dass die Militärmacht der Vereinigten Staaten den sowjetischen Streitkräften vor allem im nuklearen Bereich hoffnungslos überlegen war – auch wenn er das nie offen eingestand. Jedenfalls verdichtete sich das Gefühl, dass die Raketen auf Kuba nicht bleiben konnten, ohne dass Krieg mit den USA drohte. Und an einem so fernen Schauplatz die Oberhand zu behalten schien ohnedies illusorisch. »Einen Krieg entfachen kann jeder Dummkopf«, lautete ein Spruch von ihm, »aber um einen zu beenden, bedarf es vieler weiser Männer.« Und für den »Fall eines Angriffs auf unsere Raketenstellungen in Kuba hatte er keinen Aktionsplan«, sagt sein Sohn Sergej, »daher musste das unter allen Umständen verhindert werden. Ein Atomschlag gegen die USA kam nicht in Frage, die Atombombe war gut für Propaganda – aber sonst? Auch eine Aktion in Berlin sah er nicht, hielt sie für ungerechtfertigt und gefährlich, denn auch das konnte in einen großen Krieg ausarten. Krieg als Mittel zur Konfliktlösung schloss er aus.«

Aus dem Archiv des ehemaligen ZK der KPdSU liegt ein spektakuläres, bislang streng geheimes Protokoll vor, das wesentliche

Aussagen Chruschtschows an dem entscheidenden Tag bündelt (vgl. Kasten). Chruschtschow begann in der dokumentierten Sitzung, die Haben-Seite der Stationierung abzufeiern. Dass die Amerikaner Angst bekommen haben, dass die Augen der Welt sich nun auf Kuba richten – schon dass wurde als Erfolg ausgegeben. Die Bedeutung der Kuba-Raketen wird plötzlich heruntergespielt – nicht ohne heftige Übertreibung, sagt Chruschtschow, man könne die USA auch von eigenem Territorium aus vernichten. Er leitete daraufhin über zur Formel für den möglichen Kompromiss: Nichtangriffsgarantien der USA für den Abbau der Waffen. Bemerkenswert das Hintertürchen, das er sich offen halten will: dass andere Waffen, außer den Mittelstreckenraketen, womöglich taktische Nuklearsprengköpfe, auf der Insel verbleiben könnten. Noch abenteuerlicher klingt die Option, dass die Raketen nach einer Weile wieder auf Kuba zurückkehren. Entwarf Chruschtschow dieses Szenario, um die Änderung

Protokoll der Entscheidung Bei dem Dokument handelt es sich um ein handschriftliches Protokoll der Politbüro-Sitzung vom 25.10. verfasst von Aleksandr K. Serov, dem stellvertretenden Leiter der Allgemeinen Abteilung im ZK. Darin wird deutlich, wie Chruschtschow vor 14 prominenten Zuhörern seine Bereitschaft für einen Abzug der Raketen begründet, wenn nicht sogar schönredet – dazu wesentliche Auszüge: «*Die Amerikaner sagen, man muss die Raketeneinrichtungen auf Kuba demontieren. Vielleicht muss man das auch tun. Das ist keine Kapitulation von unserer Seite aus...*

Dass die Amerikaner große Angst bekommen haben, daran besteht keinen Zweifel, offensichtlich hat Kennedy mit einem Holzmesser in der Hand geschlafen....

Wir haben Kuba ins Zentrum der Welt gerückt ...

Zwei Systeme sind mit der Stirn zusammengestoßen. Kennedy sagt uns, wir sollten unsere Raketen aus Kuba abziehen.

Wir antworten, ›dann gebt feste Garantien oder Versprechen, dass die Amerikaner Kuba nicht angreifen«.

seines Kurses dem Politbüro schmackhaft zu machen, oder meinte er das alles ernst? Über den grundlegenden Politikwechsel: Abzug der Raketen hatte das Gemium jedenfalls mitzubefinden. Anwesend waren unter anderen Leonid Breshnev, Alexej Kosygin, Frol Kozlov, Anastas Mikojan, Boris Ponomarev und Michail Suslov. Außenminister Andrej Gromyko und der Verteidigungsminister Rodion Malinowsky sollen geschwiegen haben, als die Mehrheit des Politbüros auf den geänderten Kurs einschwenkte. Hier zeigt sich, wie unangefochten die Stellung des Kremlchefs war; Entrüstung, wie sie Kennedy im Falle einer solchen Kursänderung im ExComm oder gar der eigenen Öffentlichkeit zu spüren bekommen hätte, gab es nicht. Zudem war Chruschtschows Verhältnis zur Generalität ein völlig anderes – das hatte mit persönlichen Bindungen zu tun.»Es gab einen großen Unterschied zwischen meinem Vater und Kennedy«,

Das ist nicht schlecht.
Wir könnten die R-12 [SS-4] doch abziehen und andere Raketen dort lassen. Das ist keine Feigheit. Das ist eine Reserveposition,...
Man muß dem Gegner Zeit lassen, damit er sich beruhigt und uns ein Versprechen in Bezug auf Kuba gibt.
Außerdem wollen wir das Fass nicht zum überlaufen bringen.
Wir können die USA auch vom Territorium der UdSSR aus zerstören.
Ab jetzt wird Kuba nicht mehr das sein, was es mal früher war.
Die Amerikaner drohen mit einer Wirtschaftsblockade, aber die USA werden Kuba nicht überfallen.
Wir sollten die Situation nicht verschärfen, sondern eine vernünftige Politik machen. Damit werden wir Kuba stärken und für zwei bis drei Jahre retten. Und in einigen Jahren wird es für die USA noch schwieriger, mit Kuba fertig zu werden ...
Man muss spielen, aber darf es nicht übertreiben, man darf nicht den Kopf verlieren.
Die Initiative ist in unseren Händen, wir müssen uns keine Sorgen machen.

sagt Sergej Chruschtschow, der heute in den USA lebt:»Für meinen Vater waren die Generäle alte Freunde aus dem Weltkrieg, mein Vater kannte sie alle. Er konnte an die gemeinsamen Erinnerungen appellieren. Für Kennedy aber waren seine Generäle Fremde – und umgekehrt. Wer war John F. Kennedy schon für einen gestandenen Vier-Sterne-General?« Diese Analyse trifft sich mit der Einschätzung von John Taylor, der die Distanz, die zwischen den Stabschefs und dem US-Präsidenten herrschte, eindringlich beschreibt. Kennedy erschien den meisten Top-Militärs wie ein Laie, der sich allzu oft in ihre Angelegenheiten einmischte.

Es schien nun, als habe Nikita Chruschtschow begonnen, sein Vorgehen instinktiv an der Person auszurichten, die außer ihm noch entscheidende Machtbefugnisse hatte, nämlich am US-Präsidenten. Hier kam es zu einem Phänomen, das sich im Laufe der Krise immer deutlicher abzeichnen sollte. Chruschtschow und

Wir haben keinen Nutzen vom Krieg. Die Zukunft hängt nicht von Kuba, sondern von unserem Land ab.

Richtig?

Alle Mitglieder des Präsidiums sind mit Gen. Chruschtschow N.S. einverstanden.

Gen. Chruschtschow N.S. schlägt vor darüber nachzudenken, F. Castro zu informieren.

Wir müssen ein Dokument formulieren, in dem klar gemacht wird, auf welchem Kurs wir sind.

Einiges ist gelungen, manches nicht.

Das, was wir jetzt haben, ist ein positiver Moment.

Wie äußert sich das Positive? Indem die ganze Welt wie gebannt auf Kuba blickt. Die Raketen haben ihre positive Rolle gespielt.

Nach einer Weile können die Raketen wieder auf Kuba auftauchen.

Würden vielleicht die Generäle, Gromyko, Ponomarew und Illjitschow an diesem Dokument arbeiten?«

Protokolliert am 25. Oktober 1962

Serov A.K.«

Kennedy versuchten, sich mehr und mehr aus der Befangenheit ihres Umfelds zu lösen und Wege aus der Krise zu finden, notfalls unter Umgehung inneren Widerstands.»Vater erklärte mir geduldig, dass auf Präsident Kennedy von allen Seiten Druck ausgeübt würde«, sagt Sergej Chruschtschow,»die Militärs, die Presse, die Kongressabgeordneten. Sie alle wollten Krieg. Einem solchen Druck könne Kennedy nicht standhalten.« Der Sohn konnte es zunächst kaum fassen, dass der Kremlchef sich so in die Seele seines Antagonisten hineinversetzte:»Bis dahin hatte sich der Vater strikt daran gehalten, den Imperialisten, insbesondere den Amerikanern, kein Wort zu glauben.«

Der Kremlchef wollte zu diesem Zeitpunkt noch kein direktes Angebot an Kennedy richten, aber er war zum Kompromiss bereit. In der Sache, also hinsichtlich der Bereitschaft zum Raketenabzug, fiel an diesem Tag die Entscheidung. Jetzt wurde lediglich noch um die Beigaben gepokert. Doch das Risiko blieb das Gleiche. Am Abend des 25. Oktober schlug Chruschtschow einmal mehr seinem Krisenstab vor:»Genossen, lasst uns ins Bolschojtheater gehen. Unser eigenes Volk wie auch die Augen der anderen werden das bemerken, und das wird sie vielleicht beruhigen.«

So entspannend der Abend auch verlaufen sein mag, am nächsten Morgen herrschte wieder Aufregung. Während versöhnliche Geheimbotschaften, die vom Weißen Haus über die Journalisten Bartlett und Holeman und den Backchannel-Mann Georgij Bolschakov lanciert worden waren, in Moskau versandeten, nahm eine andere weitaus windigere Botschaft ihren Weg direkt auf den Tisch des Kremlchefs, nämlich die des Reporters Warren Rogers. Die Historiker Fursenko und Naftali haben diesen Vorfall rekonstruiert. Danach lag am 26. Oktober zur Frühstückszeit in Moskau der Bericht über das Gespräch mit Rogers in einer grau-blauen Mappe auf dem Schreibtisch Chruschtschows – es war der Ordner mit den täglichen Informationen der Geheimdienste. Dort stand nun geschrieben, wie Warren Rogers sich brüstete, am nächsten Tag über die Invasion der US-Marine auf Kuba zu berichten. Dass der sowjetische Geheimdienst den Bericht sichtlich für bare Münze nahm, dass eine alles in allem sehr vage Information so hohen Stellenwert erhielt, belegt die Mängel seiner Arbeit während der Krise.

Laut Sergej Chruschtschow schlug diese Nachricht im Kreml Wellen. Doch nicht nur Rogers Bekundungen beunruhigten den Kremlchef. Die Militärattachés in der Washingtoner Sowjetbotschaft hatten eine Änderung der US-Alarmstufe von DefCon 3 (Defense Condition) auf DefCon 2 registriert. Das Strategic Air Command (SAC) war demnach in den Zustand des höchsten Nuklear-Alarms versetzt worden. Zudem waren alle amerikanischen Krankenhäuser angewiesen, sich auf eine große Zahl von Verletzten einzustellen.

Wenn man nun alle mehr und weniger seriösen Informationen zu einem Puzzle zusammenfügte, blieben der Sowjetunion weniger als 24 Stunden zu reagieren. »Jetzt musste der Vater einschätzen, was das wirklich hieß. War es ein Bluff? Oder eine ehrliche Warnung? Er bluffte selber gerne, aber es war ihm auch klar, dass sich

DefCon 2   Die sowjetischen Geheimdienstler in Washington hatten keine Mühe, die DefCon-Order des SAC abzufangen. Verteidigungsminister McNamara ging selbstverständlich davon aus, dass der Einsatzbefehl für die Atomstreitkräfte wie üblich nur verschlüsselt weitergegeben würde. Tatsächlich ließ General Power, Kommandeur der Strategischen Luftstreitkräfte, den DefCon 2-Befehl entgegen allen Vorschriften unkodiert absetzen. Chruschtschow sollte das Potenzial erkennen, das er gegen sich heraufbeschworen hatte. Ob das wiederum zu Kurzschlusshandlungen hätte führen können, ist eine berechtigte Frage. So machten die Militärs jedenfalls – ohne die Politiker – ihre eigene »PR-Arbeit« und heizten damit den Konflikt weiter an. DefCon 2 war die letzte Stufe vor dem Kriegszustand. Nun waren fast 1 500 Bomber in Alarmzustand versetzt, 180 Interkontinentalraketen, 112 Polaris-U-Boot-Raketen. Genügend, um die gesamte Sowjetunion in Schutt und Asche zu legen.

ein Bluff schnell auch in unumkehrbare Realität verwandeln konnte«, schildert Chruschtschows Sohn die Zwickmühle.

Sein Vater hatte abwarten wollen, wie sich Kennedy verhält, doch dazu schien nun keine Zeit mehr zu sein. »Wir sind informiert worden, dass der Krieg noch heute beginnen kann«, hob er an – nicht, ohne abzuwägen. »Natürlich ist es möglich, dass diese Information untergeschoben wurde, aber das Risiko ist zu groß. Die Militärs in Amerika wollen den Krieg. Wir müssen uns auf das wichtigste konzentrieren: Wenn die USA und ihr Präsident sich verpflichten, Kuba nicht anzugreifen, werden wir unsere Raketen abziehen. Ansonsten wird es zu gefährlich.«

Für Chruschtschow war nun also der Moment gekommen, doch seinerseits die Initiative zu ergreifen, ohne auf eine Offerte Kennedys zu werden. Dies sollte in Form eines Briefes geschehen, mit dessen Abfassung man schon am Vortag begonnen hatte. Er stand auf und begann zu diktieren. Nach ausführlichen, geradezu pathetischen Ausführungen zur Verantwortung beider Seiten für den Frieden formulierte er: »Lassen Sie uns deshalb wie Staatsmänner Klugheit zeigen. Ich schlage vor: Wir werden für unseren Teil erklären, dass unsere Schiffe mit dem Ziel Kuba keinerlei Waffen transportieren werden. Sie werden erklären, dass die USA nicht in Kuba einmarschieren werden und keine Streitkräfte unterstützen werden, die eine Invasion auf Kuba beabsichtigen könnten. Dann würde die Notwendigkeit einer Anwesenheit unserer militärischen Spezialisten auf Kuba entfallen.« Hier deutete sich das erste Angebot an: Gegen eine Sicherheitsgarantie für Kuba war Moskau bereit, die Raketen abzuziehen.

Als der siebenseitige Text des Briefes noch einmal verlesen wurde, fügte Chruschtschow eigenhändig einige Korrekturen ein. Für umfassendere Änderungen war es zu spät. Ohne weitere Verzögerungen wurde das Schreiben unverzüglich abgeschickt.

Später wurde spekuliert, Chruschtschow habe dieses Schreiben aufgesetzt, ohne das ZK-Präsidium einbezogen zu haben, doch wie gewohnt ging das Schreiben auch allen Mitgliedern des Politbüros zu. Schließlich hatte das Gremium bereits einen Tag zuvor seiner geänderten Strategie grundsätzlich zugestimmt. Signifikant hingegen ist, dass Chruschtschow offenbar keinen Gedanken daran verschwendete, was Castro von seinem Kurswechsel halten würde. Weder nahm sich der Kreml Zeit, ihn in die strategischen Überlegungen mit einzubeziehen, noch informierte er ihn zu dieser Zeit über die veränderte Lage.

Blockade nutzlos

Am 26. Oktober tagte der ExComm-Ausschuss ab 10 Uhr im Kabinettsaal des Weißen Hauses, völlig ahnunglos über den Kurswechsel in Moskau. Das Schreiben aus Moskau sollte aufgrund technischer Schwierigkeiten erst sehr viel später am Abend eintreffen. CIA-Chef John McCone klärte über die neuesten Geheimdiensterkenntnisse auf. Zur Lage in Europa hieß es, dass alle sowjetischen Streitkräfte in erhöhter Alarmbereitschaft seien, größere Truppenverlegungen aber nicht stattgefunden hätten. Auch die Situation um Westberlin sei im Augenblick noch nicht besorgniserregend. Allerdings, und das interessierte ExComm am meisten, greife die Blockade Kubas nicht. Denn an den Raketenbasen auf Kuba wurde mit unvermindertem Tempo weiter gebaut, 24 Raketen schienen einsatzbereit und auch die Montage der Il-28 ging voran. Vom bevorstehenden Verhandlungsangebot des Kremlchefs wusste der Geheimdienst nichts.

Deshalb beratschlagte die Gruppe nun einmal mehr verschiedene Optionen für das weitere Vorgehen: Entweder die Blockade auf Ölprodukte und Schmiermittel ausdehnen, die Bemühungen um einen Erfolg der UN-Verhandlungen verstärken oder einen Luftschlag auf Kuba, gegebenenfalls gefolgt von einer Invasion, durchführen. McNamara warnte vor hohen Opfern bei einer solchen militärischen Operation.

John F. Kennedy machte dem Krisenstab klar, wie er die Lage

»Weitere offensive Basen entdeckt.«, berichtete die CIA am 24. Oktober. Kennedy geriet durch diese Meldung noch weiter unter Druck.

sah, dass die sowjetischen Raketen nur dann aus Kuba abgezogen werden würden, wenn die USA entweder eine Invasion starten oder aber zu einem Tausch bereit wären. Aber auch jetzt blieben die Türkei-Raketen für das ExComm weiterhin ein Reizthema.

Wieder profilierten sich im Krisenstab die beiden Lager, die Falken und die Tauben. Finanzminister Douglas Dillon zählte zu den ersteren: »Am Freitag, den 26. Oktober, war der Punkt erreicht, an dem klar wurde, dass die Blockade ihren Zweck verfehlt hatte. Sie hatte es nicht vermocht, die Arbeit an den Raketenbasen aufzuhalten, im Gegenteil: Sie ging mit voller Kraft weiter. Und das war der Moment, in dem diejenigen Berater, die wie ich für ein härteres Durchgreifen waren, ganz massiv für zusätzliche Aktionen plädierten – in diesem Fall für den sofortigen Luftangriff.«

Verteidigungsminister Robert McNamara favorisierte einen begrenzten Luftschlag, Dillon einen Luftschlag mittlerer Größenord-

»Raketenaubau ohne Unterbrechung fortgesetzt.«, so die CIA am 26. Oktober; Kennedys See-Blockade war in den Augen der »Falken« ein Fehlschlag.

nung, während Generalstabschef Maxwell Taylor für eine groß angelegte Luftoperation mit 300 Flugzeugen gegen etliche militärische Ziele auf Kuba war. CIA-Chef McCone schließlich setzte sich für eine Invasion ein, um das Kuba-Problem grundsätzlich zu lösen. Das Außenministerium traf bereits Vorkehrungen für einen Regierungswechsel in Kuba, und in der regierungseigenen Druckerei wurde die ersten von Millionen Flugblätter gefertigt, die für den Fall der Invasion die Kubaner zum Sturz Castros aufrufen sollten. Kennedy ordnete an, die Zahl der Tiefflüge über der Insel, die seit dem 23. Oktober zur Aufklärung unternommen wurden, zu erhöhen. Admiral Dennison erhielt von Taylor den Auftrag, seine Truppen auf einen Luftschlag, gefolgt von einer amphibischen Landung vorzubereiten.

Damit war das Spektrum der Maßnahmen an jenem Tag keineswegs ausgeschöpft, auch die geheimen diplomatischen Kanäle wurden eifrig frequentiert. Laut einer streng geheimen Weisung sollte der US-Botschafter in Brasilien, A. Lincoln Gordon, die Regierung in Rio de Janeiro ersuchen, ihren Botschafter in Havanna zu einem Treffen mit Fidel Castro zu bewegen, um ihm zu signalisieren, dass die US-Regierung von Invasionsplanungen Abstand zu nehmen gedenke, wenn die Raketen von Kuba abgezogen werden. Waren das Doppelstrategien? Nein, vielmehr Jonglieren mit drei, vier, fünf Bällen gleichzeitig. Vieles, was geschah, mutete widersprüchlich an. Hinter den Kulissen kam es an diesem Tag auch zu einer Auseinandersetzung wegen verdeckter CIA-Aktivitäten auf Kuba. Robert Kennedy wies den Chef der Task Force William Harvey in die Schranken. Der konnte sich jedoch auf die plötzliche Entrüstung des Justizministers keinen Reim machen. Noch vor einer Woche hatte er heftig Druck ausgeübt und sogar einen Anschlag auf die Matahambre-Minen nahe dem Hafen von Pinar del Rió – ein Areal, das unter dem Kommando von Che Guevara stand – autorisiert. Offenkundig wurde dem Bruder des Präsidenten das Spiel nun zu heiß. Doch sollte es noch einige Tage dauern, bis er die »Mongoose«-Aktivitäten wirklich aussetzte (mit bescheidener Wirkung). Hier zeigt sich einmal mehr, auf wie vielen parallelen Strängen sich die Nervenprobe abspielte. Auf der einen Seite schloss Bobby Kennedy insgeheim den Tauschhandel mit den Raketen nicht aus und ließ dies über diskrete Kanäle auch nach Moskau übermitteln, andererseits spielte er im ExComm – wenn vielleicht auch nur als Advocatus Diaboli – mit dem Gedanken einer Invasion. Gleichzeitig blieben auf Kuba militante Anti-Castro-Trupps im Einsatz. In dieser scheinbaren Widersprüchlichkeit zeigt sich der ganze Pragmatismus, ja auch die Beliebigkeit der Kubapolitik des Weißen Hauses. Man ging so weit man eben gehen konnte und wich zurück, wenn man es denn musste – Hauptsache man entledigte sich des »Stachels« im Fleisch. Wenn sich die verschiedenen Stränge da nur nicht in die Quere kamen.

Geheimtreffen

Die Kuba-Krise war das Fest der Hintergrund-Diplomaten. Und so trieb mal der eine, mal der andere Backchannel in jenen Tagen Blüten. Während am 26. Oktober das Moskauer Telegrafenamt noch immer versuchte, in nicht weniger als acht Stunden häppchenweise die Botschaft Chruschtschows nach Washington zu senden, während sich die Gemüter des ExComm im Weißen Haus einmal mehr erhitzten, fanden in einschlägigen Lokalen des US-Regierungsviertels zwei Treffen zweier alter Bekannter statt. Der eine hieß John Scali, war beim Außenministerium akkreditierter ABC-Korrespondent und populärer Moderator der Sendung *Issues and Answers*, wo politische Prominenz ein und aus ging. Der andere hieß Aleksandr Feklisov, unter dem Decknamen Fomin offiziell der Presseattaché der Sowjetbotschaft, tatsächlich aber der oberste KGB-Mann vor Ort. Beide kannten sich seit Anfang des Jahres und hatten sich in unregelmäßigen Abständen getroffen. Das FBI hatte Scali, der das

---

Scali und Feklisov »Am Freitag, dem 26. Oktober, habe ich Scali um ein Treffen gebeten. Er hat sofort eingewilligt. Ich wollte einfach etwas erfahren, nützliche Informationen erhalten. Er war so ein gesprächiger Mensch«, sagt Feklisov. Der angeblich so redselige Scali habe, kaum dass sie sich gesetzt hatten, mit forschen Worten eröffnet: »Wie geht's Chruschtschow?«. Darauf Feklisov: »Chruschtschow ist 6 000 Kilometer entfernt.« Scali habe daraufhin den Ton verschärft, Chruschtschow als Scharfmacher bezeichnet und davor gewarnt, Kennedy zu unterschätzen und schließlich gedroht, »dass die Generäle und Admiräle die ganze Zeit Kennedy bedrängten, die Erlaubnis für eine Invasion Kubas zu geben. Im Verlauf von 48 Stunden würde das Castro-Regime verschwinden mitsamt den sowjetischen Raketen. Dean Rusk habe schon eine neue Regierung aus kubanischen Emigranten zusammengestellt.« Daraufhin Feklisov: »Wissen Sie, wenn amerikanische Truppen auf Kuba einmarschieren, bedeutet das, Chruschtschow völlige Handlungsfreiheit zu geben. Dann wird die sowjetische Regierung einen Gegenschlag

Vertrauen von Außenminister Rusk genoss, informiert, dass Feklisov der Washingtoner KGB-Resident war. Dieser lud den Journalisten nun für 13.30 Uhr in das legendäre »Occidental« ein, angeblich um mit ihm die gegenwärtige Lage zu besprechen. Was genau an diesem Tag geschah, ist aufgrund widersprüchlicher Aussagen nicht bis ins Letzte zu klären. Scali lebt nicht mehr, nur Feklisov kann als Zeuge befragt werden. Feklisov bestreitet vehement, irgendwelche Instruktionen gehabt zu haben. Dass Chruschtschow selber den KGB eingeschaltet habe, namentlich dessen Chef Semichastnij, um über den Kreml-Brief des 26. Oktober hinaus die Kernbotschaft nach Washington zu übermitteln, ist durch nichts belegt. Fest steht jedoch, dass »Fomin« die Initiative zu dem Treffen ergriffen hat. Vielleicht fühlte er sich qua seiner Funktion autorisiert, über Scali wichtige Informationen einzuholen – so stellt er es im Interview dar. Womöglich kamen dann beide gemeinsam – im Eifer des Wortgefechts – auf jene Formel für die Lösung des Konflikts, die ja irgendwie in der Luft lag, und fassten sie als Vorschlag der Gegenseite auf.

ausführen, an einem Ort, der sich weit weg von den USA befindet, aber große politische und militärische Bedeutung hat.« Scali sei nun nervös geworden:»Was glaubst Du, werdet Ihr Berlin besetzen?« Feklisov:»Das ist durchaus möglich!« Danach Scali:»Die USA und die Verbündeten in der NATO werden Berlin mit allen Kräften verteidigen!« Feklisov:»John, wenn eine vieltausendfache Lawine sowjetischer Panzer zum Angriff übergeht und über ihnen ein Geschwader von Tieffliegern herandonnert, dann werden sie alles in Brand setzen, was ihnen im Weg steht. Eure Leute wollen in 48 Stunden Kuba einnehmen, ich denke, dazu ist mehr Zeit notwendig. Aber um Westberlin zu erobern, braucht man weniger als 24 Stunden. Wer verteidigt Westberlin? Ein paar Tausend amerikanische GIs, englische Bataillone und eine französische Kompanie. Sie können keinerlei Widerstand leisten.« Scali:»Dann ist der Krieg also gar nicht so weit weg, wie wir denken?« Feklisov:»Alles hängt von unseren politischen Führern ab.«

Die Hintertreppendiplomatie für diesen Tag war noch nicht abgeschlossen. Nach dem ersten Treffen mit Feklisov eilte Scali ins Außenministerium in der festen Überzeugung, eine indirekte Nachricht von Chruschtschow erhalten zu haben. Dort war die Botschaft sehr willkommen, auch wenn sich Außenminister Dean Rusk nicht sicher sein konnte, ob der KGB die offizielle Position der Sowjetführung wiedergab oder – wie so oft – sein eigenes Spiel spielte. Rusk bat Scali, ein zweites Treffen mit Feklisov zu verabreden, der immerhin seine geheime Telefonnummer ausgehändigt hatte. Das zweite Meeting fand um 19.30 Uhr im Statler Hotel statt. Scali war instruiert worden, im Namen der »höchsten Autorität« anzubieten, dass USA und UdSSR Verhandlungen unter Vermittlung von UNO-Generalsekretär U Thant in New York führen könnten. Feklisov erinnert sich noch lebhaft an den Moment, als er fragte, welche »höchste Autorität« gemeint sei. Scali habe geantwortet: »Der Präsident der Vereinigten Staaten«.

Tatsächlich war Scali bei diesem zweiten Treffen autorisiert, im Namen der US-Regierung die Formel »Abzug gegen Gewaltver-

Dann – nach so viel schießwütiger wie eigenmächtiger Rhetorik – kam jener denkwürdige Moment, an dem sich die Geister bis heute scheiden. Scali soll einer Offerte gleich den Bann gebrochen haben: »Was wäre, wenn Fidel Castro in einer Rede sagen würde, dass er zum Abbau der Raketen bereit wäre, wenn Kennedy dafür garantiert, Kuba nicht anzugreifen?« Feklisov ist heute noch der Auffassung, dass Dean Rusk John Scali persönlich instruiert habe, einen solchen Vorschlag zu unterbreiten. In der Version John Scalis hört sich das jedoch anders an. Danach kam die Offerte von Feklisov. Je nach Darstellung der beiden Teilnehmer war der jeweils andere an diesem Freitag nervöser und brachte das Gesprächsthema auf eine diplomatische Lösung des Konflikts, die im Wesentlichen aus dem Abzug der sowjetischen Atomraketen unter UN-Kontrolle auf der einen und der amerikanischen Garantie, nicht in Kuba zu intervenieren, auf der anderen Seite bestand. Scali fertigte einen Vermerk für das Außenministerium an.

zicht« als Lösungsmöglichkeit zu bestätigen. Die Offerte des Weißen Hauses stand somit. Feklisov wollte sie umgehend übermitteln. Dann geschah wieder Kurioses, niemand in der sowjetischen Botschaft sah bei »Fomin« eine Zuständigkeit für solche Verhandlungen. Dobrynin hielt den Bericht angeblich zurück. Als der Bericht später doch abgeschickt wurde, sah sich in Moskau wiederum niemand zur Weitergabe berufen. So traf das Feklisov-Schreiben erst ein, als Chruschtschow seinen Brief schon auf den Weg gegeben hatte. Die Initiative hatte somit entgegen späterer Legenden keinen Einfluss auf die Entscheidung im Kreml. Und das Weiße Haus? Es sah in dem Vorgang immerhin ein (halb)offizielles Signal aus Moskau, mit dem Schlüssel zu einer Lösung. Vielleicht stellte man die Glaubwürdigkeit auch deshalb nicht weiter in Frage, weil es nicht die einzige Botschaft an jenem Tag blieb. Da hatte sich ja noch der Brief Chruschtschows via Telegrafen nach Washington gequält.

Welt am »Draht« Tonnenschwere Nuklearraketen konnten innerhalb von dreißig Minuten quer über den Globus ihren Weg zum Gegner finden, Nachrichten von ein, zwei bedruckten Seiten hingegen benötigten manchmal Stunden, bis sie beim Adressaten eintrafen. Chruschtschows erster Brief war fast zwölf Stunden unterwegs gewesen, bis Kennedy ihn am 26. Oktober endlich zu lesen bekam. Kaum besser war es jener Nachricht ergangen, die am 23. Oktober über den geheimen Backchannel – via Bolschakov – amerikanische Verhandlungsbereitschaft signalisieren sollte.

Sowjetbotschafter Anatolij Dobrynin berichtet: »Wollen Sie wissen, wie das funktionierte, wenn ich ein Eiltelegramm aufgab? Zunächst musste ich alles mit der Hand schreiben, ich diktierte niemals. Das war eine Sicherheitsmaßnahme, denn wir konnten ja abgehört werden. Dann musste ein Mitarbeiter zur Verschlüsselung gerufen werden, was ziemlich aufwändig ist. Die Blätter wurden dann über ein öffentliches Telegrafenamt, wie zum Beispiel von Western Union, nach Moskau gekabelt. Wir riefen bei Western Union an und in der Regel kam ein jun-

Der Brief mit dem Knoten

Die Nachrichten von Feklisovs Angebot und von Chruschtschows Brief erreichten das Weiße Haus am 26. Oktober etwa zur gleichen Zeit. ExComm traf sich um 22 Uhr, um beides zu erörtern. In dem langen, gewundenen Schreiben verlieh Chruschtschow seiner Sorge Ausdruck, dass beide Seiten die Kontrolle über die Entwicklung verlieren könnten, appellierte an die gemeinsame Verantwortung für die Erhaltung des Friedens, sprach dem US-Präsidenten seine persönliche Hochachtung und sein Vertrauen aus und versicherte die Aufrichtigkeit der sowjetischen Friedensbemühungen. Keines der sowjetischen Schiffe mit dem Kurs auf Kuba führe mehr Kriegsmaterial mit sich – die notwendigen Waffen seien schon dort. »Sie und ich, Herr Präsident«, so heißt es weiter, »sind wie zwei Männer, die an einem Strick mit einem Knoten ziehen. Wird der Knoten jetzt zu fest, dann hilft nur noch das Schwert, ihn aufzulösen.« Die Formel

ger Farbiger mit dem Fahrrad.« Botschaften auf Leben und Tod im Rucksack eines Fahrradkuriers gehörten zum Alltag im internationalen Konfliktmanagement. »Wehe, wenn der Bote unterwegs seine Freundin trifft, oder eine Cola trinken geht« – so Dobrynins Bedenken damals.

Folglich wurden die Nachrichten wie Tennisbälle im Zeitlupentempo von der einen Seite des Erdballs auf die andere geschickt und zurück. Neben den technischen Problemen sorgte auch die Zeitverschiebung dafür, dass oft nicht mehr als zwei Nachrichten pro Tag durchgingen, aber vielleicht war das gar nicht mal so schlecht, meint Sergej Chruschtschow: »Vielleicht war die Zeitverschiebung sogar ein Vorteil. Denn während die eine Seite schlief, verfasste die andere ihre Botschaft. Die schickten sie dann ab und gingen zu Bett. So hatte man Zeit, über die Antwort nachzudenken.«

Um den 27. Oktober, jenem »schwarzen Samstag«, überstürzten sich jedoch die Vorgänge. Die Eskalation war aus der Sicht der Akteure eine Frage von Stunden.

vom Gegengeschäft, die letzteres verhindern sollte, kam in dem Schreiben nur als Andeutung vor, passte aber – zufällig – zu dem, was Scali aus dem Feklisov-Backchannel in etwas konkreterem Wortlaut übermittelte: Abzug der Raketen gegen Sicherheitsgarantie. Dieser Brief Chruschtschows unterschied sich von allem, was jemals aus der Feder von Kreml-Herrschern nach Washington übermittelt wurde. »Ich glaube, dieser Brief war ein Schrei des Herzens«, sagt Ted Sorensen, »Ich denke, Chruschtschow erkannte, dass sein Glücksspiel, Raketen auf Kuba zu stationieren, schiefgegangen war, dass er Gefahr lief, einen Krieg loszutreten, der die Sowjetunion alles kosten konnte, was sie erreicht und über Jahre aufgebaut hatte. Der Brief war sehr emotional, aber er war auf seine Art auch vernünftig und eloquent.«

Erste Anflüge von Entspannung, aber auch Verwunderung über den sich abzeichnenden sowjetischen Kurswechsel machten sich im ExComm breit. Der Präsident hatte Grund aufzuatmen. Hatte man am Morgen noch über militärische Maßnahmen debattiert, schien Chruschtschow jetzt ernsthaft um eine Lösung bemüht. »Ich würde sagen, Chruschtschows Brief war ein entscheidender Wendepunkt«, erzählt Raymond Garthoff, »denn unmittelbar zuvor sagten die Falken unter den ExComm-Mitgliedern noch, durch die ›Quarantäne‹ sei es nicht gelungen, die Raketen loszuwerden.« Nun erschien die Blockade-Lösung plötzlich wieder in einem positivem Licht: »Die ›Quarantäne‹ gab Chruschtschow Zeit zu überlegen, und wir wollten, dass er Zeit hatte zum Überlegen. Hätten wir uns für die andere Option entschieden, Kuba und die Raketenstellungen sofort zu bombardieren, hätte er keine Zeit zum Nachdenken gehabt. Er hätte ärgerlich, militärisch, emotional und sehr energisch reagiert. Das hätte einen Weltkrieg ausgelöst«, so Sorensen.

Dennoch wollten die Falken noch keine Ruhe geben und suchten nach Fallstricken bei Chruschtschows Offerte. Das Schreiben enthielt weder eine Erwähnung der Atomraketen noch das explizite Versprechen, Waffen von der Insel abzuziehen. Das wurde lediglich signalisiert. So rieten einige ExComm-Mitglieder zur Vorsicht: War das Angebot wirklich ernst gemeint oder handelte es sich nicht doch wieder um ein Täuschungsmanöver? War es überhaupt sinnvoll, in diesem Stadium eine Sicherheitsgarantie abzugeben? Würde es nicht reichen, erst einmal die Rücknahme der Blockade in Aussicht zu stellen? Für Kennedy stellte das Schreiben jedenfalls eine Grundlage dar. An das Außenministerium erging der Auftrag, am kommenden Morgen einen Antwortentwurf vorzulegen. Die ExComm-Mitglieder gingen an diesem Abend ruhiger schlafen als in den Tagen zuvor. Vielleicht auch, weil sie nicht wussten, was sich außerhalb ihres Sichtfeldes abspielte:

Chruschtschow legt nach

Auf den ersten versöhnlichen Brief Chruschtschows stand die Antwort Washingtons noch aus. Der sowjetische Ministerpräsident hatte in der Nacht auf den Samstag (27. Oktober) im Kreml übernach-

Pannen-Register Der Wachoffizier einer Raketen-Kommando-Zentrale in Duluth, Minnesota wurde gegen Mitternacht am 25. Oktober 1962 hellhörig. Was er dort im Schein der Laterne zu sehen glaubte, war ungeheuerlich, da schwang sich doch tatsächlich jemand über den Sicherheitszaun des Stützpunkts. War der unbekannte Eindringling ein Saboteur? Sofort gab der Offizier Sabotagealarm – auch an die umliegenden Raketenbasen. Doch statt des Sabotagealarms meldete die Sirene einen bevorstehenden sowjetischen Angriff auf die Vereinigten Staaten. Die Piloten beeilten sich, ins Cockpit ihrer F-106A-Abfangjäger zu kommen. Ein letzter Check der Bewaffnung: Abfangraketen mit Atomsprengköpfen – dann ab in die Luft. Die Piloten waren ohne gesonderte Erlaubnis berechtigt, diese Waffen einzusetzen. Die Besatzungen ließ die Triebwerke an, rollten an den Start der Rollbahn und wähnen sich kurz davor, in die drohende Luftschlacht um Amerika einzugreifen. Doch plötzlich entdeckten sie ein Hindernis am Ende der Rollbahn. Ein Fahrzeug hatte sich in Position gebracht, das Auto machte mit blinkenden Scheinwerfern auf sich aufmerksam. Im Wagen saß

tet, um für alle Fälle gewappnet zu sein. Aus Kuba trafen dramatische Meldungen ein, die Zeichen stünden auf Invasion. Doch der Kreml-Chef hatte eine andere Theorie. Die Sitzung am frühen Morgen begann wie so oft mit einem langen Monolog, in dem er seinen Zuhörern seine neuesten Erkenntnisse unterbreitete. Chruschtschow meinte nun rückblickend, Kennedy habe seine Fernsehansprache nicht aus einer Position der Stärke heraus gehalten. Alles spreche dafür, dass er eine Invasion nicht wagen würde. »Wir müssen berücksichtigen, dass die USA Kuba bislang nicht angegriffen haben.« Immerhin waren inzwischen fünf Tage vergangen, zum Aufmarsch für eine Landeoperation hätte es gerade mal 24 Stunden bedurft: »Meines Erachtens sind sie zum gegenwärtigen Zeitpunkt nicht bereit anzugreifen.«

All die Befürchtungen, die zu seinem ersten Angebot an Kennedy geführt hatten, auch die Annahme, dass der junge Präsident in die Fänge seiner Falken geraten war, sie schienen plötzlich zweitrangig.

ein Offizier, der in buchstäblich letzter Sekunde den Start verhindern konnte. Er hatte den Fehlalarm bemerkt.

Derjenige übrigens, der die Kettenreaktion in Minnesota auslöste, war kein Terror-Agent, es war ein hungriger Bär, der unbeholfen im Licht der Scheinwerfer den Sicherheitszaun erklommen hatte. Im Dunkeln auf der Suche nach etwas Futter hätte er beinahe das Tor zum nuklearen Luftkampf aufgestoßen.

Diese und andere Pannen während der Kuba-Krise hat der Princeton-Historiker Scott D. Sagan minutiös rekonstruiert, was ihn ebenso wie McNamara und andere zum Resümee veranlasste, dass damals viel Glück im Spiel war.

Ein weiteres Beispiel gab ein missverständlicher Raketentest. Es war Freitag, der 26. Oktober 1962, auf der Vandenberg Air Force Base in Kalifornien, um 4 Uhr morgens. Der Kreml war zu dieser Zeit sehr besorgt, weil alle Meldungen, die ihm zum Frühstück aus Washington aufgetischt wurden, auf einen harten Kurs Kennedys hindeuteten. Was wäre geschehen, wenn die Sowjets auch noch über Aufklärungs-

Hatte Chruschtschow, der keinen Krieg wollte, zum Abzug bereit war, aber immer noch pokerte, zu vorschnell eine Offerte an die USA gerichtet? Hätte er mehr fordern können, etwa den Abzug der Raketen aus der Türkei? Laut Sergej Chruschtschow habe sein Vater Außenminister Gromyko gefragt:»Wann ist mein Brief abgeschickt worden?« –»Gestern, Genosse Generalsekretär«, soll der Außenminister daraufhin geantwortet haben.»Wären die Amerikaner womöglich zum Abzug ihrer Raketen bereit?« – daraufhin meinte Gromyko, vieles spreche dafür. Immerhin gab es prominente internationale Stimmen, die das vorschlugen. Vielleicht hat sich der Kreml auch auf Geheimdienstquellen berufen können. Denn inzwischen hatte eine weitere Hintertreppen-Botschaft ihren Weg nach Moskau gefunden. Die von GRU-Mann Georgij Bolschakov, der über die Aussagen der beiden Journalisten Bartlett und Holeman berichtete, der Abzug der Türkei-Raketen sei möglich.

Vor diesem Hintergrund sah Chruschtschow offenbar weniger

satelliten verfügt hätten – oder bessere Spione? Dann wären sie womöglich aufgeschreckt angesichts dessen, was zur gleichen Zeit auf der anderen Seite des Globus, im sonnigen Kalifornien passierte. Dort zündeten nämlich die Vandenberg Air Force-Männer im Abschusskontrollzentrums eine Interkontinentalrakete vom Typ Atlas F, die normalerweise dafür gedacht war, mehrere tausend Kilometer weit zu fliegen und die Vernichtungskraft riesiger Nuklearsprengköpfe ins Zentrum sowjetischer Ballungsgebiete zu tragen. Prekär war, dass auf dem Höhepunkt der Kubakrise das Testen nach Plan fortgeführt wurde. Der Präsident, dem im fernen Washington wahrscheinlich gerade die Sorgen um Deeskalation der Krise den Schlaf raubten, wusste schlichtweg nicht, dass die Streitkräfte, deren Oberbefehlshaber er war, weiter Dienst nach Vorschrift taten.

Drei Tage zuvor hatte das Strategische Luftkommando die Interkontinentalraketen der Vandenberg Air Force Base mit Atomsprengköpfen bestückt – neun an der Zahl. Nur eine einzige Atlas-Rakete, umgeben von»scharfen«Waffen, trug keinen Nuklearsprengkörper. Das

das Risiko eines Krieges als vielmehr die Gefahr, die Partie nicht bis zum Letzten ausgereizt zu haben und am Ende als Verlierer dazustehen. Seit Monaten schon wusste er, dass die USA beabsichtigten, ihre im Prinzip schon veralteten Jupiterraketen – auch wenn sie eben noch mit militärischem Zeremoniell, Paradeuniformen und Marschmusik an die Türkei übergeben worden waren – wieder abzuziehen. Die Vereinigten Staaten verlegten weitere Teile ihrer atomaren Streitmacht unter die Wasseroberfläche; U-Boot-gestützte Polaris-Raketen waren sicherer, flexibler und unauffälliger. So konnte der Preis der Türkeiraketen so schmerzlich für die USA nicht sein – zumindest in strategischer Hinsicht. »Wenn wir erreichen könnten, dass die Raketenbasen in der Türkei aufgegeben werden, hätten wir gewonnen«, lautete die Tagesbotschaft Chruschtschows an sein ZK-Präsidium.

wussten die zehn Offiziere im Abschusskontrollzentrum, als sie die Raketenschlüssel umdrehten und damit den 30-Sekunden-Countdown für den Test starteten. Aber welcher sowjetische Spion, welcher Kapitän auf einem sowjetischen Schiff hätte ahnen können, das sich die Rakete nicht gegen Moskau, Leningrad oder Wolgograd richtete? Der fehlenden sowjetischen Aufklärung war es zu verdanken, dass sich Chruschtschows und Kennedys sorgenvolle Gesichter nicht weiter verdunkelten. Auch Unwissenheit kann dem Weltfrieden dienlich sein.

Weitere Risiken entstanden, etwa, als es gar nicht schnell genug gehen konnte, in Malmstrom in Montana die ersten Minuteman-Raketen in den neuen Silos zu installieren. Im Bestreben, sofortige Alarmbereitschaft herzustellen, wurden einige Verfahren für die Routinesicherheit übergangen. Zudem seien die Mannschaften zur Kontrolle der nuklearen Kapazitäten nicht vollständig ausgebildet worden. Vermutungen gehen so weit, dass es durch falsche Verdrahtungen und Kurzschlüsse zu einem versehentlichen Raketenabschuss hätte kommen können. Selbst wenn kein nuklearer Sprengkopf aktiviert worden wäre, ein solcher Start konnte von der Gegenseite als Signal für einen nuklearen Erstschlag aufgefasst werden.

Diplomatisch umständlich, aber eindeutig schrieb der Kremlchef an Kennedy:»Wir sind damit einverstanden, die Waffen, die Sie als offensive Waffen ansehen, aus Kuba abzuziehen.«Dann die brisante Forderung:»Die Vereinigten Staaten werden ihrerseits, in Anbetracht der Angst und Sorge in der Sowjetunion, die gleichen Waffen aus der Türkei abziehen.«Das war die Preiserhöhung schwarz auf weiß. Und es konnte Chruschtschow gar nicht schnell genug gehen, die Nachricht nach Washington zu übermitteln, denn er wollte das erste Schreiben damit praktisch ungeschehen machen. Der US-Präsident sollte gar nicht erst auf den Gedanken kommen, er habe das Spiel für sich entschieden. Und so wählte man neben dem altgedienten Telegrafen auch noch das schnellste aller Kommunikationsmittel. Über Radio Moskau wurde die Nachricht in den Äther geschickt.

Machte sich im Kreml niemand Gedanken, wie publizistisch verheerend eine solche Offerte im Weißen Haus wirken musste? Nach dem Duktus des ersten Schreibens kam dieser Vorstoß einer regelrechten Erpressung gleich. Und – bedingt durch die Radiomeldung – fand der Schaukampf nun in der Öffentlichkeit statt. Sergej Chruschtschow sieht darin einen Rückfall während der Krise:»Im Kreml konnte man sich diese andere Welt einfach nicht vorstellen, in der ein Präsident nicht ohne Rücksichtnahmen frei entscheiden konnte, unter öffentlichem Druck stand und Rücksicht auf die Sympathien seiner Wähler nehmen musste.« Heute meint der Sohn, der Vater habe mit dem neuen Brief überstürzt gehandelt, »und damit das Spiel in eine andere Dimension katapultiert. Die geheimen Verhandlungen zwischen zwei Regierungen wurden offengelegt, geheime Schreiben wurden zu Themen in den Zeitungen.« Wenn Nikita Chruschtschow geahnt hätte, welche Lawine er damit lostrat, welche Geister er damit in der US-Hauptstadt weckte, er hätte es sich zweimal überlegt.

Er konnte ebenfalls nicht ahnen, dass sein Bundesgenosse auf der Zuckerinsel ebenfalls ein Schreiben verfasste, an ihn, den Kreml-Chef, das ebenso Sprengstoff in sich barg.

Castros Temperament

Die Nervosität der kubanischen Freunde war auch den sowjetischen Kommandeuren vor Ort nicht verborgen geblieben, und es mehrten sich die Anzeichen, die für eine Offensive der USA sprachen. Mit tieffliegenden Aufklärern nahm ihre Luftwaffe die Raketenbasen und andere militärische Stellungen unter die Lupe. Herumgesprochen hatte sich auch in Havanna, dass sich das Strategische Luftkommando der Vereinigten Staaten in höchster Alarmbereitschaft befand. General Gribkov erinnert sich an Meldungen vom 26. Oktober, wonach die amerikanischen Truppen angeblich schon in der kommenden Nacht angreifen wollten. Dass einer amphibischen Landung umfassende Luftangriffe vorausgehen würden, lag auf der Hand. Obwohl Botschafter Alekseev davon abriet, weil er eine Eskalation fürchtete, erteilte Castro den Schießbefehl gegen US-Flugzeuge. Auch die sowjetischen Luftabwehrkräfte wurden in Gefechtbereitschaft versetzt. General Pliev wies sie an, im Falle eines Luftangriffs das Gegenfeuer zu eröffnen. Und die Atomraketen? »Als Kennedy seine Rede hielt, befanden sich die Sprengköpfe noch nicht bei den Startrampen, sondern etwa 120, 150 Kilometer weit weg im Norden im Dorf Bejukal«, erinnert sich General Gribkov, »doch hat Pliev in der Nacht vom 25. auf den 26. Oktober die Sprengköpfe an die Positionen der Regimenter heranfahren lassen, ohne einen Befehl aus Moskau abzuwarten.« Die Benachrichtigung des Kreml erfolgte später. In einer Blitznachricht teilte Pliev seine militärische Lagebeurteilung und die schon eingeleiteten Maßnahmen dem sowjetischen Verteidigungsministerium mit. Malinovskij akzeptierte die Schritte Plievs, bereitete einen Befehl an ihn vor, der ihm erlaubte, die Insel nach eigenem Ermessen zu verteidigen.

In Kuba standen in jenen Tagen neben etwa 40 000 Sowjets 350 000 Männer und Frauen unter Waffen. Die Hauptstadt glich einer Festung. Luftabwehr schoss auf die Tiefflieger der US-Aufklärung: »Es war eine Demütigung, dass wir nicht früher feuern durften«, sagen kubanische Zeitzeugen. »Fidel selber war bereit, einen

Tiefflieger abzuschießen, er wollte bei den Flakschützen sein, in San Antonio de los Baños«, berichtet das heutige ZK-Mitglied Jorge Risquet. War man sich des Risikos solcher Feuergefechte bewusst? »Die Verantwortung für einen Atomkrieg, wenn er ausgebrochen wäre, weil Kuba ein amerikanisches Flugzeug abschießt, das provokativ und plamäßig den Lufraum verletzt, hätte bei den USA gelegen. Wir hätten uns in diesem Fall nur verteidigt«, sagt Risquet. Von Moskau fühlte Castro sich sträflich vernachlässigt. Hatte er nicht der Stationierung der Raketen um der gemeinsamen revolutionären Sache willen zugestimmt? Nun schien man ihm lediglich die Rolle eines Statisten zuzugestehen. Man schrieb den 27. Oktober, früh am Morgen griff Aleksandr Alekseev nach dem Hörer. Kein Geringerer als der kubanische Präsident Osvaldo Dorticós war am Apparat und teilte ihm mit, Castro befinde sich schon auf dem Weg zu ihm in die Wohnung, es handele sich um »ein wichtiges Treffen«. Doch der Máximo Líder brachte vor allem ein Maximum an Appetit mit, stopfte unaufhörlich Wurst in sich hinein und spülte sie mit Unmengen Bier hinunter. Castro war extrem nervös, und ein Mittel dagegen war Völlerei. Was ihm hingegen wirklich Bauchschmerzen bereitete, war die feste Überzeugung, dass die USA in den kommenden Tagen seine Insel angreifen würden. Darauf gab er Wetten von 20 zu eins: »Wir waren fest entschlossen, gegen die piratenhaften, heimtückischen und aggressiven Aktionen der USA vorzugehen. Ein Zurückweichen gab es für uns nicht. Um die Wahrheit zu sagen: Es kam uns überhaupt nicht in den Sinn nachzugeben.«, so Castro später.

Ein Brief des brasilianischen Staatschefs João Goulart hatte Öl ins Feuer gegossen: Wenn die Raketen nicht innerhalb der nächsten 48 Stunden abgebaut würden, ließ dieser verlautbaren, würden die Amerikaner sie mit ihren Bomben in Einzelteile zerlegen. Gab es da noch Grund zu zweifeln? Nachdem Fidel dem sowjetischen Freund gegenüber sein Leid geklagt, zahllose Bierflaschen geleert und einige Schlachtplatten abgeräumt hatte, kam er auf den Punkt: Er wolle Chruschtschow einen Brief schreiben. Castro setzte an, stoppte, verwarf den ersten Entwurf. Auch der zweite, dritte, vierte gefiel ihm nicht. Insgesamt nahm der gelernte Advokat zehn Anläufe, um den Brief in die gewünschte Form zu bringen. »Wenn die Imperialisten mit dem Ziel auf Kuba einmarschieren, um es zu okkupieren«, so der Kernsatz der Botschaft, »ist die Gefahr, welche diese aggressive Politik für die Menschheit bedeutet, so groß, dass die Sowjetunion dann niemals Umstände hinnehmen kann, unter denen die Imperialisten einen Erstschlag gegen sie durchführen könnten.« Das klang so nebulös wie unheimlich. Castro weiter: Seiner Meinung nach wäre das der »geeignete Moment, eine solche Gefahr durch einen Akt legitimer Verteidigung für immer zu beseitigen.«, ganz gleich, wie hart und schrecklich die Lösung auch wäre.

Das hieß im Klartext: Wenn es zum Angriff auf Kuba komme, sei ein nuklearer Erstschlag gegen die Vereinigten Staaten ratsam. Oder es sei nun an der Zeit, über einen Präventivschlag nachzudenken. Beides musste aus sowjetischer Sicht abenteuerlich anmuten. Alekseev hakte nach, hatte er richtig verstanden? Castro erwiderte, er meine das »nicht direkt« so, »aber unter bestimmten Umständen dürfen wir nicht warten, bis wir die Perfidität der Imperialisten erleben.« Der Hang zum Märtyrertod zählte zu den unberechenbaren Eigenschaften Castros. War Kuba der vorherbestimmte Ort historischer Wahrheitsfindung, wo beide Supermächte in schicksalhaftem Kampfe den Gegensatz der Systeme bis zur bitteren Neige auskosten sollten?

Alekseev machte sich ernsthaft Sorgen: Welche Wogen würde der Brief in Moskau schlagen? Er wusste noch nicht, dass es fast 24 Stunden dauern sollte, bis der sowjetische Generalsekretär überhaupt Notiz von Castros Drohbotschaft nehmen würde. Der Sowjetbotschafter kündigte das Schreiben vorsorglich in Moskau an, nahm dabei vorweg, dass Castro fest davon ausgehe, dass ein US-amerikanischer Angriff in den nächsten Tagen bevorstehe.

ExComm in der Zwickmühle

Die Mitglieder von Kennedys Krisenstab fanden sich am 27. Oktober um punkt zehn Uhr im Kabinettsaal des Weißen Hauses ein. Wichtigstes Thema war die Antwort auf Chruschtschows versöhnlichen ersten Brief. Ging schon dieses Schreiben einigen Falken zu weit in der Forderung nach einer Sicherheitsgarantie für Kuba um den Preis eines Raketenabzugs, sollten sie vom neuen Brief aus Moskau in basses Erstaunen versetzt werden. Die Tonband-Aufzeichnung jenes Moments, als der Text der neuen Kreml-Offerte in die Runde platzte, ist bezeichnend. Zu hören ist die Stimme eines gleichermaßen erschrockenen wie konsternierten US-Präsidenten. Höchstpersönlich las er vor, dass Ministerpräsident Chruschtschow die Raketen dann aus Kuba abziehen wolle, wenn die Vereinigten Staaten dasselbe in der Türkei tun würden. Tumult kam auf im Sitzungsraum:»Das hat er nicht wirklich gesagt, oder?«, fragte einer ungläubig.»Das kann nicht sein«, rief der Präsident:»Das stand doch nicht in dem Brief, den wir erhalten haben, oder?«Redenschreiber Ted Sorensen dazu heute:»Dieser zweite Brief schlug im ExComm wie eine Bombe ein. Der erste Brief hatte uns noch hoffen lassen, nun aber befürchteten wir das Schlimmste.«Raymond Garthoff sagt:»Wir fragten uns natürlich, ob Chruschtschow nun anfing, jeden Tag neue Forderungen zu stellen?«

Chruschtschow schien tatsächlich den Preis für die friedliche Beilegung des Konflikts erhöht zu haben. Die Spannung im Kabinettsaal stieg. Was war in Moskau geschehen? War Chruschtschow überhaupt noch an der Macht? Hatte es einen Militärputsch gegeben? Bundy meinte, der erste Brief – das sei Chruschtschow selbst, der zweite – das seien die Betonköpfe. Der Präsident wischte solche Vermutungen vom Tisch. Es gebe keine Anzeichen für einen Umsturz im Kreml.

Washington war auf dem falschen Fuß erwischt worden. Und Chruschtschow traf die Achillesferse:»Sie sind wegen Kuba beunruhigt?«, hieß es in seinem Schreiben geradezu herausfordernd,

»die Türkei liegt auch in unserer Nähe. Sie halten sich also für berechtigt, für Ihr Land Sicherheit und die Entfernung jener Waffen zu fordern ... gestehen uns dieses Recht aber nicht zu«. Das war ein entwaffnendes Argument, und Kennedy sah dies. Die Türkei-Lösung, die wenn überhaupt nur als Notnagel für ein geheimes Arrangement geeignet war, geriet nun zur öffentlichen Angelegenheit. War eine solche Option überhaupt noch möglich, wenn man zugleich vor der eigenen Bevölkerung sein Gesicht wahren wollte? Kennedy war klar, dass weder ExComm noch die eigene politische Landschaft auf einen solchen Deal vorbereitet war. Hatten nach der ersten Chruschtschow-Note die Tauben gepunktet, kamen nun die Falken wieder aus der Deckung. Sie wollten nun erst recht Härte zeigen und den Druck erhöhen.

John F. Kennedy hatte genau begriffen, dass Chruschtschow nun die Weltöffentlichkeit als seine Wunderwaffe einsetzen wollte: »Wenn das hier sein neuer Vorschlag ist, geraten wir in eine unhaltbare Position«, befürchtete der Präsident, denn »jedem Mitglied der Vereinten Nationen und jedem anderen vernünftigen Menschen erscheint dies selbstverständlich wie ein sehr fairer Handel.« Kennedy hatte schon Tage vorher darum gebeten, in aller Diskretion zu sondieren, wie die Türkei zu einem möglichen Abzug der Raketen stehe, weil ein solcher Vorstoß nicht auszuschließen war: »Wir hatten seit einer Woche damit gerechnet. Wie weit sind die Verhandlungen mit den Türken?« Außenminister Dean Rusk, eigentlich Kennedys stiller Mitstreiter für eine Verhandlungslösung, traf diese Frage wie einen Schüler, der seine Hausaufgaben nicht gemacht hatte. »Wir haben nicht mit den Türken verhandelt.« Kennedys Blick verfinsterte sich: »Ich habe seit einer Woche davon gesprochen.« Vize-Minister George Ball versuchte, die Unterlassungssünde plausibel machen: »Wenn wir mit den Türken gesprochen hätten, wäre das eine beunruhigende Sache gewesen.« Darauf Kennedy: »George, was wir jetzt haben, ist Unruhe, lassen Sie sich das gesagt sein!« Hintergrund war, dass sowohl der NATO-Gesandte Thomas Finletter als auch US-Botschafter Raymond Hare in

Ankara auf Nachfrage mitgeteilt hatten, ein Tauschhandel wäre für die türkische Regierung nicht vermittelbar, was Paul Nitze nun unterstrich. Welche Optionen blieben nun? Sollte Kennedy Chruschtschows ersten Brief veröffentlichen und hoffen, dadurch wieder die ursprünglichen, besseren Bedingungen zu ergattern? Oder sollte er den Vorschlag brüsk zurückweisen? Dann standen die USA auf der Weltbühne als die eigentlichen Bösewichte da – widersetzten sie sich doch offenkundig einer plausiblen Lösung. Oder sollte er den Falken nachgeben, die jeden Vorwand für eine weitere Eskalation der Krise nutzen wollten, um einen Luftangriff auf Kuba zu rechtfertigen?

Selbst Robert McNamara, der kühle Rechner und Kennedys einflussreicher Berater, schien allmählich ungeduldig zu werden. Sicherheitsberater McGeorge Bundy ging es ähnlich. Bobby Kennedy meinte,»Die Kubafrage muss innerhalb der nächsten Tage gelöst werden, das duldet keinen längeren Aufschub mehr«. Der schwarze Peter lag nun in Washington. Als einziges moralisches Druckmittel blieb aus der Sicht John F. Kennedys, dass mit dem

Irrflug nach Sibirien Robert McNamara nutzte den frühen Nachmittag des 27. Oktober, um sich mit seinen Stabchefs zu beraten. Die Militärs bedrängten ihn, endlich die Entscheidung für einen Luftangriff auf Kuba herbeizuführen, als den Verteidigungsminister eine hochbrisante Nachricht erreichte: Ein U-2-Aufklärungsflugzeug der Air Force war in den sowjetischen Luftraum eingedrungen. Der Pilot hatte sich »verflogen«. Raymond Garthoff, damals Analyst im Außenministerium, erklärt, wie es zu der gefährlichen Situation gekommen war:»Zu Beginn der Krise wurde die Entscheidung getroffen, die routinemäßigen Aufklärungsflüge entlang der sowjetischen Grenzen zu stoppen, um Zwischenfälle zu vermeiden. Aber da war noch ein gesondertes Programm mit anderen U-2-Maschinen für die Luftüberwachung von Atomtests.« Und dieses Programm hatten alle vergessen, was nun peinliche Folgen hatte. Aufgrund eines Navigationsfehlers hatte der U-2-Pilot, ohne dass er es bemerkte, seinen Kurs über dem Nordpolar-

Bau der Raketen die Bedrohung stündlich wuchs. Dass dies für die USA nicht hinnehmbar war, mochte auch international plausibel erscheinen. In diese Richtung gingen die Überlegungen des US-Präsidenten. Die Forderung nach einem sofortigen Baustopp war zumindest an der Medienfront vielversprechend. Und so hieß es in der ersten offiziellen Erklärung des Tages, dass die »dringende Vorbedingung zur Prüfung jeglicher Vorschläge sei«, dass »die Arbeit an den kubanischen Stützpunkten aufhören muss. Die Offensivwaffen müssen aktionsunfähig gemacht« werden. Andere Abrüstungsbemühungen, und hier wird indirekt auf die Situation in der Türkei angespielt, könnten »fortgesetzt werden, sobald die derzeitige Bedrohung sowjetischen Ursprungs« beendet sei. Diese Meldung veröffentlichte das Weiße Haus um zwölf Uhr mittags. Doch das war im Endeffekt nur eine Zwischenlösung, keiner im Krisenstab war wirklich zufrieden. Das ExComm vertagte sich auf 16 Uhr.

meer verlassen und war in 20 Kilometern Höhe über der Halbinsel Chukot tief in den gegnerischen Luftraum eingedrungen. Schließlich wurde er auf seinen Fehler aufmerksam und funkte sofort SOS zum heimischen Stützpunkt. Im Pentagon wurde der sonst so beherrschte McNamara leichenbleich und fuhr aus der Haut: »Das bedeutet Krieg mit der Sowjetunion!«. Denn was sollte Chruschtschow von einer solchen Aktion halten? Luftaufklärung über Sibirien – das konnte als erster Schritt vor einem US-Angriff gedeutet werden. Wie gut, dass McNamara in diesem Moment noch nicht alles wusste. Sekunden nach dem Hilferuf stieg, ohne dass die US-Regierung Notiz davon nahm, von der Galena-Air-Force-Base in Alaska ein Kampfflugzeug auf, um den Hochaufklärer sicher zu seiner Heimatbasis zu eskortieren. Gleichzeitig starteten sowjetische Abfangjäger von einem Fliegerhorst auf den Wrangel-Inseln. Mehrere hundert Kilometer sibirischer Tundra und Polarmeer trennten die U-2 noch immer vom sicheren Luftraum. Der zur Eskorte abgestellte Air-Force-Jäger war mit atomaren Luft-Luft-Raketen bewaffnet, die den klangvollen Namen »Genie« trugen. Diese

Kennedys Antwort

Am 27. Oktober trat um 16 Uhr Kennedys Kriegsrat erneut zusammen. Immer noch stand die Frage auf der Tagesordnung, wie die Antwort an Chruschtschow aussehen könne. War es ratsam, mehr Offenheit zu signalisieren als in der offiziellen Erklärung, die den Baustopp zur Bedingung für eine ausgestreckte Hand machte? Der als Beschwichtiger gescholtene UN-Botschafter Adlai Stevenson suchte den Kompromiss und rief eigens aus New York an, um Formulierungen für eine vergleichsweise milde Offerte zu unterbreiten. Kennedy sollte Chruschtschow unter anderem mitteilen: »Ich möchte noch einmal sagen, dass wir uns gern in dieser Richtung bewegen, vorausgesetzt dass die Erwähnung der Türkei und anderer Länder in Ihrem Brief bedeutet, dass Sie bereit sind, über einen Entspannungsprozess für ganz Europa zu reden.« Das aber ging dem Präsidenten und seinem Krisenstab zu weit, der Kremlchef

Waffen aus dem atomaren Horrorarsenal waren dafür geschaffen, ganze Bomberverbände zu pulverisieren. Drohte die Eskalation nun über den Wolken? Der Pilot war immerhin befugt, sein »Genie« ohne weitere Autorisierung durch Vorgesetzte einzusetzen. Nur kleine Trümmer und nuklearer Niederschlag würden aus den Wolken auf die Erde niederprasseln. Um wenige Minuten nur verpassten sich die gegnerischen Flugzeuge, und der erste atomare Luftkampf der Geschichte blieb reine Theorie. Strategie-Experte Garthoff: »Wenn ein Gefecht zwischen diesen Abfangjägern und den sowjetischen Flugzeugen stattgefunden hätte, kann man sich gut vorstellen, wie ein – dann sicher missverständlicher – Bericht von einer Atomexplosion über Sibirien in Moskau aufgenommen worden wäre.«
    Präsident Kennedy erfuhr von dem Zwischenfall erst, als die U-2 sicher gelandet war. Mittlerweile Pannenkummer gewohnt, lachte er lakonisch und murmelte: »Irgendein Hurensohn ist immer dabei, der es nicht richtig mitkriegt.« Es sollte nicht der einzige gefährliche Zwischenfall bleiben.

sollte zwischen den Zeilen nicht den geringsten Hinweis auf Ablehnung oder Zustimmung in der Türkeifrage finden.

Llewellyn Thompson – als ehemaliger Botschafter in der Sowjetunion kannte er die sowjetischen Gepflogenheiten – hielt Chruschtschows Vorstoß für einen Bluff. Die Forderung nach den Jupiter-Raketen stelle der Kreml nur, um die Standfestigkeit der USA zu testen. Die Hauptsache für Chruschtschow sei doch immer noch, dass er einmal sagen könne:»Ich habe Kuba gerettet, ich habe eine Invasion verhindert.«

Die Mehrheit des ExComm hielt deshalb an der alten Reihenfolge fest, erst Baustopp bzw. Entschärfung der Raketen unter internationaler Überwachung, dann weitere Konzessionen. So einigte man sich auf folgende Formel: Das zweite Schreiben Chruschtschows wird ignoriert, auf das erste gibt man Antwort. Robert Kennedy und Ted Sorensen fertigten einen Entwurf an.

»Sehr geehrter Herr Vorsitzender, ich habe Ihren Brief vom 26. Oktober sehr sorgfältig gelesen und begrüße Ihren Wunsch, schnell nach einer Lösung für das Problem zu suchen ... Das erste, was geschehen muss, ist jedoch, dass die Arbeiten an den offensiven Raketenbasen auf Kuba eingestellt werden.« Dann die Bedingungen:»Sie stimmen zu, diese Waffensysteme unter UN-Kontrolle von Kuba zu entfernen. Wir sind dann damit einverstanden, die Quarantäne unverzüglich aufzuheben und zuzusichern, nicht in Kuba einzumarschieren.« Soweit die bekannte offizielle Formulierung. Hinzu kam ein dezenter Wink:»Das Ergebnis einer solchen Einigung würde uns ermöglichen, an einer allgemeineren Vereinbarung hinsichtlich der ›anderen Waffen‹ zu arbeiten, wie in Ihrem zweiten Brief, den Sie öffentlich gemacht haben, vorgeschlagen.« Nur an dieser Stelle wurde Chruschtschows zweites Schreiben erwähnt. Ansonsten ignorierte es Kennedy, wie McGeorge Bundy schon am Vormittag vorgeschlagen hatte. Dann ließ der US-Präsident eine Drohung in der ungelenken diplomatischen Sprache folgen:»Besteht diese Gefahr [der Raketen] fort oder werden die Diskussionen bezüglich Kuba in die Länge gezogen, indem diese

Probleme mit den breiteren Fragen europäischer und weltweiter Sicherheit verknüpft werden, würde das sicherlich zu einer Verschlimmerung der Krise führen und ein ernst zu nehmendes Risiko für den Weltfrieden darstellen. Daher hoffe ich, dass wir anhand der Leitlinien, die in diesem Brief und Ihrem Schreiben vom 26. Oktober skizziert sind, bald eine Vereinbarung treffen können.«

Damit wurde Chruschtschow auf einen Handel festgelegt, der aus Moskauer Sicht schon keiner mehr war. Wollte der Kremlchef also eine weitere Eskalation vermeiden, musste er klein beigeben. Was aber, wenn er nicht einlenkte? Dann wiederum gerieten die USA unter Zugzwang, und es blieben zur Unterstreichung der Forderung nur noch militärische Schritte: Verschärfung der Blockade, Luftangriff oder Invasion.

Dennoch wollte Kennedy die Türkei-Option weiter in der Hinterhand behalten. »Wir können nicht besonders gut in Kuba einmarschieren mit dem ganzen Aufwand und der Zeit, die es dauern würde, wenn wir die Raketen auch wegkriegen, indem wir eine Abmachung über die gleichen Raketen in der Türkei treffen. Wenn das Teil der Vorgeschichte ist, sehe ich nicht, wie wir einen besonders guten Krieg bekommen sollten.«

Der Brief wurde nach mehrmaligem Umformulieren um 20.05 Uhr Washingtoner Zeit der sowjetischen Botschaft übergeben und gleichzeitig an den US-Botschafter in Moskau gekabelt. Anweisung des Außenministeriums: »Die Nachricht muss so schnell wie möglich dem ranghöchsten sowjetischen Offiziellen, der verfügbar ist, zugestellt werden.«

Drohende Eskalation

Der erste Schuss

Am 27. Oktober um 15.41 Uhr waren vier US-Tiefaufklärer aufgestiegen, um Raketenanlagen auf Kuba zu inspizieren. Wenig später erreichten besorgniserregende Nachrichten das ExComm:»Eines unserer Flugzeuge wurde von einem 37-Millimeter-Geschoss getroffen«, teilte Verteidigungsminister McNamara mit, beruhigte aber sogleich:»Es kommt zurück, alles in Ordnung. Aber es beweist, dass sich die Befehle der Kubaner geändert haben.« Fidel Castro ließ nun offen auf die Späher feuern. Theodore Sorensen sagt heute, dass das niemanden überraschen durfte:»Die Flüge waren sehr provokativ, was das Militär meines Erachtens auch sehr wohl wusste.«

Die Frage der Aufklärung aber war keineswegs nebensächlich, sondern vielmehr Voraussetzung, um den Grad der von Kuba ausgehenden Bedrohung zu ermitteln und sie war auch ein notwendiger Schritt vor jedweder militärischen Operation. Außerdem wäre eine Reduzierung der Flüge gerade jetzt einem Rückzieher gleichgekommen. Überhaupt stellte sich die Frage, wie man dem Waffengebrauch auf kubanischer Seite künftig begegnen sollte. Sollten die Aufklärer von Kampfflugzeugen eskortiert werden, um sofort zurückschlagen zu können, oder sollte man einzelne oder mehrere Flugabwehrstellungen in einem Vergeltungsschlag zerstören?»Falls wir anfangen zurückzuschießen, tragen wir erheblich zur Eskalation bei«, gab der Verteidigungsminister zu bedenken, ohne allerdings selbst davon abzuraten.

McNamara und Generalstabschef Maxwell Taylor wollten die Aufklärungsflüge fortsetzen. Es kam auch nicht von ungefähr, dass Taylor gerade in dieser Stimmung mit den Ergebnissen seiner nachmittäglichen Runde im Pentagon aufwartete. Die Militärs wollten Chruschtschow lediglich 48 Stunden geben, um auf die heutigen Forderungen einzugehen. Sollte die Entschärfung der Raketen nicht erfolgen, plädierten sie für den umfassenden Luftangriff laut »OP-Plan 3-12« und eine anschließende Invasion gemäß »OP-Plan 3-16«. Kennedy zeigte sich von dieser Haltung wenig überrascht. Er aber wollte sich nicht auf Vergeltungsschläge festlegen lassen, sondern viel lieber Zeit gewinnen, auch gegenüber dem ExComm. Auch er plädierte dafür, die Aufklärungsflüge am kommenden Tag nach Plan fortzusetzen – ohne Begleitschutz allerdings –, verhieß aber zur Beruhigung erhitzter Gemüter: »Falls wir beschossen werden, treffen wir uns hier.« Wenn dann die Arbeit an den Raketen weitergehe und von den Sowjets noch keine Antwort vorliege, »dann beschließen wir, dass wir etwas viel umfassenderes tun werden als nur ein paar Geschütze dort unten kaputt zu schießen«.

Das muss wie Musik in den Ohren der Falken geklungen haben, Kennedy hatte offensichtlich gelernt, mit der Klaviatur seines Krisenstabes umzugehen. Einmal mehr zeigte sich seine ganz charakteristische Entscheidungsfindung: Selbst der Kabinettssaal wurde für ihn zur Bühne, die verschworene Gemeinschaft von zwölf Männern zu seinem Publikum. Er operierte mit der Möglichkeit eines Angriffs schob aber die endgültige Entscheidung immer wieder auf. Mal ging er einen Schritt nach vorn, um dann in einer Randbemerkung alles wieder in Frage zu stellen. Er entlockte dem Beraterstab damit seine Unterstützung wie andernorts dem Wahlvolk. Im ExComm spendete zwar niemand Beifall, aber das Drängen der Militärs schien nachzulassen, vorerst zumindest. Kennedy wusste, sein Spielraum wird immer enger.

✗ Das erste Opfer ✗

Als am 27. Oktober in Moskau Chruschtschows zweiter Brief gerade übers Radio verbreitet wurde, in Washington die Köpfe der Ex-Comm-Mitglieder rauchten, ging über dem östlichen Teil der Zuckerinsel ein heftiger tropischer Sturm nieder. Dort saß der Kommandeur des Hauptquartiers der SAM-Flugabwehr-Stellung von Bañes, Hauptmann N. Antonjets, in einer engen Holzbaracke. Er hatte alle Hände voll zu tun, ließ die Einsatzbereitschaft der Technik überprüfen und versuchte, die Verbindung zum Hauptquartier in Havanna zu halten. Wie für die meisten Soldaten auf Kuba gab es für ihn keinen Zweifel: Ein amerikanischer Luftangriff stand unmittelbar bevor. Dann kam die Begebenheit, welche die Vermutung zu erhärten schien. Auf den Radarschirmen tauchte plötzlich ein leuchtender Punkt auf. Nach kurzem Rätselraten waren sich die Offiziere einig: Das musste eine U-2 der US-Air Force sein.

Es war Major Rudolf Anderson, der das Aufklärungsflugzeug von Guantánamo aus Richtung Bañes steuerte. Die sowjetische SAM-Crew gab dem fliegenden US-Kundschafter die Zielnummer 33. Der Kommandeur Antonjets wusste, dass er nicht ohne den Befehl des Oberkommandierenden auf Kuba, General Pliev, feuern durfte. Also machte er Meldung ans Hauptquartier in Havanna. Trotz Sturm und Regen funktionierte die Verbindung. Aber Pliev hielt sich nicht am Stützpunkt auf. Antonjets wartete am Feldtelefon. Minuten vergingen. Dann erhielt der Kommandeur die Erlaubnis zu feuern. Um genau 10.21 Uhr Ortszeit hob mindestens eine SAM mit dreifacher Schallgeschwindigkeit vom Erdboden ab und jagt dem Ziel 33 in 10 000 Metern Höhe hinterher. Nur Sekunden später, und Antonjets sah einen fernen Feuerball. Die SAM verfehlte das Flugzeug, explodierte aber in unmittelbarer Nähe. Major Heyser, der U-2-Pilot, der am 14. Oktober die entscheidenden Beweisfotos lieferte, weiß, welches schreckliche Schicksal seinem Kameraden Anderson in diesem Moment widerfuhr:»Als die Rakete bis auf 300 Fuß herangekommen war, kam es zur Detonation. Dann flog der

»Nach diesem Abschuss hatte Chruschtschow Angst, die Kontrolle zu verlieren.« (Leonid Zamjatin) Die Trümmer der von einer sowjetischen SAM-Rakete zerstörten U-2 auf Kuba.

Splitter eines Schrappnels durch die Kabinenhaube und durchschlug seine Gesichtsmaske. Und das in großer Höhe. Das überlebt man nicht. Durch den Unterdruck explodiert man förmlich.« Andersons U-2 zerschellte am Boden. Die Kubakrise hatte ihr erstes Todesopfer. Das große Rätsel hieß nun: Wer hatte den Befehl gegeben? Die kubanische militärische Führung übernahm später die Verantwortung für den Abschuss. Erst mehr als zwanzig Jahre später kam vom Máximo Líder persönlich das Dementi. Was war wirklich geschehen? Plievs Stellvertreter, die Generäle Gretschko und Garbuz, ließen, während Antonjets auf die Order wartete, ihren Chef suchen. Als er nicht aufzufinden war, sahen sich die beiden Spitzenmilitärs in einem Dilemma. Ihr Chef hatte sich den Feuerbefehl ausdrücklich vorbehalten, andererseits konnte es sich um einen wichtigen Aufklärungsflug vor dem erwarteten Angriff handeln. So rangen sich die beiden Stellvertreter durch, den Befehl dennoch zu erteilen. Es war der Befehl zum ersten tödlichen Schuss in der Kubakrise – und er erfolgte ohne Kenntnis der höchsten militärischen Führung.

Mit ernster Stimme informierte McNamara den Exekutivausschuss über den Vorfall:»Die U-2 ist abgeschossen worden.« Schon seit dem frühen Mittag wurde die Maschine vermisst, was man aber auch auf einen technischen Defekt hätte zurückführen können. Nun hatte sich das Rätsel auf traurige Weise gelöst. Der Präsident brachte die Lage auf den Punkt:»Das ist ein ziemlich aggressiver Akt der Sowjets, oder?« Verbitterung machte sich breit. Aus der Sicht der ExComm-Falken schloss sich nun der Kreis. Erst der herausfordernde Brief, dann die Schüsse auf die Tiefflieger und nun der U-2-Vorfall.»Es passt alles sehr plausibel zusammen«, konstatierte Maxwell Taylor. Mit der SAM-Rakete wurde in der Tat eine neue Eskalationsstufe der Krise gezündet. Denn hier handelte es sich um Waffen, die von sowjetischen Offizieren bedient wurden – das war anders zu bewerten als die wilden Schießereien der Kubaner auf Tiefflieger.»Einige von uns waren der Meinung, Chruschtschow habe den Abschuss bewusst herbeigeführt, das sei ein ruchloser Akt und folglich wolle er den Konflikt ausweiten. Also müssten wir unverzüglich losschlagen, indem wir die Luftverteidigungseinheiten auf Kuba angreifen. Andere wiederum sagten: Nein! Es handelt sich womöglich um einen Irrtum. Und deshalb sollten wir nicht diejenigen sein, die zuerst die Krise eskalieren lassen«, erinnert sich McNamara. Weil der Vorfall nicht eindeutig zu klären war, entschied sich der US-Präsident gegen einen Vergeltungsschlag. Raymond Garthoff würdigt Kennedys Entscheidung nach dem U-2-Abschuss:»Die Einsatzpläne, an denen ich zusammen mit Leuten vom Verteidigungsministerium gearbeitet hatte, sahen einen schnellen Gegenschlag gegen die SAM-Stellung vor. Als es dann aber passierte, entschied sich der Präsident dagegen. Die Air Force und der Generalstabschef meldeten, alles sei bereit, um den Schlag gegen die Luftabwehrstellung auf Kuba durchzuführen. Der Präsident hatte seine Meinung geändert, was sicherlich richtig war.«

Dino Brugioni berichtet von einer Begebenheit hinter den Kulissen:»LeMay war bereit, die Flugzeuge für den Vergeltungsschlag gegen die SAM-Stellung loszuschicken. Bobby rief ihn an und sagte ihm, er solle es nicht tun. Und LeMay antwortete, bezogen auf den Präsidenten, dieser ›Hurensohn‹ habe ihn wieder behindert.« Auch Ted Sorensen weiß um den Druck, der damals herrschte:»Die Militärchefs drängten auf den Vergeltungsschlag.«

Langer »schwarzer Samstag«

Die Zeichen standen auf Eskalation. Wie lange würde Kennedy von weiteren militärischen Schritten noch absehen können – und wollen? Musste er nicht das Image eines Schwächlings in Kauf nehmen, wenn er nicht reagierte? Sein Verteidigungsminister jedenfalls schien am Ende seiner Geduld. Noch eine Attacke auf ein US-amerikanisches Flugzeug und»wir werden da reingehen und schießen müssen«. Und dabei werde es nicht bleiben,»wir werden jeden Tag Flugzeuge verlieren«, und dann werde es nur kurze Zeit dauern, bis sich eine»Invasion« als notwendig erweise. War das nur Rhetorik?

Frustration, Ermüdung, vielleicht auch Verbitterung und Wut machten selbst kühlen Köpfen in der Runde zu schaffen.»Wir trafen uns Tag und Nacht in schwierigen Stunden, und die Leute, die am Tisch saßen, wurden müde, frustriert, ängstlich, manchmal emotional. Das war nur verständlich, denn immerhin befanden wir uns an einem entscheidenden Moment in unserem Leben, im Leben unseres Landes und unseres Planeten. Manche waren der Meinung, dass es keine Möglichkeit mehr für eine diplomatische Lösung gab und dass allein eine einseitige Militäraktion der Vereinigten Staaten die Krise zu unseren Gunsten beenden konnte. Wir glaubten, dass die Hardliner in wenigen Tagen wieder genug Stärke erlangen würden, um ihren Weg durchzusetzen und einen militärischen Angriff

Der Präsident und ExComm-Berater auf der Süd-Veranda des Weißen Hauses (v.l.): Sicherheitsberater McGeorge Bundy, JFK, Vize-Verteidigungsminister Paul Nitze, Generalstabschef Maxwell Taylor, Verteidigungsminister Robert McNamara.

auf die Raketenstellungen und auf Kuba zu erzwingen«, erinnert sich Ted Sorensen.

Weißes Haus, 27. Oktober, 21 Uhr: Die dritte offizielle ExComm-Sitzung des Tages. Maxwell Taylor preschte vor und unterstrich den Wunsch nach Vergeltung. Alle bedrängten John F. Kennedy, seine Position zu präzisieren. Doch es war sein Bruder Bobby, der ein umfassendes Konfliktszenario entwarf: Bis Sonntagnachmittag solle Washington abwarten, wie Moskau reagiere. Komme keine Reaktion oder erfolge eine Ablehnung des brieflichen Angebots von Seiten des Kreml, solle für Montagvormittag der NATO-Rat einberufen werden. Die USA würden dort erklären, die Jupiter-Raketen seien als Tauschobjekt zur Beilegung der Krise nicht akzeptabel und der Angriff auf Kuba ein unvermeidlicher Schritt. Selbstsicher setzte Bobby voraus, dass die Partner sich solidarisch verhalten würden.

Es kamen keine Einwände aus dem Krisenstab, der Präsident so schien es, war auf verlorenem Posten. George Ball resümierte später: »Die Falken wurden immer bösartiger und traten umso geschlossener auf, je mehr Zeit verstrich. Ich glaubte nicht, dass der Präsident einem Luftangriff auf die Raketenstellungen in Kuba zustimmen würde, aber ich fürchtete mich zu Tode, dass Nitze, Dillon und Taylor den Präsidenten zermürben könnten.« Fast schon kleinlaut hielt sich John F. Kennedy im abendlichen Gespräch die Hintertür offen. Er wollte sich noch immer nicht von der Idee des Raketenhandels verabschieden, wenn das letztlich den Frieden erhalten konnte. Für den Fall, dass sich kein Erfolg einstelle, sei es durchaus »möglich, dass wir dann vielleicht auf die Jupiter-Sache zurückkommen«, insistierte er. Nur drei Personen im Raum wussten, wie doppeldeutig diese Aussage zu diesem Zeitpunkt schon war...

Nach einer weiteren Dreiviertelstunde ging die letzte Ex-Comm-Sitzung an diesem Tag zu Ende, der als »schwarzer Samstag« in die Geschichte eingehen würde. Würde Kennedys Taktik, auf Zeit zu spielen und die Optionen offen zu halten, aufgehen, oder der Druck des ExComm in eine kriegerische Konfrontation münden?

Das Tonband gibt Sekunden vor Bandende einen vielsagenden Dialog preis. Robert Kennedy fragt McNamara: »Wie geht es Dir, Bob?« »Nun, schwer zu sagen«, antwortet der Verteidigungsminister und fragt zurück: »Du hast Zweifel?« Bobby Kennedy: »Ich glaube, wir tun das einzige, was uns zu tun übrig bleibt.« Darauf McNamara: »Wir müssen jedenfalls auf zwei Dinge vorbereitet sein: Eine Regierung für Kuba müssen wir in der Hinterhand halten, denn die werden wir brauchen, und Pläne, wie wir auf die Sowjetunion in Europa reagieren. Denn todsicher werden sie da etwas unternehmen.« Irgend jemand aus der Runde nahm die Befürchtungen nicht ganz ernst: »Ich schlage vor, wir machen Bobby zum Bürgermeister von Havanna.« Bittere Ironie am Ende dieses unglaublichen Tages, dem eine Nacht der quälenden Ungewissheit und Angst folgen sollte.

Invasion?

Drei Schritte standen nun also zur Debatte: Zerstörung der SAM-Batterien als Vergeltungsschlag, wobei man offenbar nicht ausschloss, die atomaren Raketenbasen – sozusagen im Eifer des Gefechts – gleich mit auszuschalten; dann die Bombardierung von Flugzeugen und Häfen; und als letztes Mittel einen umfassendem Luftangriff auch auf die Raketenstellungen mit anschließender Invasion. Gerüstet war man inzwischen für alle diese Fälle. Nach den letzten Anforderungen McNamaras, noch einmal 14 000 Reservisten, stand das Invasionsheer mitsamt Hintermannschaft. Der Ex-Verteidigungsminister heute:»Wenn wir unseren Invasionsplan ausgeführt hätten, hätte es allein am ersten Tag 1 080 einzelne Luftangriffe gegeben, eine gewaltige Wucht, größer als jeder Angriff, der im Kosovo oder sonst wo auf dem Balkan in den vergangenen Jahren geflogen wurde. Dazu hatten wir 180 000 Mann in den Häfen im Südosten der USA zusammengezogen und hielten die Schiffsflotte bereit, die für die Landung benötigt wurde. Es wäre eine gewaltige Invasion gewesen.«

Und wie war die Stimmung an der möglichen Front? Die Nerven vom kleinen Schützen bis zum höchsten General waren zum Zerreißen gespannt –»Kanonenfieber« nannten es die Soldaten im 19. Jahrhundert, wenn sie wie die Schauspieler beim Theater dem großen Moment entgegen sahen. Captain Charles R. Calhoun berichtet als Ex-Kommandant der vordersten Blockadelinie:»Wir waren an einem Punkt angelangt, an dem das Gefühl, die Zeit werde allmählich knapp, immer stärker wurde. Als ob wir auf die Zielgerade der Krise einmündeten und binnen Stunden eine Entscheidung fallen würde – so oder so. Und meine Meinung war klar: Einmarschieren!« Auf der anderen, der kubanischen Seite, schien man dieses Drängen zu spüren, auch wenn es sich bisher nur um eine bedrohliche Bereitschaftsarmada handelte.»Wenn man sich in der Nähe der Küste aufhielt, sah man, dass der gesamte Horizont rings um die Insel voller amerikanischer Schiffe war«, erinnert sich General Gribkov:»Alle Menschen, Soldaten, Feldwebeln, Offiziere, alle waren konzentriert, ernst und bereiteten sich auf den Ernstfall vor. Jeder baute seinen Standort aus, alle rüsteten sich für die Abwehr der Aggression.«160 Kilometer Meer trennten die beiden Streitmächte voneinander, beinahe Auge in Auge standen sie sich gegenüber. Auf Kuba hatte man auch deshalb die Finger am Abzug, weil die Geheimdienste übers Ziel hinausschossen:»Von unserer Spionageabwehr erhielten wir die Information, dass uns am 28. Oktober um 5 Uhr morgens die Amerikaner bombardieren und dann auf Kuba landen würden. Wir dachten natürlich, ein thermonuklearer Krieg stehe bevor«, so Michail Kuzivanov, der Kommandeur eines Sopka-Antischiffsraketen-Regiments. Die Vorbereitung für den Einsatz geriet bei ihm fast schon zum Ritual:»Ich gab am 27. Oktober abends den Befehl, dass die Mannschaft nur leicht zu Abend aß, damit alle kampfbereit waren, wenn es zum Ernstfall kam. Alle duschten sich, zogen frische Wäsche an, jedem wurde ein Gas-Schutz-Paket ausgehändigt, die Magazine der Kalaschnikows wurden mit Patronen gefüllt, unsere Raketen in Position gebracht, um jederzeit das Feuer auf die amerikanischen Schiffe eröffnen zu können. Die Hauptsache war, dass wir uns so teuer wie möglich verkauften. Das hieß, so viele Gegner wie möglich vernichten.«

Der kubanische Schriftsteller und Dichter Joaquín Santana war damals zur Betreuung der Truppe abgestellt:»Es herrschte Furcht vor dem Ausbluten, das ein Atomkrieg verursachen würde. Niemand wollte in einem ›Holocaust‹ sterben. Wir wollten das Leben genießen – aber die Oktoberkrise konfrontierte uns mit dem Tod. Mein Kind war gerade wenige Tage alt. Viele Nächte dachte ich, diese sei meine Letzte und ich würde meinen ersten Sohn nie sehen«.

Der Politoffizier Igor Kurinnoj war für die Motivation der sowjetischen Soldaten zuständig, musste aber zunächst seine 18 Jahre junge Frau, die ebenfalls auf Kuba stationiert war, beruhigen:»Ich machte mir Sorgen um sie. Sie war so ein kleines Angsthäschen, ich wusste, dass sie eine Gasmaske bekommen hatte und Tabletten gegen den Einsatz von chemischen Waffen. Wir dachten wirklich, jetzt steht der große Krieg bevor, hatten aber vor allem um unsere Eltern, Großeltern, Geschwister und Freunde in der Sowjetunion Angst.«

Über 40 000 Soldaten der sowjetischen Armee hatten die Zuckerinsel in eine bis an die Zähne bewaffnete Festung verwandelt. Seit den »glorreichen Zeiten« der Roten Armee unter Stalin im »Großen Vaterländischen Krieg« gab es in einer solchen Situation für die Befehlshaber nur eine Devise, so Gribkov:»Wir hätten gekämpft bis zum Ende! Wie für die eigene Heimat. Das ist alles. Wenn einige von uns übrig geblieben wären, hätten wir ein Leben als Partisanen geführt.« In einer atomverseuchten Umgebung?

Atomare Handfeuerwaffen

Die Schwelle zum nuklearen Holocaust lag niedriger als damals angenommen. Nicht nur, dass die CIA sich irrte, als sie von nur 10 000 sowjetischen Soldaten auf Kuba ausging. Von den atomaren Gefechtsfeldwaffen auf der Insel hatte die US-Regierung ebenfalls keine Ahnung. Was aber würde das heißen, wenn sich nun die militärischen Hardliner im Pentagon durchsetzten und eine Invasion angeordnet würde? Wären dann jene »kleinen« Atomwaffen, die immerhin beträchtliche Teile einer Invasionsarmee oder Landungsflotte hätten vernichten können, tatsächlich zum Einsatz gekommen?

Ein von Verteidigungsminister Malinovskij unterschriebener Befehl lag bereit, der Pliev autorisiert hätte, die Cruise Missiles, Lunas oder Il-28-Bomber im Falle einer Invasion mit atomaren Sprengköpfen auszustatten und einzusetzen. Doch er wurde nicht abgeschickt. Daher galt grundsätzlich die Weisung vom 22. Oktober, bei einem Angriff alle Mittel einzusetzen, nur nicht die nuklearen. General Gribkov hingegen sagt:»Wäre die Verbindung nach Moskau unterbrochen und mit konventionellen Waffen eine Verteidigung unmöglich gewesen, dann hätte General Pliev taktische Atomwaf-

»In der Nacht auf den 26. Oktober wurden die Gefechtsköpfe in die Nähe der Raketen gebracht.« (General A. Gribkov) Bunker für Atomsprengköpfe bei San Cristóbal – im Bau.

fen einsetzen können. Dies war aber nur mündlich vereinbart worden.« Wenn dies zutrifft, hätte dies im Ernstfall einen nuklearen Dominoeffekt ausgelöst.

Gribkov rekapituliert das Szenario weiter: »Jeder Regimentskommandeur hatte zwei Raketenstartrampen unter sich. Angenommen, die Amerikaner hätten das Regiment aufgerieben. Nur 200 Mann wären noch übrig geblieben und ein paar Raketen. Soll man sich da ergeben? In einer so ausweglosen Lage zählen keine Planspiele und Einsatzvorschriften. Die Verbindung nach Moskau unterbrochen, der Oberkommandierende nicht da. Warum soll ich da die Hände heben? In dieser Situation hätte ich nicht lange gezögert: Ich hätte meine Rakete auf die amerikanischen Truppen abgeschossen! Mit der Atommunition.«

Die größte Gefahr ging demnach nicht von den Mittelstrecken-raketen aus. Deren Rüstzeit für den Einsatz betrug mehrere Stunden, außerdem waren sie ausschließlich für die Abwehr einer atomaren Attacke seitens der USA vorgesehen und auf jeden Fall dem Befehl Moskaus unterstellt.

Nein, es waren die auf US-Seite nicht ausgekundschafteten taktischen Waffen, die zum Damoklesschwert der Krise gerieten. Robert McNamara meint:»Wenn wir in Kuba einmarschiert wären, hätte das zweifellos den Atomkrieg gebracht. Wir hätten sofort unsere Flugzeugverbände mit Atomwaffen losgeschickt. Denn können Sie sich vorstellen, dass ein US-Präsident tatenlos dem Tod Zehntausender seiner Soldaten durch – wie wir heute wissen – taktische Nuklearsprengköpfe zugesehen hätte? Natürlich nicht. Und wie hätten die Sowjets als nächstes auf die totale Vernichtung ihrer und der kubanischen Truppen auf der Insel reagiert? Und was wäre mit der NATO geschehen, mit Deutschland? Wäre der Atomkrieg weiter eskaliert? Wer weiß? Das Risiko war damals sehr viel größer als wir dachten.«

Diese Einschätzung teilen die meisten Zeitzeugen.»Wenn Atomwaffen gegen ein amerikanisches Schiff abgefeuert worden wären, wären die Bomber auf dem Weg nach Russland gewesen«, da ist sich Dino Brugioni sicher. Die nukleare Schwelle wäre in Bruchteilen von Sekunden unumkehrbar überschritten worden. Theodore Sorensen sagt heute kopfschüttelnd:»Wir waren so nah am nuklearen Armageddon. Wir hätten einen Krieg entfesselt, der schnell zu einem vernichtenden globalen nuklearen Austausch geführt hätte. Schrecklich, diese Vorstellung.« Erst knapp 30 Jahre später, als der Kalte Krieg bereits zu Ende war, erfuhr ein so prominenter Entscheidungsträger wie Ex-Verteidigungsminister McNamara auf einer internationalen Konferenz von den geheim gebliebenen Waffen. Arthur Schlesinger, der dabei war, erinnert sich:»Er ist fast vom Stuhl gefallen. Und sagte: ›Himmel, wir wären gezwungen gewesen zurückzuschlagen! Wo hätte das alles geendet.‹«

Hätten die taktischen Waffen das Tor zur nuklearen Eskalation erst mal aufgestoßen, drohte in der Tat der Fall»Armageddon«, ein

»Die Vereinigten Staaten waren in jedem Szenario Sieger, weil das Strategic Air Command so unglaublich stark war.« (General Ellie G. Shuler).
Sowohl bei den Interkontinentalraketen (oben: Typ Atlas), als auch bei den strategischen Bombern (unten: B-52) waren die US-Streitkräfte um ein Vielfaches überlegen.

präemptiver umfassender Atomschlag. Der war in den Szenarien der US-Militärs für den Fall eines unvermeidbar erscheinenden Nuklearkriegs vorgesehen, um die Arsenale des Gegners vorsorglich auszuschalten. Höchste Militärs wie der Befehlshaber des SAC, General Thomas Power, und Curtis LeMay, Stabschef der Air Force, hatten ihn schon so oft in ihren Köpfen durchgespielt. In entlegenen Gegenden der USA standen – disloziert in etlichen Silos und auf Rampen – die Interkontinentalwaffen zum Abschuss bereit. Auf dem Grund der Ozeane lagen mit Atomraketen bestückte Unterseeboote. Fast 1 500 nuklear bewaffnete Bomber befanden sich in höchster Alarmstufe, ein Teil von ihnen ständig in der Luft. Die kühle Logik des Kalten Krieges machte es unumgänglich, dass die Militärs auch für den schlimmsten Fall ihre eindeutigen Befehle hatten. Schlag auf Schlag hätten sie die nuklearen Vernichtungswellen gegen die Sowjetunion aufeinander folgen lassen. General E.G. Shuler vom SAC hatte damals die Order, bei einer Eskalation auch jenes Machtzentrum zu zerschlagen, wo in jenen Tagen das Politbüro und Nikita Chruschtschow tagten. »Ich kann mich speziell daran erinnern, dass ich auch den Kreml als Ziel hatte, Moskaus Stadtmitte! Wir sollten tieffliegend in die Sowjetunion eindringen, zuschlagen, dann entkommen und zu unserer Ausgangsbasis zurückzukehren.« Was wie ein Routineflug klingt, hätte in Wirklichkeit den Untergang der Riesenstadt bedeutet. Aber die Bomberpiloten waren geschult, ihren Job als Maßnahme zur Landesverteidigung zu begreifen. Im extremsten Fall sollte das gesamte Nukleararsenal von etwa 2 500 Sprengköpfen auf die Sowjetunion und den Ostblock niedergehen. Bei den für solche Planungen obligatorischen Kalkulationen ging man von 200 bis 500 Millionen Toten aus – Teile der Volksrepublik China inbegriffen.

Hätte dass nicht auch Selbstzerstörung bedeutet? »Ich glaube, wir waren, was die Zahl der Waffen anging, weit überlegen. Wir hätten sicher einige Schläge einstecken müssen, in den USA wären vielleicht einige Luftwaffenstützpunkte und Städte zerstört worden, aber meiner Meinung nach – und das galt damals wie auch heute – hätten die Vereinigten Staaten gewonnen, weil das Strategic Air Command so unglaublich stark war. Und darum ging es ja beim Konzept der Abschreckung«, so Shuler. Eine frappierend nüchterne und schematische Betrachtung – in dem Glauben, dass das Konzept auch aufgeht. Und was war mit Europa? Vor allem das geteilte Deutschland war potenzielles nukleares Schlachtfeld. Doch die hohen Militärs vom Strategischen Luftkommando waren so von ihrer Überlegenheit überzeugt, dass sie glaubten, diese schrecke die Sowjets von jeglichem atomaren Abenteuer ab.»Es gibt Leute, die sagen, selbst, wenn die Vereinigten Staaten Kuba mitsamt Raketenstartrampen und Sowjettruppen vernichtet hätten, Moskau dagegen nichts unternommen hätte«, sagt Sergo Mikojan:»Ich bin anderer Meinung, denn unter solchen Bedingungen, bei solchen extremen Umständen gibt es Faktoren, die stärker sind als die Gedanken der Menschen.« Das Kalkül mit der Atombombe geriet während der Kubakrise zu einem halsbrecherischem Spiel mit dem Feuer – mehr als jemals zuvor und danach. Die Rationalität des Schreckens hätte nicht funktioniert, wenn die Lawine aufgrund von Ahnungslosigkeit und falschen Prämissen ins Rollen gekommen wäre, etwa beim Zusammenprall mit den atomar bewaffneten U-Booten oder bei einer amphibischen Landung, die einen taktisch-nuklearen Gegenschlag nach sich ziehen konnte. Und so strauchelte die Menschheit, ohne sich wirklich der Gefahr in ihren diversen Facetten bewusst zu sein, weiter Richtung Apokalypse.

Militärputsch gegen Kennedy?

Die US-Militärs gewannen Oberwasser. Der Bau der Raketen ging unvermindert weiter, in wenigen Stunden konnten die Waffen scharf gemacht werden. Chruschtschow hatte zwei widersprüchliche Briefe verfasst, schien die US-Regierung an der Nase herum zu führen. Als der Kreml dann auch noch den Abzug der Türkei-Raketen forderte, die U-2 über Kuba vom Himmel geholt und Aufklärer beschossen wurden, war das Maß voll. Nun sahen die Generäle ihre Stunde gekommen und forderten von Kennedy ultimativ die Entscheidung zum Militärschlag.

»Die Stabschefs reagierten widerwillig darauf, dass sie in dieser äußerst heiklen Situation keinen direkten Zugang zum Präsidenten hatten. Doch die Ablehnung richtete sich nicht nur gegen das Weiße Haus. Verteidigungsminister McNamara hatte im Pentagon einen Kreis von Fachleuten um sich versammelt, die allesamt Zivilisten waren, McNamaras so genannte ›Zauberlehrlinge‹. Gegen diese bestand schon vor der Raketenkrise eine erhebliche Abneigung von Seiten der Militärs, sie sahen sich um Verantwortlichkeiten betrogen. Nun war – bis auf eine einzige gemeinsame Sitzung mit dem Präsidenten – während der gesamten Zeit allein Maxwell Taylor ihr Sprachrohr, also derjenige, den Kennedy aus dem Ruhestand zurück geholt und ihnen vorgesetzt hatte«, sagt uns der Sohn das damaligen Generalstabschefs, und er fügt hinzu:»Die Militärs hatten immer diesen nagenden Verdacht, dass sie ihn zu einer weit schärferen Gangart bringen könnten, wenn man sie nur direkt zu Kennedy vorließe.«

Völlig unabhängig von den politischen Debatten im ExComm reflektierten die Militärs über mögliche nukleare Szenarien, dazu zählte auch ein Präventivschlag gegen die Sowjetunion, falls sich ein Einsatz von sowjetischen Atomwaffen nach einem US-Angriff auf Kuba abzeichne. Niemand wollte offenbar zur Kenntnis nehmen, dass Chruschtschow die Atomraketen in der Sowjetunion noch überhaupt nicht in volle Gefechtsbereitschaft versetzen ließ. General Curtis LeMay, der gerne Bereitschaft zum Äußersten verlangte, zählte zu denjenigen, die einen Atomkrieg für gewinnbar hielten. Dino Brugioni kolportiert im Interview wenig schmeichelhafte Redensarten über ihn:»LeMay war wie ein Kerl, der einen Patronengürtel voll Granaten mit sich herumtrug. Im Pentagon ging er die Flure lang, und überall, wo er hineinschaute, warf er Granaten hinein, ging dann weiter und warf Granaten anderswo hinein. Nur um die Leute aufzumischen. Einer sagte mal: ›Wenn du in eine Schlägerei mit LeMay verwickelt wirst, schütze immer deine Genitalien. Denn da wird er zuerst hinhauen.‹« Brugioni hält ihn dennoch für einen ausgezeichneten Bomberkommandeur,»aber als Stabschef der Air Force war er eine Katastrophe. Er konnte keine Beschränkungen ertragen, wollte seinen eigenen Weg gehen. Er glaubte immer, dass er Recht hatte.« Da war wenig Platz für einen Präsidenten direkt vor der Nase, den LeMay hin und wieder als ›Hurensohn‹ titulierte.

Der amtierende Befehlshaber des Strategischen Bomberkommandos, General Thomas Power, hatte schon Ende 1960 in einer temperamentvollen Darbietung Folgendes zum besten gegeben: »Zurückhaltung? Warum ist es ihnen so wichtig, den Russen das Leben zu retten? ... Wenn bei Kriegsende zwei Amerikaner und ein Russe am Leben bleiben, dann haben wir gewonnen.« Da war sicher viel Maulheldentum im Spiel, doch auch während der Krise nutzte er jede Gelegenheit, zu drohen und Stärke zu zeigen. Dennoch blieb der Primat der Politik in allen Phasen der 13 Tage gewahrt, die Generäle hätten letztlich die Verfassungstradition akzeptiert, resümiert Generalstabschef-Sohn John Taylor. Aber der Druck auf Kennedy durch die Militärs stieg unaufhörlich.

Im Kreml traute man den US-Militärs indessen alles zu, sogar einen Putsch. Davor hatte Moskau Angst – was im Übrigen mit dazu beitrug, dass man dort über Kompromisse nachdachte. Der Kennedy-Biograph und damalige ExComm-Assistent Arthur Schlesinger jr. warnt hingegen vor Übertreibungen. Sicher hätten manche Generäle geglaubt,»der junge Mann aus Boston betreibe den Ausverkauf der USA«. Aber sie »waren nicht bereit, einen Coup oder so etwas zu inszenieren«. Dazu sei die »Tradition der politischen Kontrolle über das Militär in den USA doch zu stark gewesen«. So war ein Putsch in der Tat unwahrscheinlich.

Endzeitstimmung

Wie erging es den Männern des ExComm? Am Abend des berüchtigten »schwarzen Samstag« hatten sie Briefumschläge erhalten.

»Umschläge, die wir unseren Familien geben sollten, in denen stand, wohin sie zu gehen hatten, sobald sich der Präsident mit seinen Mitarbeitern in Sicherheit bringen musste. Daran kann man deutlich sehen, wie nah wir am Abgrund standen«, erinnert sich Pressechef Pierre Salinger.

Auch Robert McNamara hat sich dieses Datum tief in die Erinnerung eingegraben: »Es war ein herrlicher Herbstabend, ich ging vom Oval Office durch den Rosengarten des Weißen Hauses zu meinem Auto, um zurück ins Pentagon zu fahren. Und ich dachte plötzlich, ich werde wahrscheinlich nicht mehr lange genug da sein, um noch einmal einen so schönen Abend zu erleben«.

Fotoanalyst Dino Brugioni erfuhr es über seinen Chef. »Ich dachte die ganze Zeit darüber nach, dass es erst wieder aufhören würde, wenn alles vollständig nuklear vernichtet wäre. Ich dachte immer an meine Familie. Ich würde wahrscheinlich in einen abgelegenen Bunker gehen, sie aber würden irgendwo allein sein. Zur gleichen Zeit dachte ich daran, dass ich in Moskau fünf Jahre lang gearbeitet hatte. Ich kannte die Stadt wie meine Westentasche. Und Moskau würde verschwinden. Leningrad würde verschwinden. In dieser Nacht hatte ich Magenkrämpfe. Ich fühlte mich fast krank, ich betete und betete, ging nach Hause und betete zu Jesus, etwas zu tun. Denn ich hatte die Hoffnung schon aufgegeben.«

Während die Berater im ExComm tagelang um eine Lösung rangen, Militär- und Geheimdienstexperten die Lage analysierten, kämpften die Kunden in den Supermärkten bereits um die letzten Konservenbüchsen. Hamsterkäufer fegten die Regale leer. Aber was nutzte das, wenn der Dritte Weltkrieg wirklich ausbrechen sollte? Jetzt, wo keine Familie vor dem Atomkrieg sicher schien, wollte der Zivilschutz Flagge zeigen und beruhigen. Die Bestände in den Schutzräumen wurden eilig aufgefüllt. In fast jeder Stadt in den USA gab es orange-schwarze Hinweisschilder, die den Weg zum nächsten Unterstand wiesen. Eine trügerische Sicherheit: Bunker gab es nur für 90 Millionen US-Bürger, nicht einmal die Hälfte der Gesamtbevölkerung. Atomsicher war überhaupt nur ein Bruchteil davon. Mancher Händler, der ansonsten Swimmingpools und Terrassenanlagen baute, bot jetzt Atombunker an. Wer es konnte, leistete sich einen solchen Fertigbausatz für gut 2 000 Dollar. Das Verteidigungsministerium brachte eine Anleitung heraus, wie man einen Kellerbunker im Do-it-your-self Verfahren herstellt. Die Medien waren für die Bevölkerung das wichtigste Gefahrenbarometer. Eine Zeitung titelte:»Das Schießen kann schon bald beginnen.« Das Fernsehen unterbrach das laufende Programm für Sondersendungen. Viele Menschen verließen das Haus nur noch mit einem mobilen Transistorradio. Wer eines offen herumtrug, durfte damit rechnen, sogleich angesprochen zu werden. Die *New York Times* musste ihre Leser bitten, Informationen zur aktuellen Lage nicht direkt bei der Zeitung zu erfragen. Bis zu 15 000 besorgte

---

»Duck and cover!« – Ducken und Bedecken! In den USA wuchs eine ganze Generation mit einem Lehrfilm auf, der zeigte, wie man sich im Fall der Fälle»richtig«schützt:»Da war mal eine Schildkröte, die hieß Burt, Burt war sehr wachsam. Drohte ihm Gefahr, so wurde er nie verletzt. Er wusste, was er tun musste. Er duckte sich und ging in Deckung.« Dann wurde in dem Film zutreffend festgestellt:»Nun ihr und ich, wir haben keinen Panzer, unter den wir kriechen könnten, wie Burt die Schildkröte. Wir müssen uns auf unsere eigene Weise schützen.« Und dann kommen die Zeichentrickhelden, die zeigen wie es geht:»Paul und Betti wissen das. Wo auch immer sie sind und was sie tun: Sie versuchen stets an das zu denken, was sie tun müssen, wenn plötzlich die Atombombe explodiert. Eine Bombe: Ducken und bedecken! Sonntags, an Feiertagen, in den Ferien, jeden Tag müssen wir jederzeit darauf vorbereitet sein, das Richtige zu tun, wenn die Atombombe explodiert. Ducken und bedecken! Zuerst ducken und dann bedecken! Also Freunde, sagt es laut: Was tut ihr, wenn ihr den Blitz seht?« – Antwortchor:»Duck and cover!« Schon in den Grundschulen wurde das vermeintlich rettende Manöver eintrainiert. Zeitungsfotos zeigen ganze Schulklassen geduckt auf dem Boden der Korridore. Beruhigungsstrategien, mehr konnte die Regierung nicht tun.

Anrufer täglich brachten die Telefonleitungen der Redaktion zum Erliegen. Die Stadt New York und andere Städte verzichteten in jenen Tagen auf den routinemäßigen Probealarm der Sirenen, um ihre Bürger nicht unnötig zu erschrecken. Die Bundesverwaltung ließ derweil Krisenstäbe für den Ernstfall aus Washington evakuieren. In den Schulen war lehrplanmäßiger Unterricht während dieser Tage schwierig. Klassenarbeiten wurden ausgesetzt. Die Kinder seien zu nervös und unkonzentriert, erklärten die Lehrer. Am Broadway strichen Kabarettisten und Komiker Witze über Kuba und Kennedy aus ihrem Programm. Unterstützung für den Präsidenten war für jeden Amerikaner Ehrensache. Der republikanische Gouverneur von New York, Nelson A. Rockefeller, ließ Kennedy wissen, die New Yorker unterstützen »jede Entscheidung, die Sie in diesen Tagen treffen müssen.«

Angst in Washington und New York, Galgenhumor in Moskau. Rada Chruschtschowa berichtet uns von einem Witz, mit dem sich die Moskauer bei Laune hielten. »›Deck dich mit einer Zeitung zu und krieche langsam auf den Friedhof!‹ Ja, so konnte man sich im Falle eines Atomkriegs retten.« Ruhe herrschte in der Sowjetmetropole, genauso, wie es der Kremlchef wünschte. Seine Tochter erfuhr – im Gegensatz zu ihrem Bruder – wenig vom Krisengeschehen: »Obwohl ich drei kleine Kinder hatte, kam mir niemals der Gedanke, dass ich nun schnell packen und mit ihnen irgendwo hin fahren müsste. Das gab es nicht. Deshalb war ich auch ruhig. Vielleicht, sehr wahrscheinlich sogar, war das nicht gerechtfertigt.« Wog die kommunistische Zensur die Sowjetbürger in falsche Sicherheit? Chruschtschows Schwiegersohn Aleksej Adschubej sagte in einem früheren Interview: »Ich möchte auf keinen Fall die Amerikaner beleidigen, aber die allgemeine Hysterie – übrigens auch bei den Politikern – war in den USA offensichtlich wesentlich ausgeprägter als bei uns. Der eher geschlossene Charakter unserer Gesellschaft und auch die wenigen Informationen, die uns über die Krise gegeben wurden, haben vermutlich Millionen Menschen vor einer panischen Reaktion bewahrt.«

Sergej Chruschtschow stellt den Unterschied so dar:»Wir in der Sowjetunion lebten die ganze Zeit mit der Gefahr, dass ein Krieg ausbrechen könnte, dass man uns zerstören könnte, für uns war es eine Erfahrung, die wir schon öfter gemacht hatten. Aber man kann ja nicht ständig in Angst leben. Für die Amerikaner war es das erste Mal, eine große Bedrohung so unmittelbar zu spüren.«

Kennedys Alleingang

Am Abend des 27. Oktober versuchte Kennedy in einer konspirativen Sitzung mit engsten Vertrauten eine Linie zu finden, die den Abzug der Raketen ermöglichte, ohne militärische Gewaltanwendung, aber unter Wahrung des Gesichts. Dabei kamen Dinge zur Sprache, die er im großen Kreis so nicht hätte äußern können. Erinnerungen seines Bruders halten drei Punkte fest: Erstens, am Sonntag werden keine Angriffe gegen Luftabwehrraketen auf Kuba geflogen – allein eine solche Festlegung hätte die Generalität aufs höchste gereizt. Zweitens, Chruschtschow sollte der Ernst der Lage nicht nur per Brief vermittelt werden. Dafür sollte Robert Kennedy umgehend an Sowjetbotschafter Anatolij Dobrynin herantreten. Drittens, die Jupiter-Raketen in der Türkei sollten für eine Entschärfung vorbereitet werden, denn wenn Kennedy schon den Angriffsbefehl gegen Kuba würde geben müssen, so hoffte er dadurch wenigstens einen sowjetischen Gegenschlag auf die Türkei verhindern und den Konflikt in Grenzen halten zu können. Aus der Sicht der Stabschefs wäre auch dieser Entschluss ein klares Signal der Schwäche und die Aushebelung der Bündnisraison gewesen. So tat der US-Präsident gut daran, solche Dinge nicht im Plenum kundzutun. Nach dem zwanzigminütigen Gespräch machte sich Bobby auf den Weg zu seinem Arbeitsplatz im Justizministerium. Dort wartete Anatolij Dobrynin, der Sowjetbotschafter und persönliche»Sonderkanal« für heikle Fragen.

Beiden stand wohl das wichtigste Gespräch ihres Lebens bevor und das entscheidende für die Krise. Beschwörung und Ultimatum – diese beiden Worte beschreiben den dramaturgischen Charakter des Dialogs zwischen Bobby Kennedy und Dobrynin, über den es lange Zeit verschiedene Auffassungen gab. In Robert Kennedys Erinnerungsschrift »Dreizehn Tage« klingt vieles nüchterner als in den lebhaften Schilderungen des Sowjetbotschafters. Der Bericht des später ermordeten Politikers zeigt in gestraffter Form, wie er dem Gast die Lage vor Augen führte: Die Beschießung der Aufklärer und der U-2-Vorfall mit dem ersten Toten seien eine ernst zu nehmende Wende, zumal dies alles vor dem Hintergrund eines fortschreitenden Raketenaufbaus stattfinde. Er habe Dobrynin die Dringlichkeit der Lage deutlich gemacht und geschildert, wie sehr der Präsident unter Druck stehe. Der ehemalige Botschafter erinnert sich an den bedrohlichen Unterton Kennedys, mit dem er sagte: »Alle Militärs im Pentagon fordern den Präsidenten einstimmig auf, mit einem Gegenschlag zu antworten.«

Dann – so Dobrynin – hätte Bobby ein Szenario des Schreckens ausgemalt: »Sie setzen den Bau der Raketenbasen fort. Wir sind der Ansicht, dass daraus eine starke Bedrohung unserer nationalen Sicherheit erwächst. Deshalb werden wir gezwungen sein, sie zu bombardieren. Ich warne Sie. Wir sind uns darüber im klaren, was das heißt, zu bombardieren, denn dort befinden sich Ihre Soldaten. Sie haben viele Soldaten. Und wenn wir anfangen zu bombardieren, werden viele umkommen. Das ist dann schon eine Kriegshandlung unsererseits. Sie werden das kaum billigen. Sie werden antworten. Sicher, und Sie werden nicht die USA angreifen, sondern eine Möglichkeit suchen, die Ihnen näher liegt, etwa Berlin. Ja, Sie werden in Europa zurückschlagen, aber das ist dann schon der große Krieg, der Millionen von Amerikanern und Russen das Leben kosten kann. Die US-Regierung will dies vermeiden und die sowjetische Regierung doch sicher auch.«

Der Ton gewann noch an Schärfe, sagt Dobrynin. Der Justizminister habe eine umgehende Antwort Moskaus gefordert, »innerhalb der nächsten zwei Tage. Wir können nicht mehr länger warten.« In seinen Aufzeichnungen legte Robert Kennedy aber Wert auf die Feststellung: »Meine Erklärung sollte kein Ultimatum bedeuten, sondern eine Darlegung der Fakten. Wenn die Sowjetunion diese nicht beseitigen, würden wir es tun.« Für den Botschafter reichte das als Drohung. Ihm gaben aber vor allem die Begleitumstände zu denken, der hektische Anruf am Abend, das geheimnisvolle Treffen, die psychische Verfassung Bobby Kennedys, der offenbar sehr aufgeregt und echauffiert war. »Robert war sehr bleich, wirkte sehr müde aus, hatte roten Augen. Sein Haar war unordentlich, er sah schlimm aus. Dann sagte er: ›Ich habe meine Kinder schon mehrere Tage nicht mehr gesehen.‹« Das machte Eindruck auf Dobrynin und den gab er direkt an den Kreml weiter – das sollte auch dort nachdenklich stimmen. Das Gespräch jedoch war noch nicht zu Ende.

Der Bruder des Präsidenten drohte nicht nur, sondern erinnerte auch an die Bereitschaft Washingtons, Konzessionen zu machen – zunächst aber nur im Sinne der ersten Offerte Chruschtschows: »Wenn Sie damit aufhören, Ihre Raketenbasen zu bauen, dann werden wir uns unsererseits verpflichten, Kuba nicht anzugreifen, weder jetzt noch in Zukunft.« Der Sowjetbotschafter hatte keinerlei Anweisungen aus Moskau erhalten, die ihn zu irgendeiner Zusage ermächtigten. Doch selbstverständlich war ihm der Inhalt des zweiten Chruschtschow-Schreibens mit der Türkei-Forderung präsent. »Zwar hatte ich keine konkrete Order, aber dennoch beschloss ich die Frage anzusprechen. ›Wie sieht es denn hinsichtlich der Jupiter-Raketen aus, Ihrer Raketen in der Türkei?‹«

Dies war der heikelste Moment des Treffens. Würde Kennedy bereit sein, diesen Preis für den Frieden zu zahlen? Dann folgte die entscheidende Szene. Ein Zeitungsausschnitt wurde zum stillen Sprachrohr. Walter Lippman hatte Mitte der Woche einen wirkungsvollen Kommentar geschrieben, in dem er einen möglichen Abzug der Jupiter-Raketen erörtert hatte. Nun schob Robert Kennedy den Zeitungsausschnitt zu Dobrynin hinüber. »Wenn das die einzige Forderung ist, über die wir uns noch nicht einig sind, dann denke ich, werden wir eine Lösung finden.«

Im Gedächtnisprotokoll hingegen, das Robert Kennedy an Außenminister Rusk schickte, und in den Notizen für Erinnerungsschrift *Dreizehn* Tage versuchte Bobby, sein Angebot abzuschwächen:»Ich sagte, hier könne es keine ›quid pro quo‹-Bedingung geben, nicht unter diesem Druck, und letztlich sei das eine Entscheidung, welche die NATO treffen müsse«. Und auch das habe er den Sowjets mitgeteilt:»Präsident Kennedy habe schon seit langem darauf gedrungen, die Raketen aus Italien und der Türkei abzuziehen, und wir rechneten damit, dass die Raketen bald nach Beendigung dieser Krise entfernt sein würden.« Rannten die Sowjets also nur offene Türen ein? Sorensen sagt heute:»Wir teilten ihnen natürlich nicht mit, dass unsere neuen Polaris-U-Boote im Mittelmeer einen viel wirkungsvolleren und präziseren Schutz boten.«

Die Frage war: Handelte es sich um eine vage Andeutung oder eine konkrete Zusage? Im geheimen Protokoll von Bobby Kennedy an Dean Rusk fehlt ein Satz, der im ersten Entwurf noch enthalten war:»Ich sagte, dass sich sicherlich eine befriedigende Lösung für diese Angelegenheit finden lassen würde, wenn etwas Zeit vergangen sei, vier oder fünf Monate vielleicht.« Das klang schon nach einem verbindlicheren Fahrplan, und vielleicht wurde der Satz gerade deshalb aus dem streng geheimen Memorandum gestrichen. Stattdessen mühte sich Kennedy, in seinem Text an den Außenminister zu betonen:»Entsprechend Ihrer Anweisung wiederholte ich, dass es keinen Handel irgendeiner Art geben könnte.«

Anatolij Dobrynin zitiert den Bruder des Präsidenten so:»Ich glaube, dass es wahrscheinlich vier oder fünf Monate dauern wird, diese Raketen aus der Türkei abzuziehen. Das ist das mindeste, was die Regierung braucht, um den Vorgang durch die NATO zu bringen. Die ganze Diskussion über den türkischen Aspekt kann über Sie und mich laufen. Im Augenblick allerdings, in diesem Kontext kann der Präsident nichts über die Türkei in aller Öffentlichkeit verlautbaren lassen.« Das klang schon sehr nach Handel.

Das Eisen war so heiß, dass der Bruder des Präsidenten es ohnehin nur notgedrungen anfasste, verbrennen wollte er sich daran nicht. Deshalb auch die Geheimnistuerei. In der Tat handelte es sich um ein handfestes Angebot zum Raketen-Tausch, es durfte nur keiner davon wissen. Schon gar nicht das ExComm, wo das Thema ergebnislos zerredet worden war. Allein der konspirative Kreis, der sich am Abend des 27. Oktober um Kennedy versammelt hatte, war – mehr oder weniger – eingeweiht, wie umfassend, ist unklar.

Dobrynin berichtet:»Robert bat mich um Geheimhaltung, es wüssten nur einige wenige Leute, dass der Präsident sein Placet geben würde, die Jupiter-Raketen später aus der Türkei abzuziehen.« Dobrynin hatte Verständnis und schwieg. Chruschtschow versuchte später, eine schriftliche Bestätigung zu bekommen, doch auf Geheiß Robert Kennedys legte Dobrynin dem Kremlchef nahe, davon Abstand zu nehmen.

So hatte der Präsident einen Teil des ExComm, die Militärs und die Öffentlichkeit übergangen, während er mit den Sowjets das Geheimnis teilte und sich damit quasi von ihnen abhängig machte – ein gewagtes Spiel. Und so hieß es strikt, kein offizielles Abkommen und Abzug der Raketen vom Bosporus erst nach mehreren Monaten. Würde dieses Zugeständnis öffentlich, hätte der Präsident als erpressbar – und als Verlierer des Pokers – dagestanden. Und in der NATO wäre ihm womöglich der Vorwurf gemacht worden, der USA seien alle Mittel recht, um sich auf Kosten anderer aus der Gefahrenzone zu manövrieren. Deshalb galt nur das gesprochene Wort. Kein Wunder, dass das Rätsel erst nach Jahrzehnten vollständig gelüftet wurde. Sorensen, der heimliche Herausgeber der *Dreizehn Tage* redigierte die Passagen zum Abzug der Türkei-Raketen, als sei dieser nicht Teil des Geschäfts gewesen. Später gab er zu, dies aus Gründen der Geheimhaltung getan zu haben. Damals aber musste erst einmal Moskau von jenem historischen Gespräch erfahren. Dobrynin hatte es damit sehr eilig.

Entscheidung in Moskau

Am Abend des 27.Oktober war aus Washington noch keine Antwort auf die Briefe Chruschtschows gekommen. So lag in Moskau lediglich die offizielle Erklärung des Weißen Hauses vor mit der ultimativen Aufforderung zum Rückzug der Raketen. Gegen fünf Uhr soll es eine makabre Vorführung im Kreml gegeben haben. Verteidigungsminister Malinovskij und der Chef des Generalstabs, Zacharov, referierten, von welchen Verlusten die Sowjetunion im Falle eines Atomkrieges ausgehen müsste. Dies taten sie mit Hilfe einer großen Karte, worauf die Stellen markiert waren, die als Angriffsziele in Frage kamen.

Schon eine Stunde zuvor hatte der Kreml-Chef an der Notbremse gezogen. Die grundsätzlich Bereitschaft, die Raketen aus Kuba zurückzuholen, stand außer Frage – gegen die Sicherheitsgarantie, wenn möglich unter Einbeziehung der Türkei-Raketen. Die Gefahr eines atomaren Schlagabtauschs sollte nun unbedingt eingedämmt werden. So erging ein wichtiger Befehl an General Pliev: »Kategorisch wird bestätigt, dass die Anwendung von Atomwaffen, der Raketen, der FKR, der ›Luna‹ und der Flugzeuge ohne Sanktion aus Moskau verboten ist... Direktor Nr. 76639. 27. Oktober 1962 16.30 Uhr.« Damit sollte das Risiko eines taktischen Nukleareinsatzes endgültig beseitigt werden.

Rückversicherung Für den Fall, dass Bobbys Gespräch bei Dobrynin keine Früchte tragen würde, hatte John F. Kennedy noch einen weiteren Sicherheitshebel in Bewegung gesetzt. 1987 enthüllte Dean Rusk, Kennedys loyaler und zurückhaltender Chefdiplomat, folgenden Sachverhalt:»Er wies mich an, Andrew Cordier von der Columbia University anzurufen und ihm ein Statement zu diktieren.« Professor Cordier war zuvor stellvertretender Generalsekretär der UNO gewesen. Er sollte nun den amtierenden Generalsekretär Sithu U Thant bitten, die Rede, die der Außenminister ihm übermittelte, als seine eigene auszugeben und öffentlich zu verlesen.»Darin sollte er vorschlagen, dass sowohl die Jupiter-Raketen als auch die Raketen aus Kuba abgezogen werden sollten.

Chruschtschow blieb über Nacht im Kreml. Man weckte ihn nicht, obwohl eine ganze Reihe wichtiger Botschaften in Moskau eintrafen, unter anderem unerfreuliche Telegramme aus der Karibik. So vernahm er am Sonntagmorgen, 28. Oktober, die unfrohe Kunde vom U-2-Abschuss direkt nach dem Frühstück und erschrak.»Er war zutiefst beunruhigt«, so Chruschtschows Referent Oleg Trojanovskij,»dass ein amerikanisches Flugzeug abgeschossen werden konnte, ohne dass die militärische Führung vor Ort oder die Moskauer Zentrale gefragt wurden. Was konnte da noch alles geschehen.« Sergej Chruschtschow sagt, sein Vater habe gegen den verantwortlichen Offizier gewettert:»In welcher Armee dient dieser General? In der sowjetischen oder in der kubanischen?«

Leonid Zamjatin, Pressereferent des Außenministeriums, erinnert sich, wie Chruschtschow immer wütender wurde:»Er hat mit so deftigen Flüchen reagiert, dass ich sie gar nicht wiedergeben darf«. Dann traf die nächste beunruhigende Meldung vom Máximo Líder höchstpersönlich ein, jenes Telegramm, das er in Anwesenheit Alekseevs formuliert hatte. Trojanovskij trug den Inhalt des Textes vor:»Es sehe so aus, als ob die Amerikaner in jedem Moment mit der Bombardierung Kubas beginnen könnten, als ob uns der Ausbruch des Krieges unmittelbar bevorstünde. Und in dieser

Mr. Cordier sollte das Statement U Thant aber erst übergeben, nachdem er von uns ein entsprechendes Signal erhalten hatte.« So weit sollte es nicht kommen, weil sich die Krise in letzter Minute doch noch anders lösen ließ. Dieses Statement aber blieb unter Verschluss. Der US-Präsident übte sich als Ghostwriter für den UN-Generalsekretär – so etwas hatte es wohl noch nicht gegeben. Die Möglichkeit, kraft seines Amtes der internationalen Öffentlichkeit den Vorschlag zu unterbreiten, hatte Kennedy gar nicht erst in Betracht gezogen. Denn die Häme der Falken und des Militärs wäre ihm gewiss gewesen. Jovial auf eine Offerte im Namen der Weltgemeinschaft einzugehen, um damit einen Krieg zu verhindern, diesen Preis war Kennedy bereit, zu bezahlen.

»Nikita, Nikita, was man gibt, zieht man nicht ab.« (kubanischer Spottvers)
Die Hülle einer SS-4 zur Erinnerung bei Havanna heute.

Situation sei er, Castro, der Ansicht, dass die Sowjetunion die militärische Initiative ergreifen müsse.« Und was danach in den Zeilen durchschimmerte, grenzte an Hysterie. Das Schreiben enthielt praktisch die Aufforderung zum militärischen Erstschlag, man konnte herauslesen, dass Castro inzwischen zu allem entschlossen war. »Fidel war bereit, für den Sozialismus sein Land aufs Spiel zu setzen«, sagt Zamjatin; »es hörte sich für mein Vater an wie eine Aufforderung, die Raketen abzufeuern«, konstatiert Sergej Chruschtschow. Castros Botschaft verfehlte in der Tat ihre Wirkung auf den Kremlchef nicht. Nur eben nicht in dem Sinne, wie der Comandante es beabsichtigt hatte. Nach diesem Brandbrief aus Havanna sollte Chruschtschow mehr noch als zuvor an der Kontrollierbarkeit der Lage zweifeln. »Mein Vater stand ja noch immer unter dem Eindruck des U-2-Abschusses«, fügt sein Sohn Sergej hinzu. Der Kubaner wurde zum Sicherheitsrisiko, denn man hielt ihn nun für verrückt genug, die Generäle in einen Krieg hineinzu-

»Ich wusste nicht, ob ich den nächsten Samstag noch erlebe.«
(Robert McNamara) Der Verteidigungsminister und Generalstabschef
Taylor verlassen das Weiße Haus durch den Garten.

treiben. »Die Frage einer amerikanischen Vergeltung wurde auf
einmal zweitrangig«, sagt Trojanovskij. Furcht kam nun auf, dass irgendwelche Militärs auf Kuba am Ende doch noch ohne Weisung
eine Rakete abfeuern könnten.

Und schon kam die nächste Botschaft, diesmal aus Washington:
die Antwort des US-Präsidenten auf die beiden Schreiben des
Kremlchefs, in der er aber nur auf die erste Kreml-Offerte vom
26. Oktober einging – verbunden mit einer ultimativen Drohung:
Abzug der Kuba-Raketen gegen eine Sicherheitsgarantie für Kuba.
Aber kein Wort zu den Türkei-Raketen. Sollte man angesichts der
drohenden Eskalation einlenken oder das Spiel weitertreiben? Vieles deutete aus Moskauer Sicht auf einen Militärschlag der USA hin
und immer mehr auf eine mögliche Überreaktion der kubanischen Streitkräfte. Um über weitere Schritte zu entscheiden, lud

der Kremlchef das Präsidium und einige andere Mitglieder des ZK in seine schmucke Regierungsdatscha im verschlafenen Novo Ogarjovo ein, einem Vorort von Moskau.

Dort wurde die Kennedy-Antwort mit dem unnachgiebigen Inhalt vorgetragen, worauf Chruschtschow zu einer dramatischen Rede anhob. Und er zog einen bemerkenswerten historischen Vergleich. Er erinnerte daran, wie das revolutionäre Russland 1917 im Frieden von Brest-Litovsk gegenüber Deutschland nachgeben musste, weil es die Macht der Sowjets zu retten galt. Nun befände man sich Auge in Auge mit der Gefahr des Krieges, ja einer nuklearen Katastrophe, und es sei möglich, dass die gesamte Menschheit untergehe. Wollte er damit den Anwesenden vor Augen führen, es sei angesichts der drohenden Gefahren besser, auf die Maximalforderung, also den Rückzug der Türkei-Raketen, zu verzichten?

Der Anruf

Wieder geschah Unvorhersehbares; Oleg Trojanovskij, der ebenfalls in die Datscha gekommen war, kann sich noch lebhaft an den Moment erinnern.»Jemand kam rein und sagte mir, dass mich der Referent von Außenminister Gromyko zu sprechen wünsche. Dieser erzählte mir dann am Telefon, dass er gerade ein Telegramm von Dobrynin erhalten habe, in dem er von seinem Gespräch mit Robert Kennedy berichte. Er schilderte die wesentlichen Aussagen des Telegramms: dass die Entscheidung dränge, dass viele, insbesondere die amerikanischen Generäle, entschiedene Handlungen fordern, dass es für den Präsidenten zunehmend schwierig werde, sie zurückzuhalten, und dass die Frage schnellstens geklärt werden müsse. Und er wiederholte die Bedingungen der Amerikaner.« Der Referent notierte peinlich genau mit, kehrte zurück in den Speisesaal und unterbrach die Sitzung:»Alle haben angespannt zugehört. Man bat mich, das Telegramm Dobrynins vorzulesen, was ich auch tat. Und die erste Reaktion war große Erleichterung.« Denn was nun aus Washington zu vernehmen war, ging über die Mindest-forderung hinaus. Denn nun war, wenn auch vage, von den Türkei-Raketen die Rede. Die Stimmung schien wie umgewandelt, plötz-lich zeichnete sich eine Lösung ab, und es schien keinen Grund mehr zu geben, das gefährliche Spiel weiterzutreiben. Im Gegen-teil, das Begehren kam auf, die Gelegenheit nun wirklich beim Schopfe zu packen und keine Zeit zu verlieren. Damit nicht genug. Als das Telefon wenige Minuten nach Dobrynins Mitteilung ein weiteres Mal klingelte, sollte erneut Hektik ausbrechen. Trojanov-skij:»Kurz darauf wurde General Ivanov ans Telefon gerufen. Als er wieder hereinkam, bat er um das Wort und sagte, er habe die Mitteilung erhalten, dass für fünf Uhr eine weitere Kennedy-Rede vorgesehen sei. Das versetzte alle in große Aufregung.« Jetzt würde Kennedy den Angriff ankündigen, darüber waren sich die Männer an der Tafel einig.»Wir wussten ja inzwischen, dass Robert Ken-nedy am Vorabend gesagt hatte, dass die Sache zu einer Entschei-dung dränge«, erinnert sich Trojanovskij. General Ivanov schlug vor, vom Schlimmsten auszugehen. Chruschtschow ging auf Ken-nedys geheimes Angebot ohne viel Aufhebens ein. Schließlich hat-te er damit unerwartet doch noch Profit aus der Krise schlagen können. Sofort sollte die Antwort an Kennedy formuliert werden.

Anatolij Dobrynin ist der Auffassung, dass der von ihm eingelei-tete Tauschhandel mit den Türkei-Raketen endgültig den Weg zum Einlenken des Kreml geebnet habe.»Diese Lösung erlaubte es Chruschtschow, sein Gesicht zu wahren. Ich sprach mit den Mitglie-dern des ZK-Präsidiums, als ich nach Moskau zurückkehrte und sie sagten mir, dass dies der Ausweg war.«

Es gibt auch andere Auffassungen, die davon ausgehen, dass viel-mehr die bedrohliche Gesamtsituation: der U-2-Abschuss, das Cas-tro-Telegramm und schließlich der ultimative Charakter der Ken-nedy-Botschaft den Ausschlag gegeben hätten. Mikojans Sohn Sergo betont, im Kreml sei man sich klar geworden, dass Robert Kennedy es ernst meinte, wenn er sagte, dass der Präsident keinen Spielraum mehr habe und dass er dem Druck der Militärs kaum mehr länger würde widerstehen können. Auch in Chruschtschows Memoiren war dieser Aspekt von erheblicher Bedeutung. Bobby Kennedy schien es gelungen zu sein, den Eindruck zu vermitteln, »die amerikanische Armee könne außer Kontrolle geraten«. Somit spricht viel für diese Deutung. Wahrscheinlich aber hat die Türkei-Offerte die Lösung der Krise beschleunigt.

Die Eilbotschaft

Nun aber musste die zustimmende Botschaft des Kreml schnellstmöglich nach Washington gelangen, um der Gefahr eines möglichen amerikanischen Angriffs zuvorzukommen. In Gruppenarbeit wurden Textbausteine formuliert. Dabei soll sich Breshnev einen Fauxpas erlaubt haben: »Das war gerade im Moment der allerhöchsten Anspannung, während die einzelnen Blätter von den verschiedenen Arbeitsgruppen abgefasst wurden«, erinnert sich der dabei anwesende Pressereferent des Äußeren Leonid Zamjatin. »Breshnev lief hin und her, während Chruschtschow da saß und etwas Entspannung suchte. Er hatte sich im Sessel ausgestreckt, wartete auf die Entwürfe. Da sagte Breshnev: ›Hört mal, Leute, jetzt läuft gerade das sowjetisch-tschechische Eishockeyspiel ZSK Moskau gegen Spartakus. Weiß jemand, wie es steht?‹ Das hörte Chruschtschow. Da hat er aber gebrüllt, die Worte kann man gar nicht wiedergeben.« Zamjatins eigener Kommentar: »Das war schon bezeichnend, weil hier Leute ganz hart daran arbeiteten, einen Krieg abzuwenden, und er interessierte sich für Eishockey!«.

Die Textbausteine wurden zusammengefasst und redigiert. Chruschtschow entschied, auch diesmal den Text über Radio Moskau verlesen zu lassen. Nicht, um das Weiße Haus einmal mehr vorzuführen, sondern weil es als das sicherste und schnellste Medium galt. ZK-Sekretär Iljitschov – für Medien, Presse und das Fernsehen zuständig – wurde der Text ausgehändigt. Er sollte ihn im Eiltempo nach Moskau befördern, und zwar noch vor fünf Uhr Ortszeit.

Durch den Moskauer Großstadtverkehr raste jetzt eine schwarze Limousine mit aufgeregten Presseleuten, die bangen mussten, überhaupt heil am Ziel anzukommen. Im Auto saß auch Zamjatin.»Wir fuhren also von Novo Ogarjovo los, man gab uns grüne Welle, wir machten uns direkt auf den Weg in die Pjatnickaja-Straße, suchten über Funk jemanden aus der Leitungsebene der Sendestation, wir brauchten einen Sprecher, der die Botschaft verlesen konnte«.

Es war nicht das einzige Fahrzeug, dass sich von der Datscha aus Richtung Innenstadt bewegte.»In ihm saß Smirnovskij, der Leiter der Amerika-Abteilung war«, sagt Zamjatin:»Sein Wagen, der hinter uns fuhr, sollte Richtung US-Botschaft abbiegen. Dort war man informiert, dass er kommen würde«. Nun aber wurde der sowjetische Überbringer Opfer des internationalen Klassenkampfs, denn Demonstranten versperrten den Weg zur Residenz des US-Gesandten Foy Kohler.»Um die Botschaft herum war gerade heftiger Protest im Gange, von Werktätigen. ›Hände weg von Kuba!‹, hieß es. Und sie gaben dem Wagen nicht die Einfahrt in die Botschaft frei! Sie standen da und schrien den Imperialismus nieder. Und als die Amerika-

Atomangriff auf Florida Ausgerechnet am Sonntagmorgen, als man in den USA noch befürchtete, die nukleare Katastrophe stehe unmittelbar bevor, in Moskau aber schon die Friedensbotschaft auf den Weg gebracht wurde, kam es zu einem neuen ungeheuerlichen Zwischenfall. NORAD, das Luftabwehrkommando für Nordamerika in Colorado Springs, schien zum Ausgangspunkt der finalen tödlichen Eskalation zu werden. Die Raketenexperten waren nach einer Woche im Ausnahmezustand am Ende ihrer Kräfte: übermüdet, bleich, mit den Nerven am Ende, nur noch von Kaffee und Zigaretten am Leben erhalten, als eine Alarmmeldung vom Raketenfrühwarnradar in Moorestown, New Jersey, eintraf: Raketenabschuss von Kuba aus auf Florida! Großalarm!!! Binnen Sekunden suchte die strategische Luftabwehr der Vereinigten Staaten das todbringende Flugobjekt am Horizont. Hatte ein ausgeklinkter Sowjetgeneral etwa eine der Raketen gezündet? Die Offiziere in Colorado baten die Experten in Moorestown ihre Entde-

ner verstanden, dass es schnell gehen musste, kamen sie selber zur Einfahrt. Schließlich mussten US-Militärs einen Weg für den Wagen bahnen, er fuhr hinein und Smirnovskij übergab das Schreiben.«

Noch wichtiger aber war jene Meldung Chruschtschows, die per Radio in alle Welt verkündet werden sollte. Auch hier kam es zum Hindernislauf: »Kein Mensch war im Sendezentrum, außer dem Wachposten, nicht einmal der Bereitschaftsdienst«, so Zamjatin, »und das in einem Moment, als der Zeitfaktor für Chruschtschow ungeheuer wichtig war, um unerwünschte militärische oder andere Handlungen der USA abzuwenden. Die Zeit wurde jetzt in Minuten, wenn nicht in Sekunden gezählt«.

Die frohe Kunde

Bevor die Radiomeldung über den Äther ging, kam es – wie Sergej Chruschtschow berichtet – zu einem weiteren Zwischenfall. Pressemann Iljitschov sei in der Sendestation in einen alten Lift gestiegen

ckung noch einmal zu verifizieren. Routineprozeduren. An der Information, die da über die Standleitung quer durch die USA kolportiert wurde, war jedoch nicht zu rütteln: Die Anlage machte eindeutig das Radarbild einer Rakete aus, die in Richtung Florida unterwegs war. Einschlag um zwei Minuten nach neun, 29 Kilometer westlich von Tampa. Sowohl die Kommandozentrale im Pentagon als auch das Strategische Luftkommando in Omaha erhielten die Alarmmeldung, ein nuklearer Angriff sei im Gange. Die Männer in Colorado konnten wenig tun. Sie mussten dem Schrecklichen, Unvermeidlichen scheinbar ohnmächtig entgegen sehen. Überprüfung immer wieder, ob die Alarmsysteme auch eine Detonation registrieren. Fehlanzeige.

Dann ist es zwei nach neun. Begann nun der nukleare Holocaust? Die einzige Weg, das in diesem Moment festzustellen, war das Telefon. Hat jemals in der Geschichte der Menschheit einer zum Hörer greifen müssen, um nachzufragen, ob gerade die nukleare Katastrophe be-

und – wie der Zufall es wollte – stecken geblieben. Das Opfer habe angesichts seiner historischen Aufgabe besonders unter der Gefangenschaft gelitten, denn er führte das Redemanuskript mit sich. »Natürlich ist Iljitschov da nervös geworden, denn das war an einem Sonntag und der für den Lift Verantwortliche war nicht da. Wie lange sollte er da drin sitzen bleiben? Eine Minute oder einen Tag? So begann der Überbringer schließlich, die Blätter nach außen durchzuschieben, das war recht einfach durch den Spalt der Türe. Zum Glück ist der Lift dann weiter gefahren, das Ganze dauerte nur wenige Minuten«.

Inzwischen hatte sich doch noch ein prominenter Rundfunksprecher eingefunden, kein Geringerer als Jurij Borisovitsch Levitan, der allein für diesen Auftritt in den Sender gerufen wurde. Dieser sollte der Menschheit nun die frohe Botschaft überbringen.

Um 17 Uhr Moskauer Zeit, neun Uhr früh in Washington (inzwischen war eine Zeitumstellung erfolgt), ging die Meldung über den Äther: »Hier ist Radio Moskau. Der Vorsitzende Chruschtschow hat eine Nachricht an Präsident Kennedy geschickt. Die sowjetische Regierung hat den Abbau der Waffen auf Kuba angeordnet sowie de-

ginnt? Minuten nach dem befürchteten »Einschlag« brachte ein Anruf in Tampa schließlich Gewissheit: Es gab keine Atomexplosion! Erleichterung machte sich breit. Bis die Erklärung für das aufwühlende Versehen aus Moorestown kam, verging noch ein Weilchen. Es handelte sich um einen unglücklichen Zufall: Auf dem Radar, das eigentlich zur Satellitenbeobachtung gebaut worden war, lief die routinemäßige Simulation eines Raketenangriffs von Kuba aus an. Damit sollte der Computer getestet werden. In diesem Moment entdeckte die Software jedoch auf genau der Position der imaginären Testrakete einen realen Satelliten. Die Crew in Moorestown konnte Virtualität und Wirklichkeit nicht mehr auseinander halten und schlug Alarm. Wehe, wenn falsche Schlussfolgerungen aus dieser zufälligen Begebenheit gezogen worden wären. Immerhin mussten vor einem Gegenschlag auch andere Radarstationen bestätigen, dass es sich um ein feindliches Objekt handelt. Bestätigen konnten sie diesmal glücklicherweise nur den Irrtum.

ren Verladung und Verschiffung in die Sowjetunion.« Chruschtschows Sohn Sergej vernahm die Radiomeldung außerhalb von
Moskau:»Ich wartete in der Familiendatscha auf den Vater. Er kam
nicht zum Mittagessen. Aus Langeweile schalteten wir das Radio
ein. Es war die einzige Informationsquelle. Plötzlich hörte ich die
Meldung, es war die Botschaft des Vaters. Da erst konnte ich es wirklich fassen, praktisch im letzten Moment hatten wir eine Katastrophe vermeiden können.« Auch auf der Staatsdatscha in Novo Ogarjovo, wo Chruschtschow mit seinem Beraterstab versammelt war,
herrschte andächtige Stille. Man hatte einen Radioempfänger in
den Speisesaal geschoben. Chruschtschow lauschte seinen Worten,
als wolle er jeden Satz noch einmal überprüfen. Für ihn war es ein
Wendepunkt, eine entscheidende Zäsur seines Lebens.

Er hatte hoch gespielt, viel riskiert, aber auch einiges erreicht –
wenn es auch ein Spiel mit dem Feuer war. Mit seiner Botschaft hatte er die Eskalation abgewendet und Kennedy ermöglicht, sein Gesicht zu wahren. In geradezu verbindlichem Ton wendete er sich an
den Kontrahenten, der angesichts des drohenden Atomkriegs im
Bemühen um Deeskalation im letzten Augenblick fast schon so etwas wie ein Bruder im Geiste war. Schließlich wollten beide sich von
niemandem mehr in den Abgrund treiben lassen, zuletzt zwinker-
ten beide Staatsmänner einander gegenseitig zu. Ausschnitte aus
dem Brief vom 28. Oktober an das Weiße Haus:»Werter Herr Präsident... Ich gebe meiner Befriedigung und Dankbarkeit für das
rechte Maß und das von Ihnen gezeigte Verständnis Ausdruck;
Dankbarkeit auch für die Verantwortung, die Sie gegenwärtig für
die Erhaltung des Friedens in aller Welt tragen. Ich verstehe sehr
wohl Ihre Befürchtung des Volkes der USA im Zusammenhang mit
der Tatsache, dass die Waffen, die Sie als Angriffswaffen bezeichnen, tatsächlich furchtbare Waffen sind... Um den gefährlichen
Konflikt schneller zu liquidieren, der Sache des Friedens zu dienen..., hat die sowjetische Regierung... eine neue Anordnung zur
Demontage der Waffen, die Sie als Angriffswaffen bezeichnen, ihrer Verpackung und ihrer Rückführung in die Sowjetunion erlas-

sen... Und wenn es uns... gelingt, diese gespannte Situation zu beenden, müssen wir uns auch damit befassen, dass andere gefährliche Konflikte, die zu einer thermonuklearen Weltkatastrophe führen können, nicht entstehen.«

Da schwang viel Erleichterung mit und wohl auch Hoffnung, dass sich so etwas nie wiederholt. Später würde selbst John F. Kennedy die Besonnenheit des sowjetischen Staatschefs rühmen. »Ich bewundere die staatsmännische Entscheidung des Vorsitzenden Chruschtschow, den Ausbau der Basen auf Kuba einzustellen, die Offensiv-Waffen zu demontieren... Dies ist ein wichtiger Beitrag zum Frieden«. Welch eine Wende – auch in der Wortwahl.

Für den Kremlchef war die Sicherheitsgarantie gegenüber Kuba ein passables Ergebnis vor den Augen der Weltöffentlichkeit. Aber es hätte nicht seiner Art entsprochen, wenn er nicht wenigstens in einem geheimen Schreiben an den US-Präsidenten auch an den Türkei-Raketen-Tausch erinnert hätte; da heißt es: »In meiner Botschaft an Sie vom 28. Oktober, die für die Öffentlichkeit bestimmt war, kam ich, aufgrund Ihres Wunsches, den Robert Kennedy übermittelt hat, nicht auf die Sache zu sprechen. Aber jedes Angebot, das diese Botschaft enthält, ist im Bezug auf Ihr Einverständnis in der türkischen Angelegenheit zu sehen«. Penibel aber würde sich Chruschtschow auch weiterhin an das Schweigegebot halten. Er wusste, dass sonst die Krise in eine neue Runde gehen würde. Robert Kennedy hatte für diesen Fall mit einem scharfen Dementi und erneuten Spannungen gedroht. Doch der sowjetische Ministerpräsident konnte offenkundig besser mit dem Schweigen leben, als der US-Präsident es mit der Veröffentlichung gekonnt hätte.

Erlösung

Am Sonntag, dem 28. Oktober, berieten sich Maxwell Taylor und seine Stabschefs früh morgens im Pentagon; ihnen schien eine Militäraktion nunmehr unumgänglich. Die Militärs waren sich weitgehend einig:»Montag ist die letzte Gelegenheit, die Raketenstellungen anzugreifen, bevor sie voll einsatzfähig sind«, so formulierte es ausdrücklich Curtis LeMay. Noch an diesem Tag, verlangte er, wolle er vom Präsidenten gehört werden. Taylor erklärte gerade Details zu den Aufklärungsflügen für diesen Tag, da überreichte ihm ein Assistent eine Tickermeldung von hoher Wichtigkeit: Chruschtschow habe Kennedys Vorschlag akzeptiert. Der Generalstabschef zeigte sich zunächst unbeeindruckt und wischte die aktuelle Nachricht vom Tisch:»Die Sowjets machen ein Farce aus dem Abzug und behalten ein paar Waffen da.« Seine Generalstabskollegen dachten nicht anders. Erst als Verteidigungsminister McNamara zu der Gruppe stieß und seiner Erleichterung Ausdruck verlieh, änderte sich die Stimmung. LeMay bestand zwar immer noch darauf, den Präsidenten persönlich zu sprechen – aber jetzt wurden seine Kollegen still und verweigerten ihm die Rückendeckung.

Im Weißen Haus erreichte Chruschtschows erlösende Mitteilung Sicherheitsberater McGeorge Bundy beim Frühstück. Der Mann, der dreizehn Tage zuvor seinen Chef nicht sofort über die besorgniserregenden Raketenfotos unterrichtet hatte, stürmte in den Wohntrakt des Präsidenten. Der machte sich gerade für den sonntäglichen Kirchgang zur St. Stephen's-Church zurecht. War der Präsident am ersten Tag der Krise einer der letzten gewesen, die von einer schicksalhaften Wende erfahren hatten, sollte er nun einer der ersten sein, der die frohe Botschaft vernahm. »Ich fühle mich wie ein neuer Mensch«, soll John F. Kennedy spontan ausgerufen haben. Während er daraufhin leichten Herzens in die Kirche eilte, ließ er seinen Pressesprecher Pierre Salinger das offizielle Ende der Raketenkrise in einer Pressekonferenz verkünden.

»Mein Gott!«, war der erste Gedanke von Verteidigungsminister Robert McNamara, »tiefe Erleichterung, fast Unglauben, unsagbare Erleichterung.« Ähnlich das Gefühl der Befreiung bei seinem ExComm-Kollegen Ted Sorensen – er sagt:»Ich dachte, es ist doch unglaublich, dass etwas, was so entsetzlich, so tragisch hätte werden können, so plötzlich und so friedlich endetete. Ich dankte dem

Schicksal, dass die Gefahr eines atomaren Holocausts vorüber war«.

Um 11.10 Uhr begann die zehnte offizielle Sitzung des Ex-Comm. Das Thema Luftangriff auf Kuba verschwand von der Tagesordnung. McGeorge Bundy resümierte die Kontroversen der vergangenen zwei Wochen versöhnlich:»Jeder wusste, wer die Falken waren und wer die Tauben. Aber heute ist der Tag der Tauben.« Um 13.30 Uhr stoppte die CIA ihre Geheimoperationen auf Kuba unter dem Decknamen»Mongoose«. Dass es wenige Tage später, am 8. November, dennoch zu einem Zwischenfall kam, zeigte die Unberechenbarkeit und die Gefahr, die von diesem Unternehmen ausging.

Auch den zahllosen Mitarbeitern im weitverzweigten Regierungsapparat fiel ein Stein vom Herzen. Manche von ihnen hatten dreizehn Tage Dauerstress hinter sich. Fotoauswerter Dino Brugioni hatte das Gefühl, dass ein schlimmer Film glücklich zu Ende gegangen war. Entspannung stellte sich auch unweit der Schaltzentralen der US-amerikanischen Großmacht ein, in der Washingtoner Sowjetbotschaft:»Das war eine kolossale Erleichterung nach dieser ständigen Anspannung in den letzten Tagen. Ich hatte natürlich versucht, meinem Personal nicht zu zeigen, in welch' schwieriger Situation ich mich befand«, sagt Ex-Sowjetbotschafter Dobrynin.

Ein Aufatmen ging um die Welt. Noch bevor die Nachrichten an diesem Morgen vom Ende der Kubakrise berichten konnten, hatte Papst Johannes XXIII. vor einer besorgten Menge auf dem Petersplatz verkündet:»Ein neuer Geist bemächtigt sich allmählich der Gedanken von Politikern, Ökonomen, Wissenschaftlern und Schriftstellern.« Seine letzte Enzyklika»Pacem in terris« –»Friede auf Erden« – hatte Johannes auf dem Höhepunkt der Kubakrise erdacht. Sie unterstrich die Sehnsucht des todkranken Kirchenfürsten nach Frieden in der Welt. Als erste päpstliche Enzyklika richtete sie sich nicht nur an die Bischöfe, den Klerus und die katholischen Gläubigen, sondern an»alle Menschen, die guten

Willens sind«. »Durch den Frieden verlieren wir nichts«, schrieb Johannes, »durch den Krieg alles.« In aller Öffentlichkeit sagte Nikita Chruschtschow wenig später über den Pontifex Maximus: »Johannes XXIII. ist mir sympathisch... Dieser Papst ist ein Heiliger.« Rada Chruschtschowa berichtet, wie sie 1963 mit ihrem Mann Aleksej Adschubej den Vatikan besuchte, um eine Note ihres Vaters zu überreichen, in der es um Zusammenarbeit in wichtigen Friedensangelegenheiten ging. Noch heute hütet sie eine Reliquie, die sie von Johannes XXIII. erhielt, wie einen Schatz.

Castros Zorn

Bei einem Mitspieler jedoch hielt sich die Erleichterung in Grenzen. Chruschtschow hatte noch nicht einmal auf Castros eindringliches Schreiben vom 27. Oktober reagiert, und plötzlich wurde er völlig ignoriert. Castro war verbittert und schäumte. Noch bevor Radio Moskau Chruschtschows Botschaft verkündete, hatte Verteidigungsminister Malinovskij seinem Statthalter in Havanna, General Pliev, den Befehl gegeben, die Startrampen für die Mittelstreckenraketen abzubauen. Das Drama in der Karibik ging damit aus der Sicht der Großmächte seinem Ende entgegen. Trojanovskij erinnert sich, wie beiläufig man sich im Politbüro auf den dritten Mann der Krise besann – eine denkwürdige Szene: »Plötzlich wurde man sich der Notwendigkeit bewusst, dass man ja auch Fidel Castro informieren musste. Rasch wurde ein Telegramm aufgesetzt – aber eben mit Verspätung, was Fidel zutiefst beleidigte«.

Derjenige, der auserkoren wurde, die ersten Wogen zu glätten, war der sowjetische Botschafter in Havanna und Castro-Freund Aleksandr Alekseev. Glücklicherweise blieb er vom Donnergrollen Castros verschont: Der Botschafter übergab Chruschtschows Schreiben dem kubanischen Präsidenten Osvaldo Dorticós, der wiederum als Bote für seinen Regierungschef fungieren musste. Denn Castro hatte sich aufs Land zurückgezogen. Dort konnte er in aller Abgeschiedenheit die Zeilen verdauen, die Chruschtschow an ihn gerichtet hatte: »Zu diesem Zeitpunkt der Krise möchten wir Ihnen raten, sich nicht von Ihren Gefühlen leiten zu lassen.« Und mit viel Bedacht formuliert hieß es an anderer Stelle: »Der Konflikt wird nun beendet – mit einer vorteilhaften Lösung für Sie, denn sie wird jede Invasion auf Kuba verbieten. Die wahnsinnigen Militaristen im Pentagon wollen ganz deutlich diese Abmachung unterbinden und Sie zu Maßnahmen verleiten, die sie gegen uns ausnutzen könnten. Wir bitten sie natürlich, Ihnen einen solchen Vorwand nicht zu geben.« Das war deutlich. Trotz anders lautender Empfehlung aber ließ Castro zumindest in den eigenen vier Wänden seinen Gefühlen freien Lauf. Er habe, so heißt es, gegen eine der Wände getreten, einen Spiegel zerschlagen und lauthals auf den Kremlchef geschimpft. Wieso war er nicht in die Verhandlungen mit einbezogen worden? Wieso war Moskau nicht hart geblieben, um alle Forderungen durchzuboxen? Und wenn schon ein Abzug der Kuba-Raketen, warum dann nicht um einen höheren Preis – er konnte ja nichts von der Geheimabsprache und dem Abzug der Jupiter-Raketen ahnen. Auch später, nachdem er von dem Handel erfahren hatte, machte Castro dem Kremlchef Vorwürfe: »Chruschtschow wusste, dass wir absolut gegen diesen Tauschhandel waren, das heißt, die sowjetischen Raketen auf Kuba gegen die US-Raketen in der Türkei aufzurechnen. Das widersprach doch der Theorie, dass die Raketen der Verteidigung Kubas dienen sollten. Man konnte Kuba doch nicht verteidigen, indem man die Raketen aus der Türkei abziehen ließ.«

Castro sah sich als Opfer. General Gribkov hat Verständnis: »Schließlich gab es zwischen der Sowjetunion und Kuba ein Abkommen über den Sinn und Zweck unserer Division auf der Insel. Und plötzlich wurde einseitig entschieden, sie abzuziehen, ohne Fidel überhaupt zu fragen.« Der kubanische ZK-Angehörige Jorge Risquet schüttelt darüber noch heute den Kopf: »Wir dachen, dass es einen Atomkrieg geben könnte. Wir waren bereit, uns dieser Gefahr zu stellen, der größten Gefahr, der man sich stellen kann, von der Atombombe pulverisiert zu werden. Und dann werden Entscheidungen getroffen, ohne uns zu berücksichtigen. Wir fanden das völlig inakzeptabel«, und er fügt hinzu:»Sogar die Sowjets, die hier waren, weinten, sie weinten, Generäle, Oberste, sie weinten vor Scham und fanden es nicht korrekt«.

Im Kreml dachte man anders. Man hatte das Gefühl, dass Castro nun in der Liga der hoffnungslosen Fanatiker spielte und nicht da, wo Machterhalt und Selbsterhaltung im Vordergrund standen. Es schien, als habe er den Anzug des Machiavelli – zunächst – in den Schrank gehängt. Aus den Tagen der Krise ist eine Äußerung des später immer wieder romantisierten Revolutionärs Che Guevara überliefert, die in der Tat bezeichnend ist:»Es ist das fiebererregende Beispiel eines Volkes, das bereit ist, sich im Atomkrieg zu opfern, damit noch seine Asche als Zement für eine neue Gesellschaft dient«.

Da es der Máximo Líder schon seit jeher verstand, selbst Niederlagen als Siege zu deuten, war es auch diesmal nur eine Frage der Zeit, wann dies in Sachen Kubakrise so weit war. Vor dem eigenen Volk gab sich Castro ohnedies unerschütterlich:»Kuba werde durch den Abzug der Raketen nichts verlieren«, denn es habe»bereits so viel gewonnen.« Vor allem, weil die internationale Öffentlichkeit auf das kleine, von den USA geschundene Land aufmerksam geworden sei.

Finanziell musste die Sowjetunion einen hohen Preis für ihr Raketenabenteuer auf Kuba bezahlen, damit sich Fidel Castro nicht von Moskau abwandte. Castro selbst:»Ich unternahm danach alles, um die Beziehungen zwischen Kuba und der Sowjetunion zu retten. Ich wollte, dass sie sich nicht noch weiter verschlechterten. Trotzdem muss ich sagen, dass die Lösung der Krise von 1962 noch jahrelang die Beziehungen zwischen der Sowjetunion und Kuba belastet hat.«

Doch die Krise war am 28. Oktober noch nicht wirklich beigelegt, denn Chruschtschow gab sein Einverständnis, dass der Abzug der Raketen aus Kuba von unabhängigen Beobachtern der UNO kontrolliert werde. Die Rechnung war allerdings ohne den Wirt gemacht, denn Castro stimmte nicht zu. Wenn Washington den Raketenabzug inspizieren lassen wolle, müsse es im Gegenzug Guantánamo räumen, forderte er. Doch Washington konnte sich unmöglich auf einen solchen Deal einlassen.

Selbstverständlich spielte die Frage der Überwachung für die US-Militärs eine zentrale Rolle. Mochten die Friedensglocken schon überall läuten – für die Strategen im Pentagon war die Krise am 28. Oktober noch nicht zu Ende. Außer Chruschtschows Zusage hatten sie nichts in der Hand und sie trauten dem Kremlchef nicht. Der Geheimdienstchef John McCone ordnete Überwachungsflüge an.»Also flogen wir den ganzen Tag über Kuba. Als wir dann die Fotos ansahen, konnten wir keinerlei Anzeichen dafür entdecken, dass die Russen die Raketen abzogen«, sagt Dino Brugioni. Die Militärs brausten auf. Sie dachten, Chruschtschows Botschaft sei nur eine List. Aber der Präsident sagte:»Gebt ihnen noch einen Tag.« Am nächsten Morgen starteten die Flugzeuge wieder, und der Abbau konnte tatsächlich registriert werden.

Diesmal hielt der angebliche Wortbrecher Chruschtschow sein Versprechen. Und Amerikaner wie Sowjets setzten sich einmal mehr über Castro hinweg. Gribkov:»Dann wurden die Inspektionen eben auf hoher See durchgeführt. Wir liefen durch internationale Gewässer, meldeten den Amerikanern, dass auf dem Schiff ›Poltava‹ zum Beispiel sechs Raketen verladen sind.« Gegen alle Regeln der Schifffahrt waren große Teile der Waffen nicht in den Laderäumen, sondern auf Deck verstaut. Die Filmaufnahmen dazu gingen um die Welt.»Wenn es einen schweren Sturm gegeben hätte, wären die Raketenkörper womöglich von Bord gegangen«, sagt Gribkov. Abgesehen davon war die Prozedur auch beschämend für die Sowjetsoldaten:»An einer bestimmten Stelle näherte sich ein amerikanisches Schiff. Ein Hubschrauber startete, wir schlugen die Abdeckplanen zurück und sie zählten: ›Sechs Stück, okay.‹ Das nächste Schiff, die ›Nikolaevsk‹, acht Raketen, und so weiter. Für uns Militärs war diese Kontrolle ein unglaublich demütigender Akt.«

Fotoanalyst Brugioni hatte wieder alle Hände voll zu tun:»Als es hinaus auf See ging, überwachten die Flugzeuge die Transporte auf dem ganzen Weg ins Baltikum oder nach Odessa und zählten nach, um sicher zu gehen, dass alle Raketen Kuba verlassen hatten.« Streit gab es auch um die IL-28-Bomber, die aus US-Sicht aufgrund ihrer Tauglichkeit, Atomwaffen zu tragen, gleichfalls als»offensiv« galten. Moskau lenkte auch hier ein und brüskierte Castro nochmals. Denn der hatte vom Kreml die Zusage erhalten, dass die Flugzeuge auf der Insel bleiben. Die IL-28 und auch die taktischen Waffen traten einige Wochen nach der Krise ihre Rückreise an. So kühlte die Konfrontation allmählich ab.

Verteidigungsminister McNamara hatte kurz nach der heißen Phase von seinen Militärs eine Anfrage erhalten, deren Tragweite ihm damals gar nicht bewusst war:»Obwohl wir dachten, die Krise wäre nun vorbei, blieben unsere Invasionstruppen weiter in Bereitschaft. Und nur einen Tag nach Chruschtschows Radiomeldung schickte Admiral Dennison, der Oberkommandierende unserer Invasionsstreitkräfte, eine dringende Nachricht an den Generalstab und an mich. Darin stand, dass er Informationen habe, denen zufolge die Sowjets ihre Verbände auf Kuba mit atomaren Kurzstreckenwaffen ausgerüstet hätten. Davon hatten wir bis dahin nichts gewusst. Also bat Dennison um Genehmigung, unsere Invasionstruppen vorsichtshalber genauso auszustatten.« Der Verteidigungsminister bezweifelte damals diese Information:»Ich besprach das mit dem Generalstab, und wir kamen zu dem Schluss, dass seine Befürchtungen grundlos waren. Wir wollten schließlich kein neues Risiko eingehen. Denn die Hemmschwelle für den Einsatz taktischer Nuklearwaffen liegt gefährlich niedrig. Also sagten wir ›nein‹.« Jahrzehnte später musste McNamara erkennen, dass es solche Waffen entgegen seiner Annahme tatsächlich auf Kuba gab:»Ich war schockiert, wirklich schockiert: Das Risiko war damals größer, viel größer als wir dachten.«

Sieger und Besiegte?

Kaum war die Welt einem nuklearen Krieg entronnen, da fragten viele Zeitgenossen in gewohnter Manier nach dem Gewinner. Viele Amerikaner waren der Ansicht, dass ihr Präsident aufs Siegerpodest gehörte.»Ganz offensichtlich hatten wir gewonnen, denn wir waren die Raketen los«, gibt Arthur Schlesinger die Schlagzeilen der Zeitungen jener Tage wieder. Viele US-Bürger glaubten, Chruschtschow habe seine Raketen abgezogen, weil er Angst bekommen habe. Vor allem Militärs gingen davon aus, dass letztlich doch das ungeheure Nukleararsenal der USA den Ausschlag für sein Einlenken gegeben habe. Auch innenpolitisch schlug sich der sowjetische Raketenabzug nieder: Der intelligent agierende Präsident hatte dem Kreml eine Lektion erteilt und auch noch den Frieden gewahrt. In den Kongresswahlen wenige Tage nach der Krise konnten die Demokraten zulegen. Der jüngste Bruder des Präsidenten, Edward, wurde mit einem hervorragenden Ergebnis in den Senat katapultiert.

Manchen aber reichte das nicht. Der republikanische Senator Homer Capehart, Mitglied des Außenpolitischen Ausschusses, sprach für viele Parteifreunde, als er bemerkte:»Selbst wenn Chruschtschow alle seine Versprechungen in Kuba einhält, bleibt das Grundproblem dasselbe – Kommunismus 90 Meilen vor unserer Küste.« Für Zeitgenossen wie ihn war allein schon das Nichtangriffsversprechen ein zu hoher Preis. Auch die Bilanz Captain Calhouns, damals Kommandant von vier US-Blockade-Schiffen, fällt noch heute kritisch aus:»Einerseits war ich enttäuscht, weil ich wollte, dass wir in

Kuba einmarschieren. Dies wäre die einmalige Chance gewesen, dieses kommunistische Regime loszuwerden, das unsere nationalen Interessen bedrohte. Andererseits war ich aber auch erleichtert, dass wir wieder nach Hause kamen und unserer normalen Arbeit nachgehen konnten.« Admiral William Houser meint, dass man energischer hätte vorgehen können indem man die Raketenstellungen einfach ausgeschaltet hätten.»Hätten wir in der Schweinebucht und in der Kubakrise Stärke gezeigt, hätten wir wahrscheinlich eine Lösung für unsere Probleme mit den Kubanern gefunden.«

Kennedy selbst gab das Siegesgeschrei seinerzeit zu denken, keiner wusste so gut wie er, mit welchen Verrenkungen dieser »Sieg« zustande gekommen war. Dennoch hatte der Siegestaumel spätere Akteure der amerikanischen Außen- und Sicherheitspolitik fatalerweise zu neuen Abenteuern verleitet. Erst mit Vietnam kam die Ernüchterung.

Der ganze Tauschhandel während der Kubakrise war immerhin peinlich genug, dass die Öffentlichkeit davon nichts erfahren durfte. Der sowjetische USA-Botschafter Anatolij Dobrynin bringt es auf den Punkt:»Wenn man öffentlich verlautbart hätte, dass der Abzug der sowjetischen Raketen im Gegenzug für die Demontage der Jupiter-Raketen erfolgte, wäre das etwas ganz anderes gewesen.« Und so wurde Chruschtschow mehr oder weniger unfreiwillig zum Wahlhelfer Kennedys.

Dass der Kreml-Chef selbst sich schließlich auch als Sieger sah, spricht für sein unerschütterliches Selbstbewusstsein. Schon die Erfüllung seiner Mindestforderung seitens der USA wusste Chruschtschow als politischen Gewinn zu verkaufen. In seinen Memoiren zieht er folgendes Fazit:»Die Regierungen der kapitalistischen Länder bewerten alles in Dollar. Wenn wir die Kubakrise also in Dollar berechnen, dann war das eine sehr profitable Operation. Wir haben nur Geld für den Transport der Kriegstechnik und einiger Tausend Soldaten ausgegeben. Soviel hat die Garantie der Unabhängigkeit Kubas gekostet. Wir haben weder eigenes noch fremdes Blut vergossen.«

»Es war für die Militärs eine große Demütigung.« (General A. Gribkov)
Die sowjetischen Raketen mussten sichtbar für US-Aufklärer abtransportiert werden.

Eine denkwürdige Bilanz spiegeln auch Worte Chruschtschows, die er vor dem Politbüro am 3. Dezember 1962 fand. Auch diesmal hat der ZK-Abteilungsvize Aleksandr Serov handschriftlich protokolliert. Das Archiv des ehemaligen ZK gewährte uns Einblick in die geheime Quelle – hier einige Auszüge:

N.S. sagt (gemeint ist Nikita Chruschtschow),*... dass wir Kuba geholfen haben, war richtig. Wir haben die USA gezwungen, unsere Interessen in Amerika anzuerkennen. Das ist eine große Sache. Das war unser erster Auftritt in einer solchen Arena...*

Es war richtig, unsere Raketen abzuziehen. All das Gerede drumherum wird sich mit der Zeit legen. Die Amerikaner haben unser Land ernst genommen, wir sind, sozusagen, Mitglied im internationalen Klub.

Die Amerikaner hatten selbst Angst. Das war positiv. Jetzt, wo die Krise vorüber ist, kann man in Ruhe miteinander sprechen.

Castro sagte, dass man den Atomkrieg beginnen sollte, jetzt dementiert er und sagt, dass er das nie verlangt hatte...

Die Kubaner sind nicht kontrollierbar. Mit ihnen etwas zu tun zu haben, heißt über eigene Entscheidungen die Kontrolle zu verlieren. Wir müssen unsere Eroberungen behutsam und verantwortungsbewusst behandeln...

Kennedy wird sein Wort zumindest sechs Jahre halten, solange er an der Macht ist.

In diesen sechs Jahren wird Kuba erstarken. Die Ausgaben, die wir hatten, haben sich gelohnt. Die Operation war nützlich.

Wir haben eine gute Ausgangsposition und viel Anerkennung für unsere Politik im internationalen Lager...

Unterschrift: Serov

So spricht kein Verlierer. Das Dokument kündet von Selbstzufriedenheit, ist aber auch Ausdruck des gewandelten Castro-Bildes von Chruschtschow. Binnen kurzer Zeit wurde der bewunderte Revolutionär zum unsicheren Kantonisten. Freilich waren solche Formulierungen nicht für Fidel bestimmt. Sie hätten ihn einmal mehr in Rage gebracht. Das Verhältnis zu den Sowjets sollte ohnedies in den kommenden Jahren sehr getrübt bleiben.

Castro regiert noch heute, Chruschtschow herrschte nur noch bis 1964. Bei seinem Sturz wurde ihm dann doch ein Scheitern der Operation »Anadyr« vorgehalten – er habe zu viel riskiert. Zwei Jahre zuvor aber war ihm das ZK-Präsidium auf Schritt und Tritt gefolgt. Am Ende war den Männern um Breshnev jeder Vorwand Recht, den alten Kreml-Chef los zu werden. Er wurde verbannt und ins innere Exil geschickt.

Am Sonntag, dem 28. Oktober 1962, gab es nur eine offizielle Siegesfeier, und zwar in der sowjetischen Hauptstadt. Aber nicht etwa wegen Kuba: Es wurde Napoleons Niederlage vor Moskau 1812 gedacht. Die Raketen, die an diesem Abend über Moskau niedergingen, waren ein harmloses, wunderschön funkelndes Feuerwerk. Sergej Chruschtschows Resümee lautet: »In Wirklichkeit haben beide Seiten gewonnen, weil sie einen Krieg abwenden konnten.«

Der Vater memorierte später:»Welchen Nutzen hätte es mir gebracht, in der letzten Stunde meines Lebens zu wissen, dass zwar unser großes Land und die Vereinigten Staaten komplett zerstört seien, die nationale Ehre der Sowjetunion jedoch gerettet.«

Glück oder Management

Ein Musterbeispiel von Krisenmanagement im Nuklearzeitalter aber, wie später behauptet wurde, war die Lösung der Kubakrise nicht. Da ist bemerkenswert, wie selbstkritisch der damalige US-Verteidigungsminister heute eingesteht, dass die Welt durch großes Glück noch einmal glimpflich davonkam. Beide Seiten hatten hoch gepokert und die Konfrontation zu einer Nervenprobe gemacht: Wer zuerst ausweicht, ist der Verlierer. Am Ende stand ein Gentlemen's Agreement in letzter Sekunde.

Beide wollten den Atomkrieg verhindern. Und sie hatten ein Gespür, wann der Siedepunkt erreicht war. Dennoch ergaben sich genügend ungeahnte Risiken. Die Tatsache, dass das Schicksal ganzer Zivilisationen zuletzt nur von zwei Menschen abhing, ist nicht gerade beruhigend. Und natürlich müssen viele hypothetische Fragen unbeantwortet bleiben. Wie lange hätte Kennedy beispielsweise dem Druck seiner Militärs noch standhalten können? Berater wie Ted Sorensen und Arthur Schlesinger sind sich nicht sicher, ob in der dritten Woche eine militärische Lösung kategorisch hätte ausgeschlossen werden können. Kennedy fand den Ausweg schließlich über die Hintertreppe. Doch wenn diese verschlossen gewesen wäre?

Keine der beiden Seiten suchte den schnellsten Weg aus der Gefahr. Was wäre passiert, wenn Chruschtschow – aus welchem Grund auch immer – darauf bestanden hätte, dass die Raketen auf Kuba bleiben? Wenn er Berlin zur Geisel gemacht hätte? Oder es im Kreml zum Umsturz gekommen wäre? Was ja zwei Jahre später dann auch geschah. Was nutzte das Einlenken am 25. Oktober,

»Die Welt hat gesiegt, denn wir alle sind noch einmal davon gekommen.«
(Sergej Chruschtschow)   Wasserstoffbomben-Detonation.

wenn er den Poker doch weitertrieb? Kurzum: Fragen, die sich jeder stellen musste, wollte er aus der Krise etwas lernen.

Wenn gutes Management gute Informationen benötigt, war das Unwissen während der Krise frappierend. ExComm wusste nichts von den taktischen Nuklearwaffen, die Befehlsgebung war zum Teil unklar, Beinahe-Zusammenstöße auf See nicht auszuschließen, versehentlich wurde der feindliche Luftraum verletzt, es gab Fehlalarme und irrtümliche Raketenstarts. McNamaras Eingeständnis, »gerade in der Krise steige die Anfälligkeit für falsche Informationen, Einschätzungen, Urteile und Gefühle«, trifft den Kern des angeblich so positiven Managements. Auf sowjetischer Seite verblüffte die Ignoranz, wie denn eine Entdeckung der Raketen auf die USA wirken musste und die Unterlassung jeglicher Planung für den Fall, dass die Raketen frühzeitig entdeckt wurden.

So war die Kubakrise auch keine Sternstunde der Geheimdienste – auf beiden Seiten. CIA-Chef McCone machte zwar mehrmals auf die Gefahr der Raketenstationierung auf Kuba aufmerksam, ohne jedoch Beweise vorlegen zu können. Und die brauchte Kennedy. Als das Weiße Haus am 16. Oktober von den Mittelstreckenraketen erfuhr, blieb das wiederum dem Kreml verborgen. Die Dienste beider Seiten waren während der gesamten Krise nicht in der Lage, die Intentionen und geplanten Schritte der Kontrahenten zu ermitteln. Im Gegenteil: Selektive und unter dubiosen Umständen gewonnene Informationen erhielten unverdienten Rang, wie das Rogers-Gespräch an der Bar, während zutreffende Nachrichten ihre Adressaten nie oder erst spät erreichten.

Politik der Stärke

Manche wollten die Risiken noch Jahrzehnte später nicht wahrhaben:»Wir waren nie weiter entfernt von einem Nuklearkrieg als während der Kubakrise, nie weiter entfernt!«, sagte einmal US-General David A. Burchinal. Es blieb das Credo im Lager der Falken, dass letztlich nur die Politik der Stärke Chruschtschow zum Einlenken bewogen habe. Manche US-Militärs sind noch immer der Meinung, die Blockade hätte rigoroser durchgeführt werden müssen und man hätte einen Luftangriff oder gar eine Invasion Kubas wagen sollen – ein Gegenschlag der Sowjets sei aufgrund der eigenen nuklearen Überlegenheit unwahrscheinlich gewesen.

Diese Politik der Stärke hat ihre Schwächen in den 13 Tagen offenbart. In einem Moment, wo sich militärische Vorgänge der Kenntnis oder der Steuerung maßgeblicher Akteure entziehen, nutzt auch keine Abschreckung mehr. Hätten die USA tatsächlich eine Invasion riskiert unter Fehleinschätzung der Lage vor Ort, hätte es zur Katastrophe kommen können. Sergej Chruschtschow sieht in der Politik der Stärke das Grundgesetz des Kalten Krieges:»Beide Seiten handelten danach. Mit den Amerikanern konnte man nur aus einer Position der Stärke verhandeln wie mit der Sowjetunion auch«. Das führte dazu, dass beide Seiten das Spiel auch dann noch weiter trieben, als die Lösungsformel bereits gefunden war. Die Kontrahenten lernten aus der Krise. Kennedy selbst beäugte misstrauisch, wie viele seiner Landsleute nach dem Abzug der Raketen die Siegesfahne in die Höhe zogen. Arthur Schlesinger erinnert sich: »Nach einigen Tagen sagte er zu mir: »Ich fürchte, die Leute glauben, dass Stärke allein entscheidend ist.« Der US-Präsident erkannte, dass die alte Politik an ihre Grenzen stieß. Kennedy und Chruschtschow, beide geläutert durch die Krise, sollten nicht mehr lange regieren.

Bündnissolidarität

Während der Kubakrise zeigte sich, dass beide Führungsnationen bereit waren, die Interessen der Bündnispartner notfalls hintanzustellen. Die Vereinigten Staaten hatten mit Krieg gedroht, weil einige Dutzend sowjetische Mittelstreckenraketen in ihrer Nähe aufgestellt wurden. Ihre Alliierten, selbst potenzielle Opfer eines solchen Krieges, hatten gelernt, mit einer solchen Bedrohung zu leben, ohne es derart zu dramatisieren. Sowjetische Atombomber und Raketen visierten schon seit Jahren Westeuropas Hauptstädte an. Charles de Gaulle fragte den früheren US-Außenminister Dean Acheson, der ihm den Text der Ansprache eine Stunde vor Ausstrahlung der Kennedy-Rede brachte: »Konsultieren oder informieren Sie mich?« Dennoch fand Washington Unterstützung bei den Partnern in Europa, vor allem in Bonn. Auch hier fürchtete man die aktuelle Bedrohung, aber auch eine ungünstige Verschiebung der strategischen Balance. Konnten doch die USA aufgrund von Raketen im Hinterhof womöglich »weich« werden und künftig ihre nuklear bewehrte Sicherheitsgarantie für Westberlin und Westeuropa relativieren.

Aus diesem Grund war auch das Thema Türkeiraketen so heikel. Würde Washington für die eigene Sicherheit den nuklearen Schutz am Bosporus preisgeben? Auch wenn die Jupiterraketen in den Augen des Pentagon ohnedies dort auf Abruf standen, schon den Verdacht wollte das ExComm gar nicht erst aufkommen lassen und votierte gegen einen offenen Deal.

Die Angst vor einem amerikanischen Alleingang hielt auch nach der Beilegung der Krise an. Frankreich forcierte seine Atomprojekte und stieg später aus der militärischen Struktur der NATO aus. Die Briten förderten die Entwicklung eigener Waffen. Immerhin waren beide Staaten schon 1956 – während der Suezkrise – einer direkten, sowjetischen Nukleardrohung ausgesetzt gewesen. Verteidigungsminister Strauß hatte für einen nuklearen Teilhaberstatus der Bonner Republik plädiert, der auch gewährt wurde. Das hieß: kein Besitz von Atomwaffen, aber Mit-Verfügung über Trägersysteme unter dem Oberbefehl der Allianz, namentlich der USA. All das sollte den Sowjets deutlich machen, nicht nur Washington, sondern auch die Betroffenen eines Angriffs in der Mitte Europas hätten im Ernstfall Zugriff auf nukleare Kampfmittel – was die Abschreckung überzeugender erscheinen ließ.

Und wie stand es um die sowjetische Solidarität? Fidel Castro sah sich als düpierten Waffenbruder, und empörte sich später noch mehr, als er vom geheim gehaltenen Türkeihandel erfuhr. Für die eigene Sicherheit waren die Sowjets also bereit, Kuba zu denuklearisieren. Sah so die Treue aus? Moskau war das Verhalten Castros während der Krise eine Lehre, wie ein Polit-Desperado war er dem Kreml vorgekommen. Das Telegramm an Chruschtschow gab den Rest. Nie wieder würde die Sowjetunion eine ferne Stationierung riskieren. Der eigene Schirm, und der sollte beträchtlich wachsen, musste genügen.

Instrumentalisierung der Medien

Die Kuba-Krise war auch ein Medienkrieg. »Meldungen über Aktionen unserer Regierung gehören zu unseren Waffen«, wurde seinerzeit der Pressemann des Pentagon, Arthur Sylvester, zitiert: »Es kommt nur darauf an, dass wir mit einer einzigen Stimme zum Gegner sprechen. Das Ergebnis rechtfertigt unsere Methoden«. Dennoch ging nach der Kubakrise in den amerikanischen Medien die Frage um, ob man sich habe missbrauchen lassen. »Die Manipulation der Nachrichten ist für die Sache der Freiheit weit gefährlicher als Information und Kritik«, konstatierte die *New York Times* und erntete dafür vom Ausland Beifall: »Um so stärker ist die Glaubwürdigkeit Amerikas in Frage gestellt, seit die Welt weiß, dass das martialische Auftreten Washingtons nicht zuletzt ein Bluff geschickter Nachrichten-Manipulierer war«, so der *Spiegel*, und der britische *Guardian* zürnte: »Die Presse als Instrument der Staatspolitik zu benutzen« sei »ein entscheidendes Merkmal des totalitären Staates«. Damit ist die Rolle der Medien im Umfeld der Krise jedoch nur unzureichend beschrieben, denn signifikant war nicht nur der Umgang der Politik mit den Medien, sondern auch der Umgang der Medien mit der Politik.

Dem ehemaligen Sowjetbotschafter in Washington Dobrynin entging keineswegs, wie ein großer Teil der US-Presse Stellung bezog und John F. Kennedy unter Druck setzte. Ob er der »Schweinebucht-Präsident« bleiben wolle, unkten manche Blätter zynisch, oder wie es um Amerikas Führungsrolle in der Welt stehe. Tägliche Zeitungskolumnen bescheinigten dem Weißen Haus Appeasement-Politik. Sätze wie die aus der Feder der Kolumnistin Marguerite Higgins wirkten wie Nadelstiche: »Demokraten ebenso wie Republikaner fragen sich jetzt, ob Präsident Kennedy über den Abstieg Amerikas als Großmacht präsidieren will.« Mit solchen Äußerungen musste der US-Präsident umgehen lernen. Die geheimen Tonbandaufnahmen aus dem Weißen Haus geben eine denkwürdigen Dialog mit seinem Bruder Bobby wieder. Beide stimmten in den ersten Tagen der Krise überein, dass eine diplomatische Option schon deshalb nicht in Frage kam, weil sonst – wie es bitter ironisch klang – ein »Impeachment«, eine Amtsenthebung, ins Haus stehe.

Die Strategie der Medienberater Kennedys umfasste während der 13 Tage mehrere Ziele – in dieser Reihenfolge: Verschleierung, Mobilisierung, Dramatisierung, Akklamation. Vor dem 22. Oktober durfte niemand etwas von den Raketen wissen, um in der nötigen Ruhe entscheiden zu können. Mit der Rede galt es schlagartig die eigene und die internationale Öffentlichkeit zu mobilisieren. In der Phase danach wurde durch gezielte Spekulationen über einen möglichen Militärschlag Druck aufgebaut, der Moskau einschüchtern sollte:»Um sich selbst zu schützen, könnten sich die USA gezwungen sehen, in den nächsten Tagen sämtliche Raketenbasen auf Kuba zu bombardieren«, verlautbarte die *New York Herald Tribune*. Dies las auch der Sowjetbotschafter, und er machte Meldung im Kreml. Dort ging man inzwischen davon aus, dass der Druck auf den Präsidenten tatsächlich deutlich zunahm.

Chruschtschow musste die Regeln US-amerikanischer Publizistik noch lernen. In der Sowjetunion herrschte Zensur, und die Macht im Kreml war weithin unabhängig von öffentlicher Meinung. Sergej Chruschtschow meint,»mein Vater hat nicht so sehr die amerikanischen Militärs oder Politiker falsch eingeschätzt, sondern die Reaktion der amerikanischen Öffentlichkeit«. Diese habe ihn irritiert. Der Kremlchef fürchtete, der US-Präsident werde den Forderungen nach Militärschlägen nicht Stand halten können. So trieben auch die US-Medien beide Kontrahenten in ihr ganz persönliches Bündnis gegen die Öffentlichkeit. Chruschtschow entwickelte Mitgefühl und schützte John F. Kennedy, indem er nichts von dem Jupiter-Raketen-Deal verlauten ließ – eine seltsame Verschiebung der Fronten. Kennedy war für solche Rücksicht dankbar. Und so war es ihm peinlich, als der Abzug der Raketen von der Presse doch wie ein Sieg gefeiert wurde. Diesmal allerdings griff er nicht zum Telefon, um die Berichterstattung zu verhindern.

Doppelspiele

Wer die Äußerungen der Kennedys auf den verschiedenen Handlungsebenen – Medien, ExComm, Backchannels, Zwiegespräche – reflektiert, fragt sich, ob es sich noch um ein und dieselben Personen handelte. Welches Wort galt denn nun? Das eines John F. Kennedy bei seiner berühmten Rede oder die Aussagen auf den Ex-Comm-Tonbändern oder bei den vertraulichen Konsultationen im engsten Kreis – was entsprach dem wahren Kennedy? Einmal gibt er sich als Mann der Stärke, und je enger der Kreis sich zieht, desto konzilianter zeigt er sich. Ging er nur scheinbar auf die Falken zu, als er am elften Tag im ExComm signalisierte, notfalls Kuba zu bombardieren, wenn Chruschtschow nicht einlenken sollte? Welche Rolle spielte sein Bruder Robert? Zeigte sich sein wahres Gesicht bei jener Operation »Mungo«, die alles daran setzte, das Castro-Regime zu beseitigen? Oder mimte er nur den Advocatus Diaboli, als er von Bombardierung und amphibischer Landung auf Kuba sprach? Oder war der wirkliche Bobby jener, der am 27. abends scheinbar entnervt und verzweifelt mit Dobrynin einen Kompromiss suchte, um den Weltfrieden zu retten?

Scheinbar widersprüchliche Phänomene zeigen sich auch bei anderen Akteuren. McNamara startete im ExComm als Taube, schien aber nach Chruschtschows widersprüchlichen Manövern als Falke wieder zu landen. An jenem »schwarzen Samstag« klang Entschlossenheit zu militärischen Schlägen gegen Kuba heraus. Was war Inszenierung, was Kalkül, was der konkrete Plan? McNamara sagt heute, er habe mit seinen Äußerungen nur Zeit gewinnen wollen.

Eines steht fest: Diese Menschen trugen in jenen Tagen die Last ungeheurer Verantwortung. Das Leben von Hunderten Millionen Menschen stand auf dem Spiel. Zudem handelte es sich um die Epoche eines fundamentalen Machtkampfs zweier Reiche. Glaubwürdige Drohungen und notfalls Anwendung von Gewalt entschieden noch immer über politische Siege und Niederlagen, nicht zuletzt über die Stellung in der Welt. So stand auf der einen Seite das globale Risiko – auf der anderen die Angst, durch Einlenken die Interessen der eigenen Nation oder Hemisphäre zu gefährden und damit auch das eigene politische Überleben. Vieles spricht dafür, dass das Weiße Haus mit den Raketen auf Kuba hätte leben können. Doch durch die – teils selbst erzeugte Stimmung – befürchte-

te man, als »Vaterlandsverräter« zu gelten, wenn nicht sofort ge- /
handelt würde.

Der junge Präsident sah sich mit einem Apparat und einer Opposition konfrontiert, die darauf lauerten, sein politisches Programm einer Öffnung nach innen und außen ad absurdum zu
führen. Wollte J.F.K. seine Ziele erreichen, musste er mit den verschiedenen Kräften jonglieren, was mitunter einem Spagat
gleichkam, der schizoide Züge annahm. Und die Doppelmoral,
die manche ihm vorhalten? Einerseits verhieß er – wie in der Rede geschehen – den Kubanern immer wieder die Freiheit, andererseits gab es Mordkommandos gegen den von der Mehrheit
getragenen Comandante. Für die Kennedys und Teile ihres Umfelds ergab sich dieser Widerspruch nicht – im Kampf gegen den
Kommunismus, schon gar vor der eigenen Haustür, erschien jedes Mittel recht und selbst der Tyrannenmord als Akt des Widerstands legitim – es waren ja auch (Exil-)Kubaner, die ihn ausführen sollten.

Doch so groß der Anteil an Bluff, Intrige, Geheimnistuerei, Show
und Zynismus gewesen sein mag – in den »dreizehn Tagen« stand
Kennedy mit dem Rücken zur Wand. Es gelang ihm schließlich, ge-
gensätzliche Kräfte auszugleichen, einen Triumph der Falken zu verhindern, die Öffentlichkeit für sich zu gewinnen, und er vollbrachte
es, Chruschtschow zum Rückzug zu bewegen und am Ende auch
noch als Sieger dazustehen. Unter dem Gesichtspunkt eigener Staatsräson sicher eine Erfolgsbilanz. Der Preis war ein enormes Risiko –
auch für andere.

Manche werfen ihm vor, er habe den Konflikt zu hoch geschau-
kelt, um es allen recht zu machen, er habe den populären Kampf
gegen den Kommunismus zu weit getrieben und dabei Maximen
westlichen Denkens verletzt. Die Politik in Lateinamerika habe
auch unter ihm mehr koloniale als auf Selbstbestimmung ausge-
richtete Züge getragen. Zeitzeugen in Europa, vor allem in
Deutschland, haben andere Erfahrungen. Für sie ist Kennedy geradezu Inkarnation der Freiheit. Das legendäre »Ich bin ein Berli-

ner« tragen viele noch in ihrem Herzen. Wo wäre Berlin, wo wäre Deutschland, wo die Demokratie ohne Amerika? Sicher – das Kennedy-Bild hat sich in den vergangenen Jahrzehnten in vielen Hinsichten relativiert. Doch nichts kann darüber hinwegtäuschen, dass er Freiheit garantierte, dass mit seiner Regierung ein Ruck durch die Welt ging, durch Europa, durch Deutschland – hin zu mehr Offenheit und Entspannung. Man darf ihm abnehmen, es ging ihm nicht nur um die Macht, es ging auch um Visionen.

Gleichgewicht des Schreckens

Moskau wurde die militärische Unterlegenheit während der Krise so deutlich wie nie zuvor bewusst. Hätte das Strategische Luftkommando der USA den Angriff befohlen, wäre das Sowjetreich in Schutt und Asche versunken. Das eigene Drohpotenzial gegen die USA war in der Logik des Nuklearschlagabtauschs zu gering. Tatsächlich trug sich niemand mit der Absicht, einen Atomkrieg zu entfachen, aber das letzte Wort in den Konflikten hatte meist derjenige, der glaubwürdiger drohen konnte. So entschloss sich Chruschtschow, die Lücke zu schließen und die USA alsbald zu überrunden. Ende 1962 gab es weniger als 100 Interkontinentalraketen auf sowjetischer Seite, bis Mitte der sechziger Jahre vervierfachte sich das Arsenal. Chruschtschow forcierte auch den Bau von U-Booten mit strategischen Waffen.

In den amerikanischen Silos war mit über 32 000 Gefechtsköpfen 1967 der Höchststand erreicht – 1986 schließlich verfügten die Sowjets über 45 000 Gefechtsköpfe. Doch nicht nur Quantität zählte, auch die Qualität der Waffen, Zielgenauigkeit und Unverwundbarkeit, Verfügbarkeit im Ernstfall. So paradox es klingen mag: Die sowjetische Aufrüstung nach der Kubakrise schuf erst die Basis für eine gemeinsame Rüstungskontrolle. Erst als beide Arsenale so weit waren, dass die Möglichkeit gegenseitiger Vernichtung garantiert war, sprach man ernsthaft über Begrenzung.

Eine frühe Geste guten Willens war das Atomteststopp-Abkommen vom August 1963. Kennedy und Chruschtschow vereinbarten, Nuklearwaffen nicht mehr in der Atmosphäre, unter Wasser oder im Weltraum zu testen. 1968 kamen die beiden Großmächte überein, Atomwaffen nicht mehr an andere Länder weiterzugeben. Das Wissen, dass jeder der beiden Kontrahenten in der Lage war, den anderen zu vernichten, das so genannte Gleichgewicht des Schreckens, gewährleistete sicherlich bis zu einem gewissen Grad den Frieden. Das hieß aber auch, dass dieses System dann in Gefahr geriet, wenn eine der Mächte die Balance wieder in Frage stellte. So untersagte der SALT I-Vertrag (Strategic Arms Limitation Talks) von 1972 die Entwicklung von Raketenabwehrsystemen, wie sie später die Vereinigten Staaten unter der Bezeichnung SDI (»Krieg der Sterne«) oder heutzutage mit NMD (National Missile Defense) planten, beziehungsweise planen.

Entspannung

In der Geschichte des Kalten Krieges markiert die Kubakrise eine Zäsur. Die Mächte mussten sich fragen, ob sich solche riskanten Manöver wirklich lohnten. In einer Auseinandersetzung, in der es keine Sieger geben würde, in der nur alle verlieren konnten, lag kein Sinn. Den Wettbewerb der Systeme anheizen, weiter rüsten, sich gegenseitig den Rang streitig machen und beschimpfen – das war auch möglich, ohne jedes Mal den Atomkrieg zu riskieren.

Als Lösung blieb nur ein Arrangement. So mühten sich beide Seiten im Hintergrund, nicht von der Bürde der nuklearen Zerstörungskraft erdrückt zu werden, sondern sie als gemeinsame Basis des Weltmanagements zu nutzen. So zeugten »Furcht und Vernunft«, wie der Historiker Michael Stürmer schreibt, »in ihrer Verbindung ein Kind, das hoffnungsvoll Entspannung genannt wurde.« Dafür aber galt es Strukturen zu schaffen, Instrumente der

Kommunikation, der Konsultation auf der Basis eines Abkommens über Grundsätze zur Konfliktverhütung. Dabei kam es aber auch auf die Kommunikationstechnik – wie das Rote Telefon – an. Vor allem sollten nicht aus lokalen Brennpunkten heraus globale Bedrohungen erwachsen. Das setzte aber voraus, dass Partner auf gleicher Augenhöhe miteinander redeten. Nach 25 Jahren Kaltem Krieg betrat Richard Nixon im Mai 1972 als erster amtierender US-Präsident den Kreml. Es war bemerkenswert, dass die Kontrahenten in diesen Tagen nicht nur den Vertrag zur Begrenzung strategischer Waffen (SALT I) unterzeichneten, sondern auch eine Grundsatzerklärung über die Beziehung beider Staaten. Im Text war die Rede von »friedlicher Koexistenz« und der Zusicherung der Mächte, »alles in ihrer Macht stehende zu tun, damit es nicht zu militärischen Konflikten kommt und ein Atomkrieg verhindert wird«. Damit einher ging die gegenseitige Versicherung, regionale Konflikte nicht auszunutzen, um eigene Einflussbereiche für sich zu beanspruchen.

Auch das Klima in Europa veränderte sich. Gewaltverzicht war das Motto. Mit der neuen Ostpolitik Willy Brandts hielt die Détente auch im innerdeutschen Verhältnis Einzug: Politische Anerkennung des Status quo war der Preis für menschliche Erleichterun-

Rotes Telefon Ein halbes Jahr nach der Krise einigten sich Kennedy und Chruschtschow auf die Einrichtung eines »roten Telefons« zwischen Kreml und Weißem Haus.

Im August 1963 ging der »heiße Draht« zwischen den beiden Machtzentralen in Betrieb. Er sollte Missverständnisse und Kommunikationsprobleme und damit den »Atomkrieg aus Versehen« verhindern helfen. In den siebziger Jahren wurden weitere Vorkehrungen für eine schnelle Nachrichtenverbindung getroffen – über Fernmeldesatelliten. Fehlalarme, Zwischenfälle aus Versehen, Auftauchen von unbekannten Flugobjekten auf Radarschirmen, unbeabsichtigte Raketenstarts – all das sollte man umgehend klären können, um falsche Schlussfolgerungen zu vermeiden.

gen. Mauer, Stacheldraht und Todesstreifen aber führten vor Augen, dass nach wie vor ein Unrechts-Regime auf deutschem Boden bestand. Den Höhepunkt der Entspannungspolitik dokumentierte die Schlussakte der Konferenz für Sicherheit und Zusammenarbeit in Europa (KSZE), die 1975 in Helsinki unterzeichnet wurde. Die Vertreter von 35 europäischen Staaten einschließlich der Sowjetunion sowie der USA und Kanadas saßen an einem Tisch. Die bestehenden Grenzen in Europa galten fortan als unantastbar, Gewaltverzicht wurde zugesichert, Konflikte sollten künftig friedlich beigelegt werden. Neue Horizonte steckte auch der Teil der Akte ab (der sogenannte dritte Korb), der Grundfreiheiten, das Selbstbestimmungsrecht der Völker sowie deren freien Austausch garantieren sollte. Die Beobachter wussten, dass Rückschläge vorprogrammiert waren, doch der »Ostblock« würde sich künftig an den Grundsätzen messen lassen müssen.

Gegen Ende der 70er Jahre verhärteten sich die Fronten des Kalten Krieges wieder. Mit dem Scheitern der SALT II-Verhandlungen, dem Streit um die SS-20 und die NATO-Nachrüstung sowie dem Einmarsch der Sowjets in Afghanistan rückten die Bemühungen um Entspannung in den Hintergrund. Die stramme Rhetorik der Reagan-Ära geriet zum Markenzeichen jener Zwischeneiszeit. Es war dann der ganz andere Kremlchef, Michail Gorbatschow, der schließlich eine Wende herbeiführte und durch Glasnost und Perestroika nicht nur nach innen, sondern auch nach außen Öffnung praktizierte – ganz im Geist von Helsinki. Das Magazin *Time* verlieh Gorbatschow für 1987 den Titel »Mann des Jahres«. George Bush sagte beim Gipfeltreffen von Malta im Dezember 1989: »Es gibt kein Problem auf der Welt – und sicher kein Problem in Europa – , das durch eine Verbesserung der sowjetisch-amerikanischen Beziehungen nicht vermindert werden könnte«. Ein Ausdruck der Annäherung beider Supermächte. Gorbatschow stimmte nicht nur der Vereinigung Deutschlands zu, sondern der Zugehörigkeit auch des geeinten Staats zur NATO. In Abrüstungsverträgen und weiteren Schritten der Entspannung ging der Bau des gemeinsamen

Hauses Europa voran, wenn auch der Bürgerkrieg in Jugoslawien zeigte, wie in der neuen Ordnung alte Konflikte wieder aufbrachen. Der NATO-Beitritt ehemaliger Warschauer-Pakt-Staaten erzürnte konservative Militärs der ehemaligen Sowjetarmee. Gorbatschow aber warb weiter für das Einmotten früherer Denkmuster: »Ich betrachte das Ende des Kalten Kriegs nicht als Sieg für eine Seite... Das Endes des Kalten Krieges ist unser gemeinsamer Sieg«, sagte er 1992. Zehn Jahre nach diesem Ausspruch ist der Kalte Krieg wirklich beendet. Auch, weil sich inzwischen neue Fronten gebildet haben.

Der 11. September

Jeder historische Vergleich ist ein Wagnis. Und doch fühlten sich die Bürger der USA nach der Kuba-Krise nur einmal so direkt betroffen – wieder durch eine Gefahr, die keine Grenzen kennt. Es geschah am 11. September 2001; ein Tag, der zum Symboldatum geriet. Jene Bilder von den aufgerissenen Türmen des World Trade Centers, die nach den mörderischen Terrorangriffen in sich zusammenbrachen und dabei Tausende von Menschen unter sich begruben, zählen jetzt schon zu den traurigen Bildern des 21. Jahrhunderts. Die Kubakrise 1962 forderte außer dem Piloten Anderson keine Todesopfer auf US-Seite, die Gefahr war geographisch nah, doch kam es nicht zu einem tödlichen Angriff im Zentrum der Vereinigten Staaten. Und doch waren in beiden Momenten ähnliche Reflexe spürbar. Die Menschen rauften sich zusammen, solidarisierten sich, für Wochen schien es keine Parteien mehr zu geben, man scharte sich um den US-Präsidenten. Fernsehreportagen, die während der Kubakrise entstanden, ähneln in gewisser Weise den Stimmungsbildern der Berichterstattung 2001. Die Sprache lud sich emotional auf, teilte die Welt mehr als sonst in Schwarz und Weiß, Täter und Opfer. Vokabeln wie »Kreuzzug« und »Achse des Bösen« richteten sich gegen ein neuen

»heimtückischen Feind« – als Ansporn für den Anti-Terror-Kampf, aber auch als Chiffre moralischer Selbstvergewisserung. Diesmal geht es nicht um den Kampf gegen ein missliebiges Regime, sondern die schlimmste Form des Terrorismus.

Doch galt es für das Weiße Haus im Jahr 2001 wie vor vierzig Jahren, mit energischen Parolen die Partner und die Weltgemeinschaft einzuschwören, sie zu gewinnen. Damals ging es um eine Bedrohung von globaler Dimension, heute wieder. Damals war es nukleare Expansion, heute ist es internationaler Terrorismus. Und in beiden Fällen übernahm die westliche Supermacht die Regie.

Ereignisse wie Kuba 1962 und der 11. September bergen aber auch die Gefahr der Überreaktion. Beide Male war aus Sicht der Betroffenen »Heimtücke« im Spiel, brach die Bedrohung schlagartig über die Menschen herein. Oft ist es die Sprache, die danach aufbraust und Politiker womöglich weiter treibt, als ihnen selber lieb ist. Kennedy hatte sich seinerzeit durch eigene Worte unter Zugzwang gesetzt und seinen Spielraum damit eingeschränkt. US-Präsident George W. Bush und der britische Premier Tony Blair bekundeten bei ihrem Treffen im April 2002 ihre Absicht, den irakischen Machthaber Saddam Hussein zu stürzen. »Unsere Politik ist es, Saddam zu entfernen. Alle Optionen sind auf dem Tisch«, sagte der US-Präsident bei einer gemeinsamen Pressekonferenz auf seiner Ranch in Crawford, Texas. Solche Worte richteten sich früher auch gegen Castro. Blair nennt den Hintergrund heute: »Wir können vor dem Thema Massenvernichtungswaffen nicht weglaufen«, sie seien eine Bedrohung, eine Gefahr für die Welt. »Wir müssen dieser Gefahr ins Auge sehen und handeln, um zu verhindern dass sie Realität wird.«

Bislang konnten die anderen Partner dieser Rhetorik noch folgen – doch Grenzen sind sichtbar. Zum ersten Mal seit ihrem Bestehen hatte die NATO den Bündnisfall ausgerufen. Doch ein Vokabular, das an den Kalten Krieg erinnert, führt zur Ausgrenzung jener, die in dieser Form nicht mitreden können. Moskaus Außenminister Iwanow hat sich entschieden gegen eine Militäraktion im Irak ausgesprochen und verwahrt sich gegen die scharfen Worte. Soeben hat die inzwischen osterweiterte NATO Russland feierlich in den »Rat der 20« aufgenommen, vielleicht trägt das zu einer gemeinsamen Sprachregelung bei. So haben beide Ereignisse, Kuba und der 11. September, zu einem Paradigmenwechsel internationaler Sicherheitspolitik geführt. Damals wurde das Tor zu Rüstungskontrolle und Entspannung aufgestoßen. Heute solidarisieren sich die einstigen Gegner im Angesicht einer neuen Gefahr, des globalen Terrorismus, der dadurch an Brisanz gewinnt, dass dabei die wilde Ausbreitung von ABC-Waffen droht.

Ende Mai 2002 unterzeichneten die Staats- und Regierungschefs der 19 NATO-Staaten und der russische Präsident Putin auf einem Luftwaffen-Stützpunkt bei Rom einen Vertrag, der die Mitsprache Moskaus auf zahlreichen Gebieten vorsieht. Er sichert Moskau Teilhabe an der Entscheidung in wichtigen Fragen zu, wie Terrorbekämpfung, Rüstungskontrolle (vor allem bei ABC-Waffen) und Katastrophenschutz. In internen Angelegenheiten, etwa dem Bündnisfall oder Fragen der Osterweiterung, entscheidet die Allianz jedoch weiterhin allein. Doch zu Recht würdigte NATO-Generalsekretär George Robertson den historischen Schritt mit den Worten: »In Rom geht der Kalte Krieg zu Ende«.

Kalter Krieg adé

Auch in den nuklearen Arsenalen spiegelt sich das Ende des Ost-West-Konflikts wieder. Am 23. Mai 2002 kam es zum Abschluss eines historischen Vertrags in Moskau: US-Präsident George W. Bush und der russische Staatschef Wladimir Putin unterzeichneten im Alexandersaal des Kreml ein weit reichendes Abrüstungsabkommen. Das Dokument sieht für beide Länder eine radikale Reduzierung bei den nuklearen Sprengköpfen vor. Ihre Zahl soll von je

5 000 bzw. 6 000 auf 1 700 bzw. 2 200 reduziert werden. »Dies ist ein historischer und hoffnungsvoller Tag für Russland und die USA, aber auch für die ganze Welt«, sagte US-Präsident George W. Bush. Der Vertrag beseitige das »Erbe des Kalten Kriegs und der nuklearen Konfrontation unserer Länder«. Vierzig Jahre nach der Kubakrise ist dies ein denkwürdiger Moment. Bleibt zwar der Schönheitsfehler, dass die Gefechtsköpfe nur zum Teil zerstört und unterirdisch eingelagert werden, doch das Signal ist positiv.

In Moskau versammelten sich einige Demonstranten vor der US-Botschaft, bezeichneten Bush in Sprechchören als »Terroristen« und »Imperialisten«, der die Weltherrschaft anstrebe. Sie kritisierten Putins Politik gegenüber den USA als Ausverkauf – der Nationalstolz der Russen werde zerstört. Zu der Kundgebung hatten Kommunisten und linke Splittergruppen aufgerufen. Es waren nicht mehr als etwa 300, die protestierten.

Auch Putin wählte bei der Moskauer Zeremonie feierliche Worte: »Wir sprechen heute eine gemeinsame Sprache und stellen uns gemeinsam den globalen Herausforderungen und Bedrohungen und wollen gemeinsam an der Schaffung einer stabilen und gerechten Weltordnung arbeiten.«

Die Gefahr, die vor vierzig Jahren drohte, scheint damit ein für allemal vorüber zu sein, der nukleare Super-GAU. Heute – im Rückblick auf vier Jahrzehnte Kalter Krieg – wissen wir, dass wir mehr als einmal Glück hatten. Es gab genügend regionale Konflikte – ob in Korea, um Berlin, im Nahen Osten –, die eine globale nukleare Katastrophe hätten auslösen können, vor allem aber jene drohende Eskalation, die als Kubakrise in die Geschichte einging. Jener Gipfelpunkt im Jahre 1962 war lehrreich, denn nie wieder, sagten sich die beiden Großen damals, durften sie so nahe an den Rand des Abgrunds rücken. Das ist heute Geschichte.

Der Kalte Krieg ist tot, genauso wie das bipolare System. Die Welt sei sicherer geworden, sagen die einen, und sie haben recht, wenn sie das Ende des potenziellen Overkills meinen. Fern ist die Angst vor dem Dritten Weltkrieg. Doch genauso fern ist das lang ersehnte

Zeitalter des Friedens. Und so sagen andere, dass die Unsicherheit heute größer sei als während der Ost-West-Konfrontation. Dutzende blutige Konflikte, viele kleine Kriege und der internationale Terrorismus sind neue Gefahren, die sich potenzieren, wenn ABC-Waffen unkontrollierbar in Umlauf geraten oder produziert werden. Vierzig Jahre hat ein atomares Patt – wenn auch mit den bekannten Risiken – geholfen, den großen Krieg zu verhindern. Die nukleare Abschreckung und weniger die menschliche Vernunft zeigten Wirkung. Welches System den Frieden künftig sichern soll, ist noch unklar. Die Suche ist in vollem Gange...

Chronologie

14. Oktober
Ein amerikanisches U-2 Aufklärungsflugzeug fotografiert Abschussbasen für Atomraketen auf Kuba.

15. Oktober
Im Nationalen Fotoanalysezentrum der USA werden die Aufnahmen ausgewertet. Es handelt sich um Stützpunkte für SS-4 Mittelstreckenraketen, die auch Washington erreichen können.

16. Oktober
Präsident Kennedy wird erst am nächsten Morgen von seinem Sicherheitsberater McGeorge Bundy informiert und beruft einen Krisenstab ein, das Ex-Comm.

16.-20. Oktober
Im ExComm werden Debatten über einen Militärschlag (Luftangriffe oder Invasion) gegen Kuba oder eine Seeblockade geführt. Beschluss, die Entdeckung der Raketen vorläufig geheim zu halten.

18. Oktober
Der sowjetische Außenminister Gromyko besucht Kennedy. Keiner von beiden geht auf das Raketen-Thema ein, stattdessen täuschen die Politiker einander.

20. Oktober
Im ExComm fällt die Entscheidung für eine Blockade Kubas als ersten strategischen Schritt.

21. Oktober
US-Präsident Kennedy ruft die Herausgeber führender US-Zeitungen an, um verfrühte Berichterstattung zu unterbinden.

22. Oktober
Im Kreml wird nach der Ankündigung einer Rede John F. Kennedys in den US-Medien das Schlimmste befürchtet, womöglich eine Invasion auf Kuba.

22. Oktober

Präsident Kennedy hält eine Rede an die Welt, in der er die Stationierung anprangert und die Sowjets der Lüge bezichtigt. Er verkündet die »Quarantäne« und droht mit weiteren militärischen Schritten, sofern die Raketen nicht von Kuba abgezogen werden.

22.-28. Oktober

Bundeskanzler Konrad Adenauer und der Regierende Bürgermeister von Berlin, Willy Brandt, sichern Kennedy ihre Unterstützung zu. Es steht zu befürchten, dass die geteilte Stadt in die Krise hineingezogen wird.

23. Oktober

Chruschtschow verkündet, die Blockade nicht zu akzeptieren.

24.-26. Oktober

In etwa 800 Kilometern Entfernung geht der Blockadering um Kuba nieder, erste Zusammenstöße sind absehbar, doch ein Teil der sowjetischen Schiffe dreht bei. Die USA lassen den Frachter »Bukarest« passieren. Dafür droht ein Zusammenstoß mit sowjetischen U-Booten.

24. Oktober

Die Alarmstufe für das Strategische Luftkommando der USA wird erstmals auf DefCon 2 hochgestuft – DefCon 1 bedeutet Krieg. Eine riesige Nuklearstreitmacht befindet sich somit in höchster Bereitschaft.

25. Oktober

Im UNO-Sicherheitsrat kommt es zum Eklat: US-Botschafter Adlai Stevenson konfrontiert den Gesandten der Sowjetunion, Valerian Sorin, mit den Raketen-Fotos.

26. Oktober

Trotz Blockade geht die Stationierung der Raketen auf Kuba weiter. Das Ex-Comm debattiert über militärische Schritte. Die »Falken« plädieren für Luftschläge und – wenn nötig – eine Invasion.

25./26. Oktober

Umdenken im Kreml. Chruschtschow schreibt einem Brief an Kennedy, in dem er den Abzug der Raketen in Aussicht stellt, sofern die USA zusichert, Kuba künftig nicht anzugreifen.

27. Oktober

Der »schwarze Samstag«: Ein zweiter – offener – Brief Chruschtschows erreicht Washington mit neuen Forderungen (Abzug von Raketen aus der Türkei) und düpiert Kennedy. Über Kuba wird ein U2-Aufklärungsflugzeug abgeschossen. Fidel Castro rechnet binnen weniger Stunden mit einer Invasion. Jeder geht von einer Eskalation seitens der Gegner aus. Während das ExComm Militärschläge für die kommende Woche ins Auge fasst, findet im Hintergrund ein Geheimtreffen statt.

28. Oktober
Die Geheimdiplomatie zwischen Robert Kennedy und Sowjetbotschafter Dobrynin glückt in letzter Minute. Die Sowjets ziehen ihre Atomraketen ab, die USA erklären: keine Invasion auf Kuba und – was nicht öffentlich werden darf – den Abbau der Raketen in der Türkei. Radio Moskau verkündet in einer historischen Meldung das Ende der Krise.

Dank

Das Film- und Buchprojekt *Die Nervenprobe* beruht auf der Mitarbeit vieler. Dutzende von Interviews wurden weltweit geführt, übersetzt, exzerpiert, Dokumente in Archiven recherchiert und ausgewertet. Das Buch bietet die Möglichkeit, viel über das hinaus zu zeigen, was ein 90minütiger Film leisten kann. Gedankt sei Guido Knopp für das Vorwort, dann den Mitarbeitern zu einzelnen Schwerpunkten, Bärbel Schmidt-Šakić (Russland), Ralf Piechowiak (USA), Ricarda Schlosshan (Kuba), Stefan Mausbach (Deutschland), Anette Tewes (Vatikan). Bernd Mütter für Literaturauswertung und Dr. Reiner Tosstorff für die Überprüfung von Fakten.

Film und Buch sind auch Ergebnis stundenlanger Gespräche mit prominenten Zeitzeugen wie Sergej Chruschtschow, Robert McNamara oder Ted Sorensen, aber auch mit dem Fachberater des Projekts, dem Historiker Prof. Dr. Aleksandr Fursenko (Mitglied der Akademie der Wissenschaften Moskau). Seine Kenntnisse haben wesentlich dazu beigetragen, die sowjetische Seite umfassend darzustellen.

Literatur

Allyn, Bruce et al. (Hrsg.): *Back to the Brink. Proceedings of the Moscow Conference on the Cuban Missile Crisis, January 27-28, 1989*, Latham 1992

Andrew, Christopher / Oleg Gordiewsky: *KGB. Die Geschichte seiner Auslandsoperationen von Lenin bis Gorbatschow*, München 1990

Bailey, George et al.: *Die unsichtbare Front. Der Krieg der Geheimdienste im geteilten Berlin*, Berlin 1997

Beschloss, Michael R.: *The Crisis Years. Kennedy and Khrushchev, 1960-1963*, New York 1991. Dt. Übersetzung erschienen als: Beschloss, Michael R.: *Powergame. Kennedy und Chruschtschow – die Krisenjahre 1960-1963*, Düsseldorf 1991

Beschloss, Michael R. / Strobe, Talbott: *Auf höchster Ebene. Das Ende des Kalten Krieges und die Geheimdiplomatie der Supermächte 1989-1991*, Düsseldorf 1993

Blight, James et al. (Hrsg.): *Cuba on the Brink. Castro, the Missile Crisis and the Soviet Collapse*, New York 1993

Blight, James G. / Peter Kornbluh (Hrsg.): *Politics of Illusion. The Bay of Pigs Reexamined*, Boulder (CO) 1998

Brugioni, Dino A.: *Eyeball to Eyeball. The Inside Story of the Cuban Missile Crisis*, New York 1991

Castro, Fidel: *Etapes de la Révolution Cubaine*, hrsg. v. Michael Merlier, Paris 1964

Chang, Laurence / Peter Kornbluh (Hrsg.): *The Cuban Missile Crises, 1962*, New York 1992

Chruschtschow, Sergej: *Nikita Chruschtschow. Marionette des KGB oder Vater der Perestroika*, München 1990

Ders.: *Nikita Chruschtschow: Krizisi i Raketi*. Moskau 1994

Clark, Ian: *Nuclear Diplomacy and the Special Relationship. Britain's Deterrent and America 1957-1962*, Oxford 1994

Cousins, Norman: *The Improbable Triumvirat. John F. Kennedy, Pope John, Nikita Khrushchev*, New York 1972

Dobrynin, Anatolij: *In Confidence. Moscow's Ambassador to America's Six Cold War Presidents 1962-1986*, New York 1995

Escalante, Fabian: *The Secret War. CIA Covert Operations against Cuba 1959 – 62*, New York 1995

Follath, Erich: *Die letzten Diktatoren. Als Reporter bei den Tyrannen unserer Zeit,* München 1993

Foschepoth, Josef (Hrsg.): *Kalter Krieg und Deutsche Frage. Deutschland im Widerstreit der Mächte 1945-52,* Göttingen 1997

Freedman, Lawrence: *The Evolution of Nuclear Strategy,* London 1989

Freedman, Lawrence: *Kennedy's Wars. Berlin, Cuba, Laos and Vietnam,* Oxford 2000

Fursenko, Aleksandr / Timothy Naftali: «*One Hell of a Gamble*». *Khrushchev, Castro, and Kennedy, 1958-1964.* New York 1997

Garthoff, Raymond L.: *Détente and Confrontation. American-Soviet Relations from Nixon to Reagan,* Washington 1994

Ders.: »U.S. Intelligence in the Cuban Missile Crisis«, in: James G. Blight et al. (Hrsg.): *Intelligence and the Cuban Missile Crisis,* London 1998

Gassert, Philipp / Detlef Junker (Hrsg.): *Die USA und Deutschland im Zeitalter des Kalten Krieges,* 2 Bde, Stuttgart 2001

Greiner, Bernd: *Kuba-Krise: 13 Tage im Oktober. Analyse, Dokumente, Zeitzeugen* (Schriften der Hamburger Stiftung für Sozialgeschichte des 20. Jahrhunderts, Bd. 7), Nördlingen 1988

Gribkov, Anatolij I. et al.: *Operation Anadyr. U.S. and Soviets Generals Recount to the Cuban Missile Crisis,* Chicago 1993

Hagemann, Albrecht: *Fidel Castro,* München 2002

Hersh, Seymour M.: *Kennedy. Das Ende einer Legende,* Hamburg 1998

Hershberg, James G. (Hrsg.): *Bulletins of the Cold War International History Project,* 1991 bis heute

Hilsman, Roger: *The Cuban Missile Crisis: The Struggle over Policy,* Westport 1996

Isaacs, Jeremy / Taylor Downing (Hrsg.). *Der Kalte Krieg. Eine illustrierte Geschichte 1945-1991,* München 2001

Keep, John L. H.: *Last of the Empires. A History of the Soviet Union 1945-1991.* New York 1995

Kennedy, Robert F.: *Thirteen Days. A Memoir of the Cuban Missile Crisis,* New York 1969

Khrushchev, Nikita S.: *Khrushchev Remembers. The Glasnost Tapes,* Boston 1990

Kornbluh, Peter (Hrsg.): *Bay of Pigs Declassified. The Secret CIA Report on the Invasion of Cuba,* New York 1998

Krieger, Wolfgang / Jürgen Weber (Hrsg.): *Spionage für den Frieden? Nachrichtendienste in Deutschland während des Kalten Krieges,* München 1997

Lebow, Richard Ned / Janice Gross Stein: *We All Lost the Cold War,* Princeton 1994

Lebow, Richard Ned et al.: *We all lost the Cold War,* Princeton 1994

Loth, Wilfried: *Die Teilung der Welt. Geschichte des Kalten Krieges 1941-1955* (dtv-Weltgeschichte des 20. Jahrhunderts, Bd. 12), 10. Aufl., München 2002

May, Ernest R. / Philip D. Zelikow: *The Kennedy Tapes. Inside the White House during the Cuban Missile Crises,* Cambridge 1997

Mayer, Frank A.: *Adenauer and Kennedy. A Study in German-American Relations, 1961-1963*, London 1996

McGeorge, Bundy: *Danger and Survival. Choices About the Bomb in the First Fifty Years*, New York 1988

McNamara, Robert S. / Brian VanDeMark: *In Retrospect. The Tragedy and Lessons of Vietnam*, New York 1995

National Security Archive (Hrsg.): *The Berlin Crisis 1958-1962*, London 1993 (Quellenedition)

National Security Archive (Hrsg.): *The Cuban Missile Crisis. The Making of US-Policy*, London 1990 (Quellenedition)

National Security Archive (Hrsg.): *U.S. Nuclear History 1955-1968*, London 1997 (Quellenedition)

Pächter, Heinz: *Chruschtschow. Kennedy. Castro. Die Oktoberkrise und ihre Folgen*, Köln 1963

Ploetz, Michael: *Wie die Sowjetunion den Kalten Krieg verlor. Von der Nachrüstung zum Mauerfall*, Berlin 2000

Sagan, Scott D.: *The Limits of Safety. Organizations, Accidents, and Nuclear Weapons*, Princeton 1993

Salewski, Michael (Hrsg.): *Das Zeitalter der Bombe. Die Geschichte der atomaren Bedrohung*, München 1995

Salinger, Pierre: *With Kennedy*, Garden City (NY) 1966

Schild, Georg: *John F. Kennedy. Mensch und Mythos*, Göttingen 1997

Schlesinger, Arthur M., Jr.: *A Thousand Days. John F. Kennedy in the White House*, New York 1965

Ders.: »JFK Revisited«, in: *Cigar Aficianado*. December 1998

Ders.: *A Thousand Days*, New York 1965

Schöllgen, Gregor: *Geschichte der Weltpolitik von Hitler bis Gorbatschow 1941-1991*, München 1996

Skierka, Volker: *Fidel Castro. Eine Biographie*, Berlin 2000

Smith Thompson, Robert: *The Missiles of October*, New York 1992

Sorensen, Theodore: *Kennedy*, New York 1965

Tusa, Ann: *The Last Division. Berlin and the Wall*, London 1996

Uhl, Matthias: *Stalins V-2. Der Technologietransfer der deutschen Fernlenkwaffentechnik in die UdSSR und der Aufbau der sowjetischen Raketenindustrie 1945 bis 1959*, Bonn 2001

Volkogonov, D.A.: *Sem Vozhdei*, Moskau 1995

White, Mark J.: *The Cuban Missile Crisis*, London 1996

Wyder, Peter: *Die Mauer war unser Schicksal*, Berlin 1995

Zeitzeugen

Russland

Michail A. Burlov Leitender Ingenieur bei der Stationierung strategischer Atom-Raketen auf Kuba

Rada N. Chruschtschowa Tochter Nikita Chruschtschows

Sergej N. Chruschtschow Sohn Nikita Chruschtschows, Professor für Geschichte an der Brown University, Providence, Rhode Island

Anatolij F. Dobrynin Sowjetischer Botschafter in Washington

Aleksandr S. Feklisov (Deckname Aleksandr Fomin) KGB-Oberst an der Sowjet-Botschaft in Washington

Nadezhda P. Gavrilova Stenotypistin Chruschtschows von 1958 bis 1964, begleitete ihn auch auf Auslandsreisen

General Anatolij Gribkov Ehemaliger stellvertretender Chef der operativen Hauptverwaltung im Generalstab, später Chef der Vereinigten Streitkräfte der Warschauer-Pakt-Staaten

Igor I. Kurinnoj Politoffizier der Sowjetischen Armee auf Kuba, zuständig für Agitation und Propaganda

Michail G. Kuzivanov Regimentskommandeur der auf der Insel Pinos stationierten »Sopka«-Boden-Wasser-Raketen

Sergo A. Mikojan Sohn von Anastas Mikojan, des Stellvertretenden Ministerpräsidenten und Mitglieds des ZK

Nikolaj A. Schumkov Kommandeur eines von vier sowjetischen Diesel-U-Boote vor Kuba, wurde vom Zerstörer »Essex« zum Auftauchen gezwungen

Oleg A. Trojanovskij Chruschtschows Außenpolitischer Referent

Leonid M. Zamjatin Pressereferent im Außenministerium

Jevgenij M. Pashchenko Sowjetischer Bürger aus Leningrad

USA

Charles Bartlett Enger Freund der Kennedys aus Bostoner Tagen und damals Zeitungskorrespondent in Washington (für die Chattanooga Times)

Dino A. Brugioni Chefanalyst des National Photo Interpretation Center (NPIC), zuständig für die Fotoauswertung der Aufklärungsflüge

Captain Charles R. Calhoun Ehemaliger Navy-Kommandant einer Flottille von vier Blockadeschiffen

Frank Calzon Exilkubaner, wohnhaft in Washington D.C.

Dolores Fleming Ehefrau eines Marine-Soldaten und Lehrerin

Raymond L. Garthoff Politisch-militärischer Experte im Außenministerium, schrieb mehrere Memoranden für das ExComm

Natalie Goldring US-Bürgerin

Major Richard Heyser Pilot der US Air Force, der in einem U2-Aufklärungsflugzeug am 14. Oktober die Fotos von den Mittelstreckenraketen aufnahm

William Houser (später Admiral) US-Navy, im Stab vom Verteidigungsstaatssekretär Gilpatric

General Lewis E. Lyle Ehemaliger Divisionskommandeur des SAC mit einer Flotte von mehr als 100 strategischen Bombern, rechte Hand von General Curtis LeMay, später Executive Officer des SAC

Robert S. McNamara US-Verteidigungsminister von 1961-68.

Warren Rogers Journalist der *New York Herald Tribune*

Theodore C. Sorensen Berater des US-Präsidenten von Januar 1960 bis Februar 1964, Redenschreiber, Mitglied des ExComm; verfasste wesentliche Teile der Fernsehansprache vom 22. Oktober 1962

Arthur M. Schlesinger jr. Assistent des US-Präsidenten von Januar 1961 bis Januar 1964; später Kennedy-Biograph

General Ellie G. Shuler Ehemaliger B52 Wing-Commander, später Director of Operations im Hauptquartier des Strategic Air Command (SAC)

General William Y. Smith Berater von General Maxwell Taylor und Mitglied des Nationalen Sicherheitsrates unter McGeorge Bundy

John M. Taylor Sohn von Generalstabschef Gen. Maxwell Taylor und Biograph des Vaters

Deutschland

Egon Bahr Ehemaliger enger Vertrauter und Pressesprecher Willy Brandts (damals Regierender Bürgermeister von Berlin)

Werner Dengler Ehemaliger Leutnant beim Fernmeldebataillon 120, stationiert im Raum Lüchow-Dannenberg (Auftrag Überwachung des Feindfunkverkehrs)

Hans-Jürgen Feders Berliner Bürger, passionierter Hobbyfilmer

Konrad Gracher Ehemaliger »zweiter Mann« der Deutschen Botschaft in Havanna und zur Zeit der Krise Geschäftsträger

Margarethe Gracher Ehefrau von Konrad Gracher, auch sie und ihre drei Kinder lebten in Havanna

Karl-Günther von Hase Ehemaliger Sprecher der Regierung Konrad Adenauer

Wolfgang Koppenhagen Ehemaliger Feldwebel der NVA, heiratete während der Kuba-Krise

Heidelore Koppenhagen aus Erfurt, heiratete während der Kuba-Krise

Dr. Anneliese Poppinga Ehemalige Chefsekretärin Konrad Adenauers

Anita Schäfer Ihr Ehemann reiste auf dem DDR-Schiff »Völkerfreundschaft« nach Kuba

Albert Schnez Ehemaliger Generalmajor und Kommandeur einer Panzerdivision, zuvor Chef des Führungsstabes der Bundeswehr

Heinz Tenbusch Ehemaliger Fahnenjunker an der Offiziersschule der Luftwaffe auf dem Fliegerhorst Neubiberg bei München

Kuba

Fernando Vecino Alegret Zur Zeit der Krise als Student bei Havanna zur Luftabwehr kommandiert, heute Erziehungsminister

José Buajasán Ehemaliger Sektionschef im kubanischen Sicherheitsdienst (Bekämpfung von konterrevolutionären »Banden«)

Ramon Castro Fidel Castros älterer Bruder

Fernando Dávalos Zur Zeit der Krise Student und Milizionär, Angehöriger der Schutztruppe einer SS-5 (R-14)-Basis; heute Journalist

Tomás Diez Ehemaliger Soldat der Revolutionären Armee und Kulturbeauftragter; heute Professor am Instituto de Historia de Cuba

José Ramón Fernández Ehemaliger Kommandant der Streitkräfte im kubanischen Generalstab; heute Vizepräsident des Ministerrates

Carlos Lechuga Diplomat, damals kubanischer UN-Botschafter (ab Ende Oktober 1962)

Julio Luaces Bauer bei San Christobal, musste sein Land für den Bau der Raketenbasis räumen

Antonio Resillez Zur Zeit der Krise Student und Milizionär; später Leiter des kubanischen Rundfunks

Jorge Risquet Zur Zeit der Krise an der Seite Raúl Castros in der Provinz Oriente eingesetzt; heute Mitglied des ZK der Kommunistischen Partei Kubas

Osvaldo Fernández Rodríguez Ehemaliger Chef der Straßenpatrouille der kubanischen Armee, arbeitete eng mit Kommandeuren von sowjetischen Raketenstellungen zusammen

Gloria García Rodríguez Zur Zeit der Krise Milizionärin

Manolo de la Rosa Ehemaliger Lehrer bei den Streitkräften auf »Isla de Pinos«, zuständig für Propaganda

Joaquín G. Santana Zur Zeit der Krise Student, organisierte künstlerische Truppenbetreuung; heute Dichter und Schriftsteller.

Aníbal Velaz Suarez Zur Zeit der Krise im Einsatz gegen konterrevolutionäre Saboteure; später Brigadegeneral

Vatikan

Loris Capovilla Privatsekretär von Papst Johannes XXIII.

Bildnachweise

National Archives, Washington 24, 25, 28, 29, 30, 31, 65, 69, 98, 142, 173, 189, 259, 293, 296

John F. Kennedy Library, Boston 22, 33, 40, 57, 80, 115, 127, 147, 172, 206, 222, 223, 252, 257, 275

Peter Palm, Berlin 100, 111

Privatarchiv A. Burlov, Moskau 58, 63, 120, 178, 249

Privatarchiv Warren Rogers 211

ZDF-Archiv, Mainz 141, 274

Register

Kursive Seitenzahlen verweisen auf Abbildungen.

Raketenbasen/Abschussrampen auf
Kuba 29, 31 f., 46, 90, 110 f.,
126 f., 134, 148, 160, 199, 222,
236, 244, 254, 257, 261, 268 f., 301

Risquet, Jorge 75, 152, 237, 287

Rogers, Warren *(Journalist)* 16, 131,
133, 210-213, 218 f., 297

Rusk, Dean *(US-amerik. Außenminister)*
19, 22, 32, 117, 121, 134, 136, 154,
183, 200, 212, 225-227, 240, 270,
272

SA-2-Luftabwehrraketen *(sowjet.)* 26,
95, 248

Salinger, Pierre *(Pressesprecher Kenne-*
dys) 16, 109, 122 f., 133, 144, 264,
284

SAM-Luftabwehrraketen *(sowjet.)* 25,
28, 91, 248-251, 254

Scali, John *(Journalist)* 225-227, 230

Schlesinger jr., Arthur *(Assistent Ken-*
nedys) 16, 43, 82, 89, 175, 207, 258,
263, 291, 295, 297

Schweinebucht-Invasion 60-62, 69,
79, 82-88, 292

SEATO 89, 135, 155

Shuler, Ellie G. *(General)* 16, 158-160,
260 f.

Smith, William Y. *(General)* 16, 28, 134

Sopka-Schiffsabwehrraketen *(sowjet.)*
95, 97 f., 288

Sorensen, Theodore »Ted« *(Reden-*
schreiber Kennedys) 14, 16, 21, 32 f.,
39, 41, 43, 92, 112, 119, 121,
123 f., 126, *127*, 129, 130, 148,
230, 239, 244, 246, 251, 270 f.,
284, 295

Sorin, Valerian *(sowjet. UN-Botschafter)*
12 f., 198-200, 314

Der Spiegel 188-191, 300

»Spiegel-Affäre« 188-190

SS-4-Mittelstreckenraketen *(andere so-*
wjet. Bezeichnung: R-12) 30, 34 f.,
94, 102 f., 107, 111-113, 120, 183,
216, 274, 313

SS-5-Langstreckenraketen *(andere so-*
wjet. Bezeichnung: R-14) 94, 112 f.,
170, 183

Stevenson, Adlai *(US-amerik. UN-Bot-*
schafter) 12, 32, 83, 117, 198-200,
205-208, 243, 314

Strategic Air Command/SAC *(Strate-*
gisches Luftkommando) 11, 39, 138,
158 f., 219, 233, 236, 259-261, 263,
304, 314

Strauß, Franz Josef 187-189, 195, 299

TASS *(sowjet. Nachrichtenagentur)* 79,
131, 144, 150, 155, 169, 211

»Tauben« im ExComm *(Befürworter ei-*
ner Blockade Kubas) 10, 44, 222,
240, 285, 302

Taylor, Maxwell *(Generalstabschef)*
19 f., 32, 35, 41, 45, 91, 113, 119,
121, 124, 187, 217, 233, 247, 250,
252 f., 262, *275*, 283 f.

Thompson, Llewellyn ExComm-Mit-
gl 32, 113, 117, 244

»Three Essentials« *(zum Status der*
Westmächte in Berlin) 37, 115

Trojanovskij, Oleg *(außenpolitischer*
Referent Chruschtschows) 17, 68 f.,
73, 166, 196, 273, 275-277, 286

U-2 *(US-amerik. Aufklärungsflugzeug)*
14, 19, 27, *29 f.*, 68, 77, 81, 107,
112, 148, 241-243, 248-250, 261,
268, 273 f., 277, 313 f.